*E*lderly Nursing

老年护理

河南大学出版社
HENAN UNIVERSITY PRESS
·郑州·

图书在版编目(CIP)数据

老年护理/汪琰彦等主编．－－郑州：河南大学出版社，2023.11
ISBN 978-7-5649-5709-4

Ⅰ.①老… Ⅱ.①汪… Ⅲ.①老年医学－护理学－高等职业教育－教材 Ⅳ.①R473

中国国家版本馆CIP数据核字(2023)第247633号

LAONIAN HULI
老年护理

责任编辑 阮林要
责任校对 林方丽
封面设计 郭 灿

出　版	河南大学出版社			
	地址：郑州市郑东新区商务外环中华大厦2401号			
	邮编：450046			
	电话：0371-86059701(营销部)			
	网址：hupress.henu.edu.cn			
排　版	河南树青文化传播有限公司			
印　刷	广东虎彩云印刷有限公司			
版　次	2023年11月第1版	印　次	2023年11月第1次印刷	
开　本	787 mm×1092 mm　1/16	印　张	15.5	
字　数	339千字	定　价	48.00元	

(本书如有印装质量问题,请与河南大学出版社营销部联系调换。)

编委会

主　编　　汪琰彦　　南方医科大学深圳医院
　　　　　　钟艳辉　　南方医科大学深圳医院
　　　　　　刘　畅　　南方医科大学深圳医院

前 言

随着全球科学技术的日新月异和社会经济的迅速发展，人类的平均寿命在普遍延长，人口老龄化所带来的社会问题也在日益增多。面对老龄化社会的迅速到来以及老龄人口总数过多的双重压力，如何延缓衰老，延长老年人生活自理的年限，提高其生命质量，实现健康老龄化，已成为全球关注的社会问题，对护理高等教育和护理界也提出了严峻的挑战。因此，加强老年护理教育，加快培养老年护理人才，已是当务之急。

本书以老年人为中心，以健康自理、健康促进为理念，以现代护理观为指导，以护理程序为框架，简明扼要，重点突出，避免重复。本书注重老年常见健康问题和疾病的护理，突出老年期特有疾病的护理；同时兼顾老年人生理、心理和社会方面所特有的老化和需求，注重培养学生的分析问题和解决问题的能力。

本书共分九个项目，内容包括绪论、老年保健与心理健康、老年人的健康评估、老年人的日常生活护理、老年人安全用药的护理、老年人常见健康问题与护理、老年期常见疾病患者的护理、老年人的家庭护理和老年人的临终护理等，主要供专科护理学专业使用，也可作为临床护理人员继续教育、老年护理岗位培训及老年护理机构工作人员的参考书。

限于编者的水平和能力，难免存在疏漏和错误，恳请专家、读者、同行、使用本教材的师生和护理界同仁谅察并给予指正。

目 录

项目一　绪　论 ··· 1
　　任务一　老年人与人口老龄化 ··· 2
　　任务二　老化的理论 ·· 10
　　任务三　老年护理概论 ·· 14

项目二　老年保健与心理健康 ··· 22
　　任务一　老年人的健康保健 ··· 23
　　任务二　老年人的心理健康 ··· 28

项目三　老年人的健康评估 ·· 34
　　任务一　概述 ··· 35
　　任务二　老年人躯体健康的评估 ··· 39
　　任务三　老年人心理健康的评估 ··· 45
　　任务四　老年人社会健康的评估 ··· 49
　　任务五　老年人生活质量的综合评估 ··································· 55

项目四　老年人的日常生活护理 ·· 61
　　任务一　日常生活护理 ·· 62
　　任务二　老年人日常生活护理的注意事项 ····························· 70

项目五　老年人安全用药的护理 ·· 79
　　任务一　老年人药物代谢与药效学特点 ································ 79
　　任务二　老年人的用药原则 ··· 85

  任务三　老年人的用药护理 …… 87

项目六　老年人常见健康问题与护理 …… 92
  任务一　老年人各系统老化改变 …… 93
  任务二　老年人疾病的临床特点 …… 110
  任务三　老年人常见健康问题的护理 …… 117

项目七　老年期常见疾病患者的护理 …… 147
  任务一　老年肺炎患者的护理 …… 148
  任务二　老年高血压与低血压患者的护理 …… 154
  任务三　老年消化性溃疡患者的护理 …… 159
  任务四　老年糖尿病患者的护理 …… 162
  任务五　老年脑梗死患者的护理 …… 167
  任务六　老年期抑郁症患者的护理 …… 174
  任务七　老年期特有疾病患者的护理 …… 181

项目八　老年人的家庭护理 …… 196
  任务一　概述 …… 197
  任务二　老年人家庭护理的内容 …… 199
  任务三　家庭护理中对照料者的支持与指导 …… 202

项目九　老年人的临终护理 …… 209
  任务一　老年人的临终护理 …… 210
  任务二　家庭临终监护 …… 222

附　录　老年人常用评估量表 …… 228

项目一 绪 论

📝 知识目标

1. 掌握老年期和老龄化的区分、我国人口老化的特点。
2. 了解老化的基本理论、老年护理的发展,以及护理专业在老龄事业中的作用。

📝 技能目标

1. 能解释老年护理的运用范围。
2. 能举例说明老年护理在临床中的应用。

🔬 案例导入

> 某新建社区,住户1 500户。其中18岁以下居民1 600人,18~60岁居民4 000人,60岁以上居民800人,80岁以上的占60岁以上人口的20%。

问题:

1. 请计算该社区的老年人口系数。
2. 请计算80岁以上的老年人口有多少人。
3. 请分析该社区是否已加入老龄化社区。
4. 为保障老年人安心在此居住,作为老年护理专业人员,请你献计献策。

人口老龄化是社会进步、经济发展、人民生活水平不断提高、医疗卫生条件改善和卫生保健工作取得卓越成就的必然结果，而老龄化社会的到来是现代社会发展的必然趋势。随着社会和经济的发展，人们生活水平不断提高，人类平均寿命普遍延长，人口老化日益明显，尤其是老年人口的高龄化，必将在经济发展、大众文化、人体素质等方面对人类社会带来一定的影响。老年护理即是针对老年人这一特殊群体，研究其健康状况和健康需求，促进老年人自我护理的能力，同时提供优质的护理措施，满足老年人的健康需求，维护和促进老年人的身心健康，提高老年人的生活质量。

（汪琰彦）

任务一　老年人与人口老龄化

生老病死是一切生物物种普遍存在的自然规律。人类从出生、发育、成熟乃至死亡的整个生命历程中，其生理和心理均会随着年龄的增长而逐渐发生改变。

一、人的寿命与老年人的年龄划分

（一）人的寿命

描述人类寿命的指标有两种：一是平均寿命（或称预期寿命），代表一个国家或地区人口的平均存活年龄；二是最大或最高寿命，是指在没有环境因素影响的条件下，从生物学角度看，人类可能存活的最大年龄。

（1）平均期望寿命（average life expectancy）。平均期望寿命简称平均寿命，是指经过统计学处理，计算出一定年龄组的人群能生存的平均年数。通常采用出生时的平均预期寿命来衡量人口老化的程度。

（2）最高寿命（maximum life-span of human）。通过观察发现，根据人类性成熟期（14～15岁）的8～12倍或生长期（20～25年）的5～7倍等方法推测，人类最高寿命应当是110～175岁。由于生存环境以及疾病等因素的影响，目前人类平均寿命与最高寿命仍存在较大的差距，随着科学的进步，人类将逐步接近或达到最高寿命。

（二）老年人的年龄划分

由于研究问题的需要，对于老年人的年龄起点有着不同的标准。联合国在进行人口统计时，常以65岁为老年人的起点，而在研究老龄问题，特别是包括发展中国家的老龄问题时，则将60岁作为老年人的起点。中国国家统计局在发布老年人口统计数字时，为了同时兼顾我国国内问题研究和与国外统计数字相匹配的需要，常以60岁和65岁两种标准同时发布。

（1）我国老年人的年龄划分标准。我国关于年龄的划分界限自古以来说法不一，民间常以"年过半百"为进入老年，习惯以"六十花甲、七十古稀、八十为耋、九十为耄"代表老年的不同时期。1982年4月，中华医学会老年医学学会建议，把60岁作为我国划分老年的标准。现阶段，我国老年人按时序年龄的划分标准为：45～59岁为老年前期，即中老年人；60～89岁为老年期，即老年人；90～99岁为长寿期，100岁及其以上为寿星，即长寿老人。

（2）世界卫生组织（WHO）对老年人年龄的划分标准。根据现代人生理、心理结构上的变化，WHO将人的年龄界限又作了新的划分：44岁以下为青年人，45～59岁为中年人，60～74岁为年轻老人（the young old），75～89岁为老老年人（the old old），90岁以上为非常老的老年人（the very old）或长寿老年人（the longevous）。这个标准是兼顾发达国家和发展中国家，既考虑到人类平均预期寿命不断延长的发展趋势，也是人类健康水平日益提高的必然结果。WHO的标准将会逐步取代我国与西方国家现阶段划分老年人的通用标准。

二、人口老龄化及对策

人口老龄化（population aging）简称人口老化，是指社会人口年龄结构中，老年人口在总人口中所占比例不断上升的过程。影响人口年龄结构变化的两个主要因素是出生率与死亡率。人口老龄化是人类生命科学的一种发展和进步，意味着出生率和死亡率的下降，平均寿命的延长。

（一）人口老龄化的常用指标

（1）老年人口系数。老年人口系数又称老年人口比例（proportion of aged population），即在某国家或地区的总人口构成中，老年人口数占总人口数的比例，是反映人口老龄化的主要指标。其计算公式为：

老年人口系数（%）=（60或65岁以上人口数/总人口数）×100%

(2) 老年人口负担系数。老年人口负担系数又称老年人口指数（index of aged population），即老年人口数占劳动人口数的百分比，说明劳动者负担老年人的轻重程度。其计算公式为：

$$老年人口负担系数（\%）=（60 或 65 岁以上人口数/15\sim59 岁人口数）\times100\%$$

(3) 老少比（aged-child ratio）。老少比又称老龄化指数（index of aging），即老年人口数与少年儿童人口数之比，亦可反映人口老龄化的程度。其计算公式为：

$$老龄化指数（\%）=（60 或 65 岁以上人口数/0\sim14 岁人口数）\times100\%$$

(4) 长寿水平（longevity level）。长寿水平又称高龄老人比，即 80 岁以上人口数与 60 岁以上人口数之比。其计算公式为：

$$长寿水平（\%）=（80 岁以上人口数/60 岁以上人口数）\times100\%$$

长寿水平的高低，直接反映一个国家（或地区）医疗卫生保健的水平，特别是反映老年保健服务水平的高低。该指标 <5% 时属于较低水平，为 5%~9.9% 时属于中等水平，≥10% 时即属于高水平。目前，发达国家的长寿水平已达 20%~25%。

(5) 平均期望寿命（average life expectancy）。平均期望寿命即某一地区或国家总人口的平均生存年限，简称平均寿命，是指出生婴儿在今后一生中可能存活的岁数。

(6) 健康期望寿命（active life expectancy）。健康期望寿命是指在健康条件下的期望寿命，即个人在良好状态下的平均生存年数，也就是老年人能够维持良好的日常生活活动功能的年限。

期望寿命是以死亡作为终点，健康寿命则是以日常生活能力的丧失作为终点来计算的。

(7) 性别比（sex ratio）。性别比即以女性人口数为 100，与男性人口数之比，计算公式为：

$$性别比=男性人口数/女性人口数（100）$$

(8) 年龄中位数（median age）。按年龄自然顺序所排列的总人口构成一个连续的变量数列，而年龄变量数列的中间值即为年龄中位数。其计算公式为：

$$年龄中位数=中位数组的年龄下限值+（人口总数/2-中位数组之前各组人数累计）\times 组距$$

年龄中位数愈大，则人口愈趋向老年人口类型。目前多数发达国家的年龄中位数已达 40 岁。

（二）老龄化社会的划分标准

为了便于比较不同地区和国家之间的人口年龄结构，需要有一个统一的老年人口年龄起点。WHO 对此划分有两个标准，如表 1-1 所示。

表1-1 老龄化社会的划分标准

分类	发展中国家	发达国家
老年年龄界定	60岁	65岁
青年型（老年人口系数）	<8%	<4%
成年型（老年人口系数）	8%~10%	4%~7%
老年型（老年人口系数）	>10%	>7%

（1）发展中国家的标准。60岁及以上人口占总人口的10%以上定义为老龄化社会（国家或地区）。

（2）发达国家的标准。65岁及以上人口占总人口的7%以上定义为老龄化社会（国家或地区）。

（三）人口老龄化的发展趋势

人口老龄化是科学与经济不断发展以及社会进步的标志，是世界人口发展的普遍趋势，是世界人口发展所面临的共同问题。

1. 世界人口老龄化的现状与趋势

（1）全球人口老龄化的速度加快。人口老龄化与总人口数的增长密切相关。世界人口老化始于欧洲，1866年法国65岁以上人口数占总人口数的比例即达7.2%，成为世界上第一个老年型国家，1895年以后趋向于平衡。1950年全世界大约有2.0亿老年人，1990年则为4.8亿，2002年已达6.29亿，占全世界人口总数的10%。预计到2050年，老年人数量将猛增到19.64亿，占世界总人口的21%，平均每年增长9 000万。

（2）发展中国家的老年人口增长快。随着世界人口老化的发展，重心已从发达国家向发展中国家转移。目前世界上65岁以上的老年人以每月80万的速度增长，其中发展中国家占66%，至2000年发展中国家的老年人口数占世界老年人口总数的60%。现在，发展中国家的老年人口增长率是发达国家的2倍，也是全球总人口增长率的2倍。

（3）全球人口老龄化的区域分布不均衡。世界各大洲地区之间生活条件复杂，人口老龄化进展速度不均衡，存在着很大的差异。在世界各主要地区中，欧洲一直是老年人口比例最高的地区，其次是北美洲和大洋洲，但在撒哈拉沙漠以南的非洲地区，老年人口增长非常缓慢。据预测，至2030年，亚洲、拉丁美洲及加勒比海地区的老年人口将会增长2倍多。目前，意大利是全球老龄化问题最严重的国家，其60岁以上的人口达到1 400万，占总人口的25%；而日本为3 100万，德国为2 000万，约占本国人口总数的24%；西班牙为900万，占总人口的22%；法国为1 200万，英国为1 200万，澳大利亚为200万，约占本国人口总数的21%。全球老龄化问题最轻的国家是几内亚、洪都拉斯、玻利维亚和巴拉圭等。

(4) 人类平均预期寿命不断延长。近半个世纪以来，世界各国的平均寿命都有不同程度的增加。19世纪许多国家的平均寿命只有40岁左右，20世纪末则达到60~70岁，一些国家已经超过80岁。2002年世界平均寿命为66.7岁，日本平均寿命接近82岁，至今保持着世界第一长寿国的地位。

(5) 高龄老年人（75岁以上老年人）增长速度快。高龄老年人是老年人口中增长最快的群体。我国高龄老年人口以平均每年5.4%的速度增长，1990年为800万，2000年已增长到1 100万，预计2030年将达到4 704万。

(6) 女性老年人增长速度快。老年妇女是老年人口中的多数，由于老年男性死亡率高于女性，性别间的死亡差异使女性老年人占老年人口总数的比例加大。如美国女性老年人的平均预期寿命比男性老年人高6.9岁，日本为5.9岁，法国为8.4岁，中国为3.4岁。

2. 中国人口老龄化的现状与趋势

(1) 我国人口老龄化的现状。我国是老年人口最多的国家。2006年2月23日全国老龄工作委员会办公室发布的《中国人口老龄化发展趋势预测研究报告》指出：中国于1999年进入了老龄化社会。2004年底，中国60岁以上老年人口已达1.43亿，占总人口的11%；2014年已超过2亿；2026年将达到3亿，2037年超过4亿，2051年达到最大值。

(2) 我国人口老龄化的特点。

① 我国老年人口绝对值居世界之首。我国是世界上人口最多的国家，加之人口平均预期寿命日益延长，老年人口在逐年增加，居全球之首。世界上有1/5的老年人居住在这片国土上，约等于欧洲各国全部老年人口的总数，占亚洲老年人口总数的1/2。至2025年将达到24%，意味着世界上每4~5个老年人中，即有一位中国老年人。

② 人口老龄化进程快。据统计，许多发达国家65岁以上人口比重由5%上升到7%一般需要经历50~80年，而我国人口年龄结构从成年型转变为老年型国家仅用了18年左右的时间，与发达国家相比，速度十分惊人。据1998年联合国卫生组织人口资料统计，65岁及以上老年人口比重从7%上升到14%，法国经历了127年，瑞典85年，美国72年，英国47年，日本24年，我国预计是25年左右。

③ 区域分布不均衡，差异大。人口老龄化发展的速度和程度在很大程度上取决于经济发展状况，故我国东部地区尤其是大中城市人口老龄化的速度和程度远远快于和高于西部地区。1990年人口普查结果表明，全国60岁以上老年人为7.6%，但上海为13.96%、浙江为10.44%、北京为10.27%、江苏为10.24%、天津为10.21%，这些省市在全国已率先迈入"老年型"行列。2000年上海市老年人口数占总人口数的18.5%，2025年预计会上升至32.7%，达到高峰；2000年北京市老年人口数为88万，占总人口数的14.6%，2025年预计会猛增到416万，老年人口的比例接近30%，大大超过目前发达国家人口老龄化的程度。

而在中西部地区，人口老龄化的程度则偏低。

④ 农村人口老龄化问题日显突出。人口老龄化的程度，静态观，农村低于城市；但动态观，由于工业化、城镇化进程加快，农村大批人口向城镇转移，特别是农村青壮年人口外迁增多，使城乡老龄化的程度正趋于接近。由于城乡老年人的主要经济来源存在明显差异，农村老年人基本上不能享受退休金和公费医疗，其赡养主要由家庭承担，故农村人口老龄化的问题也日益突出。

⑤ 老龄人口明显呈现高龄化趋势。人口学认定，低龄老年人口为60～69岁，中龄老年人口为70～79岁，高龄老年人口为80岁以上。我国高龄老年人口以每年5.4%的速度增长，1990年为800万，2000年已增长到1 100万，预计2030年将达到3 704万。

⑥ 女性老年人比例高。老年人口中女性多于男性，随着年龄的增大，女性老年人的比例不断上升。据统计，我国高龄老年人口中女性为63.1%，百岁老年人中女性比例达到77%。

⑦ 文化程度低。由于历史的原因，我国老年人多数未受过良好教育，文盲和半文盲的比例高，占68.28%；尤以农村女性更为突出，文盲高达80%。

⑧ 老年人婚姻状况稳定，丧偶率高。由于受传统文化的影响，我国老年人的婚姻关系稳定，离婚率低。老年人丧偶比例较高，为35%以上，且随增龄不断提高。老年人再婚数量虽然有所增多，但其比例仍然很低。

⑨ 人口老龄化与经济发展不平衡。发达国家人口老龄化是伴随着工业化、城市化、现代化和经济逐步增长的整个过程发展起来的，在人口老龄化程度不高时经济已达到较高的水平，即"先富后老"，如日本于1970年进入老龄化社会时，人均收入为1 689美元，1977年达到4 522美元。而我国是在经济条件欠发达时跨入了老龄化社会，即"未富先老"，如2000年我国进入老龄化社会时，人均收入只有800美元，国家财力薄弱。

（四）中国人口老龄化带来的影响

社会人口老龄化程度的不断加深，尤其是老年人口的高龄化，对社会经济发展、医疗卫生保健、人民生活等诸多领域产生广泛而深刻的影响。

（1）社会负担加重。人口老龄化使劳动年龄人口的比重降低，对老年人的赡养比升高，加重了劳动人口的经济负担。老年人口负担系数1990年为1∶8.2，2000年为1∶6。据统计预测，2030年老年人口负担系数为1∶2.2，人口老龄化使劳动年龄人口比重下降，人口红利消失，导致劳动人口的经济负担加重，国家需支付的退休金也逐年增加。

（2）社会保障费用增加。人口老龄化使国家用于老年人的财政支出增加，政府负担加重。据2000年《中国统计年鉴》统计数据显示，至1999年，我国离退休、退职人员数已达3 726万人，离退休、退职费2 420.9亿元；与1982年相比较，离退休、退职人员增加了

3.35倍，离退休、退职费增加了33倍，社会福利费增加了18.6倍。预计到2030年，我国离退休人员将猛增到1.5亿多人，届时离退休人员将相当于在职人员的40%以上，这将给国家造成沉重的负担，影响经济的可持续发展。

（3）现有产业结构需要调整。人口老龄化，尤其是老年人口的高龄化所带来问题愈来愈突出。为了满足老年人群的特殊需要，国家需要增加相应的投资，调整现有的产业结构。如改造不适合老年人居住的住宅、街道，增加老年人所需要的产业、社会服务业等。

（4）传统养老模式受到影响。随着城市家庭的人口代际结构模式呈现"四、二、一"（即两对老年人，一对夫妇，一个孩子）或家庭少子化，传统的家庭养老功能日趋削弱，急需社会养老功能的极大发挥，以弥补家庭养老功能的不足。另外，老年人口收入低、差别大，供养状况亟待改善，能否解决好老年人口问题关系到整个社会的发展和稳定。

（5）保健服务需求增加。老年人群是社会的脆弱人群，其中患有慢性疾病者占60%~70%，并常有多种疾病发生，且随增龄其健康状况不断恶化，同时心理健康状况也令人担忧。卫健委对9个省市的调查结果表明，老年人因病卧床率，60~69岁为3.16%，70~79岁为4.22%，80岁以上为4.30%。另据我国一些研究机构的研究资料显示，有不同程度抑郁症状的老年人占所调查人群的10%~23%。因此，老年人口对医疗、保健、护理及生活服务的需求大大超过其他人群。

（6）老龄工作力度急需加大。我国的老龄工作起步较晚，健康保健专业人员缺乏，基层服务网络薄弱，老龄工作资源不足。目前，针对老年人所开展的服务项目少，服务水平低，覆盖面窄，老年人的参与率和受益率不高。

（五）人口老龄化问题的解决策略

我国人口老龄化的快速发展，给社会带来深刻的影响。尽管我国尚处于人口老龄化的初期，但解决老龄化问题必须具有超前性。因此，应根据我国人口、经济发展等实际情况，充分借鉴国外的经验，探索出具有中国特色的解决老龄问题的具体对策。

（1）用科学态度对待老龄化。人口老龄化是社会经济大战的必然趋势，必须用辩证的观点来看待。我国人口老龄化的负担面临的是薄弱的承载能力，只有采取科学的态度，正视老龄化问题，在全社会树立正确的老龄观，充分认识人口老龄化的规律及其对社会经济发展的影响，避免产生社会老龄化的各种负效应，及时制定相应对策，使人口、社会、经济、资源和环境协调发展。

（2）加速经济发展，增强社会承受能力。根据中国人口年龄结构发展预测，2025年之前是我国抚养系数低、经济发展的"黄金时期"。这个时期是我国人口老龄化的发展阶段，老年人口的年龄结构轻，劳动力资源充足，为经济发展创造了良好的条件。故必须抓住机遇，加快经济发展速度，为人口老龄化的高峰期奠定雄厚的物质基础。

(3) 建立和完善适合我国国情的养老保障体系。建立和完善社会养老保障制度是实现"老有所养"这一目标的根本保证。目前我国社会财力薄弱，虽然对城市中没有退休金收入的老年人制定了最低生活保障制度，但水平偏低，另有70%的老年人居住在农村，故只能从我国实际情况出发，采取个人、家庭、集体、国家共同承担的原则，鼓励家庭养老，积极推进社会养老，努力使家庭养老与社会养老相结合。应尽快建立健全小城镇职工养老保险制度与农村的养老保险和社会医疗保险制度，对农村的孤寡老人实行"五保"供养制度，即保吃、保穿、保住、保医、保葬，并建立特困医疗救济基金和农民生活最低保障线。同时，还应加强研究和制定贫困老年人口的评估制度，建立贫困老年人口的监测系统，使社会保障体系更加科学化、制度化和规范化。

(4) 完善相关的政策和法律体系。人口老龄化涉及人口、社会保障、劳动、医疗卫生保健等多个领域，需要制定相应的政策管理和法律规范。发达国家的养老保障制度较健全，各种养老活动有法可依。我国的老龄事业得到了党中央的高度重视和全社会的关心与支持，各级政府成立了老龄工作的组织协调机构与办事机构，确定了老龄工作目标，即"老有所养，老有所医，老有所学，老有所为，老有所乐"。国家颁布了《中华人民共和国老年人权益保障法》《"十四五"国家老龄事业发展和养老服务体系规划》，修订了《老年人建筑设计规范》《城市道路和建筑物障碍设计规范》等相关条例，以方便老年人的居住和出行。与老年人有关的法律还包括《中华人民共和国宪法》《中华人民共和国民法典》《中华人民共和国劳动法》等。虽然在这方面做了很多工作，但仍然需要不断健全和完善。只有加强老年法规的建立，逐步完善老年法规体系，才能使我国的养老保障体系与老年人权益保障事业真正走上规范化、法治化、科学化的道路。

(5) 努力实现健康老龄化目标。健康老龄化（aging of the health）是于1987年5月召开的世界卫生大会上首先提出的，WHO于1990年9月在哥本哈根的第40届会议上正式提出"健康老龄化"的目标。1992年联合国第47届大会通过了《2001年全球解决老龄化问题的奋斗目标》，强调要"开展健康老龄化运动"；1996年3月中国老龄协会提出"面向21世纪，积极倡导和促进健康老龄化是我国老龄化的战略方向"。

健康老龄化，即在老龄化社会中，多数老年人的生理、心理和社会功能均处于健康状态，同时社会和经济发展不受过度人口老龄化的影响。我国学者何慧德教授提出，健康老龄化有两层含义：其一是个体的健康老龄化，即老年阶段健康时期延长，伤残或功能丧失只在生命晚期出现，且持续时间很短——老年人生存质量提高，晚年生活更加有意义；其二是群体的健康老龄化，即健康者在老年人群中所占的比例愈来愈大，老年人口的健康预期寿命延长。健康老龄化的外延包括老年人个体健康、老年人群体健康和人文环境健康三个部分，也就是说老年人具有良好的身心健康和社会适应能力，健康预期寿命延长并与社会整体相协调；有良好的老龄化的社会氛围以及社会发展的持续性、有序性，并符合规律。

我国实现健康老龄化的目标必须从个体、家庭、社区、社会等多个层面共同努力，采取相应的对策。老年人自身应加强身体锻炼，注重个人修养，增强自我保健意识。家庭应主动承担养老责任，在生活、精神和经济上给予支持。同时应加强老年人的社会保障，积极发展老年医疗保险制度，重视老年人的精神文化生活，应在健康老龄化的环境，开展健康老年人的研究，加强老年病研究，重视和发展老年医学和护理教育，普及全科医疗和社区护理，提高老年人社区医疗服务质量，充分发挥老年群体的力量，积极开发健康老年人力资源，达到自我管理、自我服务的目的。

（汪琰彦）

任务二　老化的理论

老化（senility，aging）即衰老，是所有生物种类在生命延续过程中的一种生命现象。人类自出生到成熟期后，随着年龄的增长，在生理及心理上将发生进行性、衰退性变化，这一系列的生命过程称之为老化（aging）。近年来，随着老龄化社会的到来，老年人健康问题的日益严重，关于老化的理论研究也迅速发展起来。老化的机制比较复杂，尚不能用一种理论加以解释，老化很可能是多种因素综合作用的结果。

一、老化的生物学理论

老化的生物学理论主要研究老化过程中生物体生理改变的特性与机制。该理论认为：生物体的生理性老化现象的产生是由于细胞内衰老基因的表达或蛋白质改变、代谢产（废）物堆积、细胞功能改变或衰退、细胞停止分化与修复，最终导致细胞死亡。其主要的理论有基因学说论、长寿与衰老理论、神经内分泌理论、免疫理论、自由基理论等。

（一）基因学说论

基因学说论是生物学论述衰老的主要理论，包括基因程控理论、基因突变论、细胞定时老化论等。基因程控理论认为，生物体内细胞的基因有固定的生命期限，并以细胞分裂的次数来决定个体的生命。例如，人类的生命期限被设定为120年，这期间正常细胞分裂约50次就停止分化，细胞开始退化、衰老，导致人体老化，最终死亡。衰老的过程在机体内类似一种"生物钟"，即衰老过程是按一定的程序逐渐展开的。目前，科学实验已经证实这个"生物钟"就是细胞内的脱氧核糖核酸（DNA），脱氧核糖核酸中的"衰老基因"控制着生物个体的衰老过程。基因突变论则认为，老化的机制是体细胞基因突变或DNA复制错误引起的人体细胞特性的改变，引起细胞功能紊乱和减退，导致人体老化。

（二）长寿与衰老理论

长寿与衰老理论不仅研究人类长寿的原因，并且更注重老年人的生活质量。该理论认为，健康长寿者均与下列因素相关：① 遗传因素；② 物理环境；③ 终身参与运动；④ 适量饮酒；⑤ 饮食因素；⑥ 维持性生活至高年；⑦ 与社会有关的因素。其中最主要的因素是遗传。

（三）神经内分泌理论

神经内分泌理论则认为老化过程是大脑和内分泌腺体的改变所致。随着年龄的增长，脑细胞数与脑体积也随之减少，下丘脑发生明显的老化性改变，这些改变影响了其他内分泌腺的功能与多种代谢，使机体的新陈代谢减慢及生理功能减退，机体逐渐出现衰老。有研究认为，下丘脑、垂体、肾上腺是调节老化过程的主要部位，其"老化钟"就在下丘脑。

（四）免疫理论

免疫理论于1962年由Walford提出。他认为：① 老化与免疫功能低下有关；② 自身免疫在老化过程中起到重要作用。因此，老年人感染性疾病和恶性肿瘤的发生率明显增加。随着年龄增大，体内细胞发生突变的概率增高，这种突变的细胞含有不同于正常细胞的异常蛋白质，将会激活体内的免疫系统反应，产生抗体，称为自体免疫反应。在机体老化的过程中，T细胞功能减退，不能有效地抑制B细胞，导致自身抗体过多，产生机体自我识别功能障碍，从而引发一系列细胞的损害，加剧组织的老化。

（五）自由基理论

自由基理论指出，老化是由于细胞代谢过程中的自由基产物对机体有害作用的结果。随着年龄增大，人体内自由基水平随之增高，其诱导产生的有害物质不断积累，而机体对自由基的防御能力却逐渐下降，导致自由基的损害作用增强，从而引起体内各种生理功能障碍，最终促进了机体的老化与死亡。

二、老化的心理学理论

老化的心理学理论主要研究和探讨老年期时老年人的行为与发展的关系。其相关的理论主要解释行为是否受老化影响，老化如何影响行为，老年人如何应对衰老。老化的心理学理论主要包括人的需求理论、自我概念理论、人格发展理论，对解释与了解老化过程对老年人的认知过程、智力行为与学习动机的影响是很有意义的。

（一）人的需求理论

人的需求理论中最具有代表性的是美国著名心理学家马斯洛（Maslow）的人类基本需求层次理论。他认为人类要生存和发挥其功能，必须满足一些基本需要，包括生理的需要、安全的需要、爱与归属的需要、自尊的需要、自我实现的需要。随着年龄增大，需求逐渐移向高层次。当一个人年老时，能达到自我实现状态，所表现的行为特征是独立、自主与拥有和谐的人际关系，这就是成功的老化表现。当环境的变化不够或刺激不足时，老年人在身体、心理及社会发展等方面便无法达到成功老化，甚至出现离退休综合征、套间综合征等健康问题。

（二）自我概念理论

自我概念理论强调一个人的自我，包括思想、情感和行为三个方面。自我概念是个人对自己角色功能的认知与评价。每个人在社会中同时扮演多种不同的角色，在不同的阶段扮演的角色也不同。进入老年期，个体的工作角色发生转变，家庭角色也面临多重改变。由于扮演的角色不同，自我概念也随之不同。人到老年，常常由于所扮演社会角色的改变，加上生理健康衰退，导致对自己角色功能的认识与评价减弱，从而出现老化的心态。

（三）人格发展理论

精神科医生埃里克森（E.H.Erikson）的人格发展理论（personality development theory）将整个人生过程从出生到死亡分为八个主要阶段：婴儿期、儿童期、学龄初期、学龄期、青春期、成年早期、成年期和成熟期。每个发展阶段都有特定的发展任务，若能顺利完成，个体将呈现正向的自我概念及对生命的正向态度，人生则趋向成熟和完美；反之，个体将呈现负向的自我概念及对生命的负向态度，人生则出现失败的停滞或扭曲发展现象。老年阶段的任务是发展自我整合。他认为老年人在此时期会回顾和评价自己过去的经历。若是对自己的一生评价是自我完整，则此老年人将对老年生活具有适应和圆满的生活态度；若是对以往懊丧，失去完整的自我，则会对老年生活失去信心，出现惊恐不安和不适应的表现。

老化的心理学理论可以帮助护士理解老年人的行为表现，分析老年人的基本需求。运用这些理论对老年人进行健康教育，能使其采取良好的生活方式，预防晚年的功能减退，保持良好的生活质量和功能状态。

三、老化的社会学理论

老化的社会学理论着重研究、了解及解释社会互动、社会期待、社会制度与社会价值观对老化过程适应的影响。其影响老化的因素有人格特征、家庭、教育程度、社区规范、角色扮演、文化与政治经济状况等。老化的社会学理论包括隐退理论、活跃理论、次文化理论、持续理论、年龄阶层理论等。

（一）隐退理论

卡明（E. Cumming）和亨利（W. Henry）于1961年提出隐退理论。该理论认为，社会平衡状态的维持，决定于社会与老年人退出相互作用所形成的彼此有益的过程。这一过程是社会自身发展的需要，也是老年人本身衰老的必然选择。老年人从社会角色与社会系统中隐退，是成功老化必须经历的过程，也是促进社会进步、安定和谐及人类生命代代相传的完善途径。此理论可用以指导老年人适应退休带来的各种生活改变。

（二）活跃理论

1963年，哈维格斯特（Havighurst）等提出活跃理论。该理论认为，社会活动是生活的基础，人们对生活的满意度是与社会活动紧密联系在一起的，老年人若能保持参与社会活动的最佳状态，就可能充分地保持老年人生理、心理和社会等方面的活力，更好地促进老年人生理、心理和社会等方面的健康发展。活跃理论建议个体社会结构所失去的活动必须被新角色、新关系、新嗜好与兴趣所取代。因此，老年人积极参与社会活动，贡献自己的才能，其晚年的生活满意度就会提高。

（三）次文化理论

1965年，罗斯（Rose）提出次文化理论。老年人在社会团体中是一群非主流人群，他们有着自己特有的文化特质，自成一个次文化团体。该理论认为，同一文化团体中的群体间的互相支持和认同能促进适应和成功老化。

（四）持续理论

持续理论更加注重的是老年人的个体差异，主要探讨老年人在社会文化约束其老年生活的行为时，身体、心理及人际关系等方面的调适。该理论认为，个体在成熟过程中会将某些喜好、特点、品位、关系及目标纳入自己人格的一部分。当人们进入老年期时，经历了个人及人际关系的调适，表现出有助于调适过去生活经验的行为。人的生命周期的发展表现出明显的持续性，老化是人的持续发展的结果，也是老年人适应发展经历的结果，而发展状况的不同必然会导致老年人适应结果的不同。

（五）年龄阶层理论

1959年，美国学者赖利（M. W. Riley）等人提出年龄阶层理论（age stratification theory），主要观点有：

① 同一年代出生的人不仅具有相近的年龄，而且拥有相近的生理特点、心理特点和社会经历。

② 新的年龄层群体不断出生，因经历的社会环境不同，对历史的感受也不同。

③ 社会根据不同的年龄和其扮演的角色而分为不同的阶层。

④ 每一个人都是从属于一个特定的年龄群体，随着成长，不断地进入另一个年龄群体，而社会对不同的年龄群体所赋予的角色、所寄托的期望也会发生相应的变化。因此，一个人的行为必然会随着所属的年龄群体的改变而改变。

⑤ 人的老化过程与社会的变化之间的相互作用是动态的，老年人与社会也是不断地相互影响。而同一年龄阶段的老年人之间会相互影响其老年社会化过程，使得老年人群体间拥有了某些特定的普遍行为模式。老年人的人格与行为特点是一个群体相互影响的社会化结果。

了解社会对老化的影响，在收集基本资料时注重老年人的家庭、文化、经济、职业等背景，对制定、完成护理计划有着极其重要的意义；可以帮助护士从"生活在社会环境中的人"这个角度看待老年人，了解社会对老年人的影响，促进护士帮助老年人适应晚年生活。

（汪琰彦）

任务三　老年护理概论

老年护理是以老年人群及其主要照顾者为服务对象提供护理服务的过程。指导老年护理实践的主要方法是护理程序。老年护理学（geriatric nursing）是研究、诊断和处理老年人对自身存在和潜在的健康问题反应的学科，起源于现有的护理理论及生物学、心理学、社会学、健康政策等学科理论。重视老年护理的研究，为老年人提供个体化、专业化、普及化和优质化的护理服务是老年护理的主要任务。

一、老年护理的发展

（一）国外老年护理发展

老年护理作为一门学科最早出现于美国。1900年，老年护理作为一个独立的专业需要被确定下来，至1966年，美国已经形成了较为成熟的老年护理专业。1961年，美国护理协会设立老年护理专科小组，标志着老年护理成为一门独立的学科又向前跨进了一步。1966年，美国护理协会成立"老年病护理分会"，确立了老年护理专科委员会，老年护理真正成为护理学中一个独立的分支。1975年，美国开始颁发老年护理专科证书，同时《老年护理杂志》创刊，"老年病护理分会"更名为"老年护理分会"，服务范围也由老年患者扩大至老年人群。1976年，美国护理协会提出发展老年护理学，从护理的角度与范畴执行业务活动，关注老年人对现存和潜在的健康问题的反应。美国老年护理的发展，对世界各国老年护理的发展起到了积极的推动作用。许多国家的护理院校将老年护理纳入大学护理课程设置，并有老年护理学硕士和博士项目。美国护理协会每年为成千上万名护理人员颁发老年护理专科证书。

综上所述，老年护理的发展大致经历了四个时期：1900—1955年为理论前期，这一时期无任何理论作为执行护理业务活动的基础；1955—1965年为理论基础初期，老年护理的理论随着护理学专业的理论和科学研究的发展也开始发展和研究，出版了第一本老年护理教材；1965—1981年为推行老人医疗保险福利制度后期，这一时期老年护理的专业活动与社会活动相结合；1985年至今是全面完善和发展的时期。

（二）中国老年护理发展

中国老年医疗、强身、养身活动已有3 000多年的历史，但作为现代科学研究，中国老年学与老年医学研究开始于20世纪50年代中期。中国老年护理体系的雏形是医院的老年患者的护理，如综合医院设立老年病科，以系统划分病区，按专科管理患者。20世纪80年代中期，在北京、上海等大城市设立了老年病门诊与专科医院，为老年人进行健康咨询和不定期义务体检，开始按病情分阶段划分管理：急性期，主要加强治疗护理；慢性期，主要加强生活护理；恢复期，主要加强康复护理；终末期，主要实施临终关怀。此外，一些城市还成立了老年护理中心、护理院，对管理区域内的高龄病残、孤寡老年人提供上门医疗护理服务，设立家庭病床，建立健康档案，定期巡回医疗护理。老年人可以优先入院，接受相应的治疗和护理服务。随着我国进入老年型国家的行列，老年问题日益突出，对老年护理也提出了前所未有的挑战，同时老年护理也得到了高度的重视和发展。但我国老年护理的发展还远远不能满足老年人的需求，老年护理教育明显滞后，老年护理研究进展缓慢，从事老年护理专业人员的数量与质量还远远不够。

面对老年学未来的发展方向和趋势，老年护理应及时适应新时期的变化，注意加强老年护理教育和专业老年护理人员的培养，加强相关基础理论、老年人常见疾病防治的护理研究，开发老年护理设备，借鉴国外的先进经验，构建具有中国特色的老年护理理论与实践体系，不断推进我国老年护理事业的发展。

二、老年护理的范畴

（一）老年护理主要工作与目标

老年护理的重点在于通过护理干预，延缓老年期的衰老性变化和减少各种危险因素给老年人带来的消极功能影响，消除或减低自我照顾的限制，最大限度地维持和促进老年人的最佳功能状态。其主要工作是评估老年人健康及功能状态、老年期变化和危险因素；制定护理计划，为老年人提供适当的护理和其他健康照顾服务，指导老年人避免或减少各项危险因素，并指导家庭照顾人员共同参与护理；评价功能效果。服务对象扩展为老年人及其主要照顾者，承担主要照顾者的咨询和教育，研究其压力和需求。老年护理服务的目标是促进健康，避免疾病，加强自我护理，使老年人的现有能力得到进一步发挥，提高生命质量，从而延长老年人的健康预期寿命。

（二）老年护理场所

各种养老机构（如老人院、日间或夜间老年人护理中心、老人之家等）、老年人家庭和社区、各种长期照顾老年人的机构、临终关怀中心、医院或门诊等均是老年护理工作的场所。老年护理学强调个案与其家庭的照顾，可以在各种情境中展开。

（三）老年专科护理人员角色

老年专科护理人员的角色呈现多元化形式，即照顾者、执业者、个案管理者、沟通者、协调者、咨询者、教育者、研究者，以及医疗团队的成员或领导者、维护老年人健康和权利的代言人与保护者，甚至是社会活动者等。

三、老年护理的特点

（一）健康老年人的护理

1. 老年人的生理特点与护理

随着老年人的年龄增长，机体出现一系列衰退性的变化。其主要表现为组织器官储备能力减弱，各种功能衰退，免疫功能下降，对内外环境的适应能力降低，容易出现各种慢性退行性疾病，视觉、听力减退，反应迟钝，操作能力和反应速度降低，手足协调功能下降，生活自理能力差；平衡功能减退，易发生跌倒。因此，应注意保护老年人的安全，避免发生意外损伤，必要时可帮助老年人使用助听器、老花镜、手杖与助行器等日常生活辅助用品；注意做好健康教育，如可进行健康运动、营养膳食及自我保健等方面的指导。

2. 老年人的心理特点与护理

其主要表现为精神活动能力减弱，运动反应时间延长，学习和记忆能力减退，以及人格改变和情绪变化。如注意力不集中、记忆力下降、孤独、多疑、自卑、抑郁，以及情绪不稳、脾气暴躁等消极情绪。因此，护理人员要以极大的耐心和热心护理老年人，加强情感沟通，帮助老年人树立正确的人生观、死亡观，抛开一切烦恼，乐享天年。

3. 老年社会问题与护理

老年人由于离退休、经济收入减少、生活贫困、丧偶、疾病等原因，其家庭角色和社会角色发生了变化，产生诸多不适应的心理社会问题。因此，要加强老年社会学方面的研究，帮助老年人保持健康的心态，成立老年协会、休闲娱乐活动中心，帮助健康老年人再就业，鼓励老年人多参与社会活动，促使老年人保持乐观的情绪和良好的心态，保证家庭和社会的稳定。

（二）患病老年人的护理

老年慢性病多系慢性退行性改变，有时生理和病理的界限难以区分。即使老年人与青年人患同一种疾病，其临床症状和体征、疾病进展、康复与预后亦不完全一致。因而应针对老年疾病的特点来护理老年患者。老年人患病的特点与护理分述如下。

（1）发病缓慢、临床表现不典型。由于老年人感受性的降低，往往疾病已经较为严重，却无明显的自觉症状，或临床表现不典型。据统计，有35%～80%的老年人发生心肌梗死时无疼痛，常呈无痛性急性心肌梗死；49%的老年人患腹膜炎时无明显疼痛反应，严重感染时也仅仅出现低热，甚至不发热，容易被漏诊或误诊。因此，护理人员要仔细观察，同时要善于观察老年人的病情变化，及时发现不典型症状，准确评估老年患者的健康状况，为及早明确诊断提供依据，以免延误诊治。

（2）多种疾病同时存在。约有70%的老年人同时患有两种或两种以上疾病，而且各种症状的出现及损伤的累积效应也随着年龄的增大而逐渐增加，因而病情错综复杂。因此，护理老年患者应考虑周全，要同时注意多个护理问题，制定全面的护理计划，方能满足老年患者的需要。

（3）病程长、恢复慢、并发症多。老年患者免疫力低，抗病与修复能力差，导致病程长、恢复慢，且容易出现意识障碍、水电解质紊乱、运动障碍、多器官功能衰竭、出血倾向等多种并发症，导致病情危重。因此，护理老年患者要特别注意观察病情，要有耐心，对预期目标不能操之过急，多进行有关疾病护理及预防并发症的健康教育，同时应鼓励老年患者及家属树立战胜疾病的信心，使老年人和家属共同参与康复护理计划的制定。

（三）养老机构老年人特殊的心理需求与护理

1. 养老机构老年人的心理

（1）苦闷与自卑。养老机构中的老年人远离了家庭与社会，难于直接感受家庭的温馨和丰富的社会生活，精神上易产生压抑与苦闷，进而导致自卑。

（2）渴望亲情。居家的老年人会直接得到子女的服侍与慰藉，子孙辈们也是老年人快乐的源泉。老年人入住养老机构后，环境发生改变，缺乏儿孙承欢膝下的家庭亲情。虽然老年人年龄相仿，朝夕相处会有更多的共同语言和相同的兴趣爱好，但与原来生活相比，显然活力不足，沉闷有余。人到老年，最渴望的就是亲情，可谓"物质有价，亲情无价"。

（3）自尊心强。老年人离开温情之家，来到集体生活的养老机构，生活环境与生活方式发生了巨大变化，会使老年人产生"无用感"。因此，刚入住养老机构的老年人常常会表现出较强的心理防御机制，自尊心极强，敏感。对于有些不情愿入住的老年人，甚至不愿谈及入住原因及家庭情况。

（4）好胜心强。养老机构中拥有大量的同龄老年人，为了显示自己仍然年轻、充满活力，在日常生活、身体锻炼，或平时的棋琴书画等诸多方面，老年人之间总喜欢相互较劲、相互竞争。

2. 养老机构老年人的心理护理

（1）充当"儿女角色"，真正体现"老人为本"的心理养老。作为养老机构中与老年人日夜相伴的护理人员，要充满爱心和孝心，做到任劳任怨、细心耐心，特别是对待平时缺少或无子女看望照顾的老年人，更应注意护理过程中的言行、说话语气与措辞方式，要在思想上将老年人当成自己的父母一样来对待。

（2）一视同仁，尊重每一位老年人。入住养老机构的老年人情况各异，但绝无等级之分。护理人员要一视同仁，无论老年人有何背景，均应尊重其独立性和需要，并以此表达对个人内在价值的认同。

(3) 因人而异，采取不同的服务方式。老年人之间存在着一定的性格、爱好兴趣的差异。为了满足每一位老年人不同的需要，使其安享晚年，护理人员应遵循"个体化"原则，针对老年人的具体情况采取不同的服务方式。如性格内向者，更容易产生孤独感，要给予合理的心理疏导，让老年人面对生活的现实，积极地投入现在的生活之中；性格外向、喜欢与人交谈者，护理人员要帮助老年人实现愿望，充当耐心的倾听者，使其感到愉快和满足，增强老年人生活的信心，更好地适应养老机构的生活。

(4) 鼓励和帮助老年人参加利于身心健康的运动。合理运动对调节情绪，增强毅力，促使老年人保持健康的个性品质有着非常重要的作用。因此，护理人员要帮助老年人树立正确的健康观，鼓励老年人积极参加适当的文体活动，并在养老机构有限的场地内组织一些符合我国老年人身心特点的活动，如太极拳等。

(5) 开展丰富多彩的活动，给老年人一个表现自己的舞台。每个老年人都希望自己的晚年生活充实而富有意义，养老机构中的老年人也需要一个表现自我的机会与场所。因此，应根据每位老年人的兴趣和爱好组织一系列活动，如讲故事、听音乐、种花植草、养鸟钓鱼等。只有日常生活丰富多彩，在融融乐趣中不断获得美的享受和愉悦的体验，才能使养老机构中的老年人安享晚年。

四、老年护理人员的素质要求

老年人具有特殊的生理心理特点，因而对从事老年护理工作的人员也提出了更严格的素质要求。

（一）职业素质

(1) 高度的责任心、爱心、细心、耐心与奉献精神。尊老敬老是中华民族的传统美德。老年人操劳一生，对家庭和社会均有很大的贡献，理应受到尊重和爱戴。老年人对护理人员的依赖性较大，老年患者的护理问题众多，加之其生理、心理复杂多变，增加了老年护理的难度。故要求护理人员要以"老人为本"，不论其地位高低、社会背景如何，均应平等相待、一视同仁，尊重老年人的人格和尊严；要有足够的责任心、爱心、细心和耐心对待老年人，全身心地投入老年护理活动中，使老年人感到舒适，有信任感。

(2) "慎独"。老年患者病程长、病情重而复杂，护理老年患者要一丝不苟，严格履行岗位职责，认真恪守"慎独"精神，在任何情况下均应自觉地对老年人的健康负责。

(3) 良好的沟通技巧和团队合作精神。老年护理的开展需要多学科的合作，因此护理人员必须具备良好的沟通技巧和团队合作精神，促进专业人员、老年人及其照顾者之间的沟通与配合，在各种不同情况下给予老年人照顾护理服务。

（二）业务素质

具有博、专兼备的专业知识和精益求精的技术是对护理人员的业务素质要求。多数老年人身患多种疾病，有多器官功能受损，故要求护理人员应全面掌握专业知识以及相关学科的知识，并将其融会贯通，同时还要精通专科领域的知识和技能。只有这样，才能做到全面考虑、有重点地解决问题，帮助老年人实现健康方面的需求。

（三）能力素质

具有准确、敏锐的观察力，正确的判断力和良好的沟通能力是对护理人员的能力素质要求。老年人的机体代偿功能相对较差，健康状况复杂多变，因此要求护理人员必须具备敏锐的观察力和准确的判断力，能够及时发现老年人的问题与各种细微的变化，对老年人的健康状况做出准确的判断，以便及早采取相应的护理措施，保证护理质量。

（汪琰彦）

项目测评

一、选择题

1. 我国人口老化的标准不包括　　　　　　　　　　　　　　　　　　　　　　（　　）
   A. 老年人口系数＞10%　　B. 年龄中位数＞30岁　　C. 少年儿童系数＜30%
   D. 老龄化指数＞30%　　　E. 老年人口系数＞7%

2. 根据WHO规定，发展中国家老年人的年龄起点是　　　　　　　　　　　（　　）
   A. 50岁　　　　　　　　B. 55岁　　　　　　　　C. 60岁
   D. 65岁　　　　　　　　E. 70岁

3. 王某，67岁，患有心绞痛3年，外出时随身携带急救药盒，王某的行为属于
   　　　　　　　　　　　　　　　　　　　　　　　　　　　　　　　　　　（　　）
   A. 自我观察　　　　　　B. 自我治疗　　　　　　C. 自我护理
   D. 自我预防　　　　　　E. 自我急救

4. 不影响人口老化的因素是　　　　　　　　　　　　　　　　　　　　　　（　　）
   A. 平均预期寿命延长　　B. 出生率下降　　　　　C. 平均预期寿命缩短
   D. 青年人口外迁增多　　E. 死亡率下降

5. 人类老化主要发生在　　　　　　　　　　　　　　　　　　　　　　　　（　　）
   A. 幼儿期　　　　　　　B. 儿童期　　　　　　　C. 少年期

D. 青年期　　　　　　E. 老年期

6. 老年人口系数是指　　　　　　　　　　　　　　　　　　　　　　　　（　）

A. 老年人口数与总人口数的比例　　B. 老年人口数与青年人口数的比例

C. 老年人口数与成年人口数的比例　　D. 总人口数与老年人口数的比例

E. 老年人口数与儿童人口数的比例

7. 主张由于大脑和内分泌改变引起的老化现象的老年生物学理论是　　（　）

A. 基因理论　　　　B. 免疫理论　　　　C. 神经内分泌理论

D. 细胞损耗理论　　E. 长寿和衰老理论

8. 护士李某，为养老院老人们讲解晨起锻炼的重要性。李某的行为属于护理人员的哪种角色　　　　　　　　　　　　　　　　　　　　　　　　　　　　　　（　）

A. 照顾者　　　　　B. 执业者　　　　　C. 教育者

D. 研究者　　　　　E. 沟通者

二、思考题

1. 简述中国人口老龄化的特点。
2. 请阐述常用老化理论，并解释在护理老年人时如何运用。
3. 试述老年护理的范畴。

项目二 老年保健与心理健康

知识目标

1. 掌握老年保健、健康老龄化、老年自我保健的概念及原则,以及老年自我保健的措施。
2. 掌握老年人的心理特点、老年人常见的心理问题。
3. 熟悉老年保健的策略、老年人心理健康的促进和维护。
4. 了解老年保健的发展概况。

技能目标

1. 能指导老年人进行健康保健。
2. 能对老年人进行心理评估。

案例导入

王先生,60岁,担任领导多年,刚刚退休在家,子女均在外地。1个月前老伴去世,王先生悲痛万分,感到孤独、空虚,闷闷不乐。

问题:

1. 怎样指导王先生进行自我保健?
2. 王先生存在哪些心理问题,应采取哪些措施?

任务一　老年人的健康保健

老年保健（gerocomia）是指在平等享用卫生资源的基础上，充分利用现有的人力、物力，维护和促进老年人的身心健康。广义的老年保健，包括对老年人的生活起居、休息、睡眠、娱乐活动、饮食营养、体格锻炼、卫生习惯、精神修养等提出积极、有效的建议和指导，提高老年人的生活质量，使老年人身心愉快地度过晚年，实现健康老龄化的目标。

老年保健的重点人群是高龄老年人、独居老年人、丧偶老年人、患病的老年人、新近出院的老年人及患有精神障碍的老年人。

一、健康老年人与健康老龄化

（一）健康老年人的标准

1. 中华医学会老年医学分会的标准

2013年，中华医学会老年医学分会提出了健康老年人的五条标准。

（1）重要脏器的增龄性改变未导致功能异常，无重大疾病，相关高危因素控制在与其年龄相适应的达标范围内，具有一定的抗病能力。

（2）认知功能基本正常，能适应环境，处事乐观积极，自我满意或自我评价好。

（3）能恰当处理家庭和社会人际关系，积极参与家庭和社会活动。

（4）日常生活活动正常，生活自理或基本自理。

（5）营养状况良好，体重适中，保持良好生活方式。

注意：① 相关高危因素，是指心脑血管疾病的相关危险因素，主要有高血压、糖尿病、血脂紊乱。② 体重适中，是指体重指数（BMI）在 20~25 kg/m²。③ 良好生活方式，是指不吸烟，慎饮酒，合理膳食搭配，坚持科学锻炼。

2. 社会医学家的多维评价标准

（1）日常生活功能。有独立的生活能力，即有生活自理能力，能操持一定的家务、自理经济、购买生活用品、打电话、取报纸等。

（2）精神、心理健康。自我意识良好，自尊、自信、自制，能自我心理平衡，不固执、多疑，能克服自私和偏执等不良心理状态。

（3）躯体健康。从老年人的健康自我评价、临床症状、慢性病患病情况、医疗服务的利用等方面得到反映。躯体健康状况不佳，常表现为多种器质性疾病，如高血压、冠心病、慢性阻塞性肺疾病、糖尿病、骨质疏松、阿尔茨海默病、肿瘤等。

（4）社会健康。社会健康是指老年人个体人际关系的数量与质量及社会参与的程度，包括能建立良好的人际关系，以促进身心健康；能适应社会环境和家庭环境的变化；能注重礼仪，重视仪表和着装，使自己跟上时代的变化；不守旧，勇于参与各种社会活动，能与不同年龄、不同职业的人群相处，乐于学习，注重道德修养。

（5）经济状况良好。老年人的经济状况对其物质生活和精神生活有着至关重要的影响。老年人健康还与子女赡养、敬老、爱老等社会美德有关。否则，老年人不可能有全面的健康。

（二）健康老龄化

WHO对老人健康的标准提出了多维评价，具体包括五个方面：精神健康、躯体健康、日常生活的能力、社会健康和经济状况。1999年，WHO提出了积极老化（active aging）的概念，将其定义为老年人的健康、参与和保障达到最佳的过程，认为老年人维持自主和独立能力，保持社会参与的最佳状态，有助于提高老年人的生活质量。它强调老年人不仅在身体、心理和社会方面保持良好的状态，而且应该积极参与社会活动，积极融入家庭和社会中，继续发挥对家庭、社会和国家的贡献，增加老年人的幸福感和归属感。近年来，WHO指出老年人健康最好的测量指标是身体功能的适应能力，可能比病理的改变程度更能衡量老年人对于健康照护的需求量。健康老年人这一标准的确立是不断演变和完善的，并且也应当建立在疾病、健康、躯体和认知功能、精神心理、社会参与度以及自我感受等多个维度上，且受到社会、文化等因素的影响。

健康老龄化是指老年人在晚年能够保持躯体、心理和社会生活的完好状态，将疾病或生活不能自理推迟到生命的最后阶段。健康老龄化有两个方面的含义：① 个体的健康老龄化。体现为老年期健康时期延长，伤残或功能丧失只出现于生命的晚期，且持续时间很短，生活质量提高，生活更有意义。② 群体的健康老龄化。老年人群中健康者的比例越来越大，老年人口的健康预期寿命延长。

二、老年保健的基本原则与任务

（一）老年保健的基本原则

1. 全面性原则

老年人健康包括身体、心理和社会三个方面，故老年保健也应是多层次、多维度的。全面性原则包括：① 老年人的躯体、心理及社会适应能力与生活质量等多方面的问题；

② 疾病和功能障碍的预防、治疗、康复和健康促进。

2. 区域化原则

老年保健的区域化是指以一定区域为单位，为老年人提供方便、快捷的保健服务，也就是以社区为基础提供的老年保健服务。社区老年保健的工作重点是，针对老年人独特的需要，确保在合适的时间、地点，为真正需要服务的老年人及时提供社会帮助。

3. 功能分化原则

针对老年保健的多层次的需求，发展老年护理院和老年医院，切实解决老年人可能存在的特殊生理、心理和社会问题。不仅要有从事老年医学研究的医护人员，还应当有精神病学家、心理学家和社会工作者共同参与老年保健，在老年保健的计划、组织和实施及评价方面有所体现。

4. 费用分担原则

由于老年保健需求不断增长，而政府财政支持相对不足，老年保健的费用应采取多渠道筹集社会保障基金的方法，即政府承担一部分，保险公司的保险金补偿一部分，老年人自付一部分。这种"风险共担"的原则越来越为大多数人所接受。

（二）老年保健的任务

老年保健工作的目的是运用老年医学知识开展老年病的防治工作，加强老年病的监测，有效控制慢性病和伤残的发生；开展老年人群的健康教育，指导老年人的日常生活和健身锻炼，提高健康意识和自我保健能力，延长老年人的健康预期寿命，提高老年人的生活质量，为老年人提供满意的医疗保健服务。因此，需建立一个完善的医疗保健服务体系，在老年人医院或老年病房、中间机构、社区及临终关怀设施内，充分利用社会资源，做好老年保健工作。

1. 老年人医院的保健护理

医院内的护理人员应掌握老年患者的临床特点，运用老年医学和护理知识配合医生有针对性地做好住院老年患者的治疗、护理和健康教育工作。

2. 中间服务机构的保健护理

介于医院和社会家庭的中间老年服务保健机构有老年人护理院、老年人疗养院、日间老年护理站、养老院、老年公寓等。中间服务机构的老年护理保健，可以增强老年人对所面临健康问题的了解和调节能力，指导老年人每天按时服药、进行康复训练，帮助老年人满足生活需要。

3. 社区家庭的保健护理

社区家庭医疗保健服务是老年保健的重要工作内容。社区家庭医疗保健服务有利于满足老年人不脱离社区、家庭环境的心理需求，并能解决老年人的基本医疗、护理、保健、康复等需求。

三、老年保健的策略与措施

不同国家的老年保健体系与制度不尽相同。我国在现有的经济和法律基础上，建立符合我国国情的老年保健制度和体系是老年保健事业的关键，也关系到我国经济发展和社会稳定，要采取切实可行的对策，将总体部署和具体措施紧密结合。

（一）老年保健策略

根据老年保健目标，针对老年人的特点和权益，可将我国的老年保健策略归纳为六个"老有"，即老有所医、老有所养、老有所乐、老有所学、老有所为和老有所教。

总体战略部署为：贯彻全国老龄工作会议精神，构建完善的多层次、多渠道、全方位的，即包括政府、社区、家庭和个人共同参与的老年保障体系，进一步形成老年人寿命延长、生活质量提高、人际关系和谐、社会保障有力的健康老年化社会服务保障网络。

（二）老年保健措施

WHO指出："不良的生活方式和饮食习惯是诸多慢性疾病的罪魁祸首。"与健康有关的不良行为有吸烟、酗酒、赌博、缺乏体育锻炼、不良用药行为，紧张的行为类型（如A型行为）和不良饮食习惯等。这些因素的长期积累，是引起老年人心脑血管疾病、糖尿病、肿瘤等慢性疾病高发的主要原因。老年保健的主要措施如下。

1. 树立健康观念，追求良好的生活方式

1953年，WHO提出"健康就是金子"的主题口号，旨在唤起人们热爱生活，像对待金子一样珍惜健康，善待生命。对待老年人，最好的医生是自己，最好的药物是时间，最好的心态是宁静，最好的运动是步行。

2. 营养的健康教育

健康的第一基石是合理膳食。合理膳食可以总结为两句话，十个字，即"一、二、三、四、五，红、黄、绿、白、黑"。

"一"：每日1袋牛奶。我国成年人每日需要摄取钙800 mg，但我国膳食普遍缺钙，一般在每日500 mg左右。老年人因缺钙易引起骨质疏松、骨折，防治的关键是从膳食中补充。

"二"：每日250 g左右碳水化合物。

"三"：每日3~4份高蛋白食品。一份高蛋白食品相当于50 g瘦肉，或100 g豆腐，或一个鸡蛋，或25 g黄豆，或100 g鸡、鸭、鹅肉，或100 g鱼虾。

"四":膳食"有粗有细,不甜不咸,三四五顿,七八分饱"。"三四五顿"是指食物总量控制。少食多餐,每日摄食量不变的情况下,早、中餐比例大,有利于降血脂、减体重,晚餐所占比例大则相反。

"五":每日500 g新鲜蔬菜及水果。营养学会建议每日400 g蔬菜及100 g水果。

"红":红葡萄酒。每日饮50~100 mL红葡萄酒能升高高密度脂蛋白,减轻中老年动脉粥样硬化。

"黄":黄色蔬菜。黄色蔬菜营养多,如胡萝卜、红薯、南瓜、玉米等。

"绿":绿茶及绿叶蔬菜。茶叶中除了有较多维生素、微量元素外,还含有茶多酚,具有较强的抗氧自由基作用。

"白":燕麦粉和燕麦片。每日服用50 g优质燕麦(煮粥做早餐)能降低血中胆固醇及甘油三酯。

"黑":黑木耳。黑木耳有抗血小板聚集、凝聚,降低胆固醇的作用。

3. 适量锻炼与运动

运动是健康的第二基石。适度运动的要诀是"三、五、七"。"三"指每次步行约3 km,时间在30 min及以上;"五"指每周要运动5次及以上;"七"指运动后心率加年龄约为170次/分,这样的运动量中等。提倡以大肌群运动为特征的有氧运动,如步行、慢跑、游泳、骑车、球赛、健身操等,太极拳也是很好的运动。

4. 心理卫生教育

心理平衡是老年人健康长寿的重要因素。保持心理平衡要做到三个"三"。第一是三个"正确":正确对待自己,"知人者智,自知者明",人贵有自知之明;正确对待他人,心中常有爱心;正确对待社会环境,及时地适应环境。第二是三个"快乐":顺境时要助人为乐;知足常乐;逆境中要自得其乐,不能气馁。第三是三个"既要":既要尽心尽力奉献社会,又要尽情享受健康人生;既要有事业心,又要有平常心;既要精益求精于专业知识,又要有多姿多彩的休闲爱好。这样,人的心境和情绪、认知和感觉就能有深度和广度,才能"不以物喜,不以己悲",健康并快乐地生活。

四、老年自我保健

老年自我保健,是指健康或罹患某些疾病的老年人,利用自己所掌握的医学知识和科学的养生保健方法、简单易行的康复治疗手段,对身体进行自我观察、预防、治疗和护理等活动。通过不断地调试恢复生理和心理的平衡,逐步养成良好的生活习惯,达到增进健康、防病治病、提高生活质量、推迟衰老和延年益寿的目标。

自我保健活动应包括两部分:一是个体不断地学习自我保健知识,并形成某种机体内在的自我保健机制,这是人们自我防卫的本能之一;二是利用掌握的保健知识,根据自己的健康保健需求,自觉地、主动地进行自我保健活动。

自我保健的具体方法有如下一些。

(1) 自我观察。通过"看""听""嗅""摸"等方法观察自身的健康状况,及时发现异常或危险信号,做到能够早期发现和及时治疗。自我观察内容包括观察与生命活动有关的重要生理指标,观察疼痛的部位和特征,观察自身结构和功能的变化等。

(2) 自我预防。建立健康的生活方式,养成良好的生活、饮食、卫生习惯,调整和保持最佳的心理状态,坚持适度活动。

(3) 自我治疗。自我治疗是指对轻微损伤和慢性疾病患者的自我治疗,如患有心肺疾病的老年人可在家中用氧气袋、小氧气瓶等吸氧,糖尿病患者自己进行皮下注射胰岛素,常见慢性疾病的自我服药等。

(4) 自我护理。增强生活自理能力,运用家庭护理知识进行自我照料、自我调节、自我参与及自我保护等护理。

在自我保健中,应根据老年人的需求、身体情况来选用适宜的自我保健方法。常用的自我保健方法有精神心理卫生保健、膳食营养保健、运动保健、生活调理保健、传统医学保健、物理疗法保健、药物疗法保健等。使用药物自我保健时,应根据自身的健康状况、个体的耐受性及肝肾功能情况合理使用,以非处方药为主,以免产生不良反应。

(汪琰彦)

任务二 老年人的心理健康

一、老年人的心理特点

老年人的心理变化伴随生理功能的减退而出现老化,使某些心理功能或心理功能的某些方面出现下降、衰退,而另一些心理功能或心理功能的某些方面仍趋于稳定。老年人的心理变化是指心理能力和心理特征的改变,包括感知觉、智力和人格特征等。

(1) 记忆的变化。随着年龄增大,老年人的记忆能力变慢、下降,回忆能力较差;靠理解意义保持的记忆较好,而机械性的重复(如人名、地名、数字等)不如年轻人。另外，老年人在规定时间内记忆速度衰退。记忆与人的生理因素、健康、精神状况、记忆的训练、社会环境都有关系。

（2）智力的变化。智力是学习或实践经验获得的能力。人的智力与个体因素（如身体状况等）、社会环境因素（文化水平、职业等）有密切关系。老年人由于反应速度慢，在限定的时间内学习速度比年轻人慢，其学习也易受干扰。若加强体力、脑力锻炼，保持良好的心态和良好的社会交往，戒除不良嗜好，将有助于延缓老年人的智力衰退。

（3）思维的变化。思维是人脑间接地、概括地对客观事物的反映，是人类认知过程的最高形式，是更为复杂的心理过程。思维过程是对事物进行分析、综合、比较、抽象、概括的过程。由于老年人记忆力的减退，无论在概念形成上、解决问题的思维过程方面，还是创造性思维和逻辑推理方面都受影响，而且个体差异很大。

（4）人格的变化。老年期人格也会发生相应的变化，如出现对健康和经济的过分关注与担忧产生的不安与焦虑，因各种能力下降产生的保守，因社会交往减少造成的孤独，因把握不住现状而产生的怀旧和易发牢骚等。这些变化是由于人的生物学老化、老年人"自我老化"、脱离社会、交往减少以及社会家庭等因素造成。所以，和睦的家庭、良好的社会环境是老年人安度晚年的基本保证。

二、老年期常见的心理问题

1. 离退休综合征

离退休综合征是指老年人在离退休以后出现的适应性障碍。离退休后由于收入减少、社会地位改变，生活内容、人际关系发生巨大变动，这些应激因素对心、身方面的干扰，使一些老年人在一定时期内难以适应，常出现失落感、自卑感、孤独感及一些偏离常态的行为。社会对离退休老年人应给予更多的关注，家庭要关心和尊重离退休老年人的生活权益，在精神和物质两方面给予关怀和照顾，使他们感到精神愉悦、心情舒畅。

2. 空巢综合征

"空巢"是指无子女或子女成人后相继离开家庭，形成中老年人独自生活的现象。"空巢综合征"有以下表现：① 精神空虚，无所事事，可出现情绪不稳、烦躁不安、消沉抑郁等；② 孤独、悲观，社会交往少；③ 躯体症状，如失眠、早醒、睡眠质量差、头痛、乏力、食欲减退、心慌气促、消化不良、高血压、冠心病等。

3. 高楼住宅综合征

高楼住宅综合征是指一种因长期居住于高层闭合式住宅里，与外界很少接触，也很少到户外活动，从而引起一系列生理和心理上的异常反应的一组症候群。其主要表现为体质虚弱、四肢无力、面色苍白，不易适应气候变化，不爱活动，性情孤僻、急躁，难以与人相处等。高楼住宅综合征是导致老年肥胖症、糖尿病、骨质疏松症、高血压病、冠心病等的常见原因。

4. 脑衰弱

脑衰弱是指由于大脑细胞的萎缩,脑功能逐渐衰退而出现的一系列临床症状。引起脑衰弱常见的原因有离退休后生活过于清闲,居住环境太安静,与周围人群很少沟通,长期焦虑,信息不灵通;因脑动脉硬化、慢性酒精中毒及各种疾病引起的脑缺氧。脑衰弱的表现有头痛、头晕、疲乏无力、记忆力下降、情绪不稳定、睡眠障碍、注意力不集中等。

三、老年人心理健康的维护与促进

(一) 促进老年人心理健康的原则

1. 适应原则

适应是个体为满足生存的需要与环境发生调节作用,包括改造环境适应个体的需要或改造自身适应环境的需要。人对环境的适应、协调,不仅仅是简单的顺应、妥协,而更主要的是积极、能动地对环境进行改造以适应个体的需要,使之更有利于发展个体和群体的心理健康。

2. 系统原则

人无时无刻不与自然、社会文化、人际等相互影响,相互作用,形成一个开放系统。如生活在家庭或群体之中的个体会影响家庭或群体,同时也受到家庭和群体的影响。个体心理健康的维护需要个体发挥主观能动积极做出努力,也依赖于家庭或群体的心理健康水平。所以,只有从自然、社会文化、人际关系等多方面、多角度、多层次考虑和解决问题,才能达到系统内外环境的协调与平衡。

3. 发展原则

人与环境都在不断变化和发展。人在不同年龄阶段、不同时期、不同身心状况下和不同或变化的环境中,其心理健康状况是动态发展的。所以,要以发展的观点动态地把握和促进心理健康。

(二) 维护与促进老年人心理健康的方法

老年人心理保健的目的是提高老年人的生活质量,使老年人度过一个愉快、幸福的晚年,并能有效地面对"死亡"这一人生最后的生活事件,给自己一个圆满的结局。为达到这一目的,应注意以下几个方面。

1. 指导老年人做好离退休的心理调节

离退休意味着收入减少，社会地位改变，生活内容、意义、人际关系都发生了巨大的改变。因此，常引起老年人不同程度的不适应，表现为失落、自卑和孤独，一般需要一定的时间才能适应离退休后的生活。为使老年人更好、更快地适应离退休后的生活，应做到如下三点。

（1）为退休做好心理上的准备。退休之前积极做好各种准备，如正确看待离退休经济上的收支，生活上的安排。一些调查研究表明，退休前做好妥善安排，心理准备良好的老年人，退休后生活及心理适应较快。退休后做一次探亲访友或旅游有利于老年人的心理平衡。

（2）为退休做好行为上的准备。人年龄越大，生活习惯和个性定型就越稳固，越难以改变。因此，在退休之前要尽早建立第二生活模式，如培养各种兴趣爱好，根据自己的体力、精力，安排好自己的活动时间，或预订一份轻松的工作，使自己退而不闲。

（3）避免因退休而产生的消极情绪。老年人离开工作岗位，常常有"人走茶凉"的感觉，由此而造成心理上的失落、孤独和焦虑。老年人应勇于面对诸如此类的消极因素，不妨顺其自然，不予计较；对涉及个人利益的事，尽可能宽容；刚刚退休下来，不妨多与亲朋好友来往，将自己心中的郁闷、苦恼通过交谈等方式进行宣泄，及时消除和转化不良情绪，求得心理上的平衡和舒畅。

2. 帮助老年人建立正确的健康观

老年人常常对自己的健康状况持消极评价，对疾病过分忧虑；不能实事求是地评价自己的健康状况，过度担心自己的疾病和不适，可能引发疑病倾向、焦虑、抑郁等心理问题，加重疾病和躯体不适，加速衰老，对健康十分不利。只有树立正确的健康观，正确认识衰老和对待疾病，保持乐观、通达的情绪，养成良好的生活方式，积极进行身心保健，才能达到健康老年化。

3. 妥善处理家庭关系

家庭是老年人晚年生活的主要场所。处理好与家人的关系，尤其是处理好与两代或几代人的人际关系显得十分重要。家庭关系和睦，家庭成员互敬互爱，有利于老年人的健康长寿；反之，家庭不和，家庭成员之间关系恶劣，则对老年人的身心健康十分有害。

（1）面对"代沟"，求同存异，相互包容。

（2）促进老年人与家庭成员之间的情感沟通。① 鼓励老年人主动调整自己与其家庭成员的关系；家庭成员要为老年人的衣、食、住、行、学、乐等创造条件，为老年人提供便利和必要的情感、经济和物质上的帮助，共同建立良好的亲情。② 空巢家庭中，老年人应正确面对子女成家立业离开家的现实，不过高期望和依赖子女对自身的照顾，善于利用现代通信方式与子女沟通，及早由纵向的父母与子女的关系转向横向的夫妻关系；子女则应经常看望或联系父母，让父母感受到天伦之乐。③老年夫妻间要相互关心照顾，相互宽容、适应，还要注重情感交流和保持和谐、愉悦的性生活。④鼓励老年人与家人或其他老年人共同居住。

（3）支持丧偶老年人再婚。老年丧偶对人的身心健康是很大的摧残。老年人丧偶以后，如果有合适的对象，一方面是老年人自身要冲破习俗观念，大胆追求；另一方面是子女要支持老年人再婚，使老年人晚年不再孤寂。

4. 注重日常生活中的心理保健

（1）培养广泛的兴趣爱好。对老年人而言，广泛的兴趣爱好不仅能开阔视野，扩大知识面，丰富生活，陶冶性情，充实他们的晚年生活，而且能有效地帮助他们摆脱失落、孤独、抑郁等不良情绪，促进生理及心理健康。因此，老年人要根据自己的条件，有意识地培养一两项兴趣爱好，如书法、绘画、摄影、园艺、旅游、烹调、下棋、钓鱼等，让晚年生活充实而充满朝气。

（2）培养良好的生活习惯。起居有常，饮食有节，戒烟戒酒，修饰外表，装饰环境，适当扩大社会交往范围，多交朋友，多接触大自然。赏玩一些花、鸟、工艺品或字画等，使生活环境幽静，心情舒畅。这样有助于克服消极心理，振奋精神，怡然自得。

（3）坚持适量运动。坚持适量运动有益于老年人的身心健康。适量运动有助于改善老年人的体质，增强脏器功能，延缓细胞代谢和功能的老化。运动还能减轻老年生活中的孤独、抑郁和失落的情绪。

5. 创造良好的社会氛围

创造尊老、敬老、爱老的良好氛围，弘扬中华民族尊老爱幼的传统美德。老年人和未成年人一样，需要家庭和社会的关心，生病时需要照顾，经济困难时需要支持，上公共汽车时需要人帮助。家庭和社会的这些关心是保障老年人生活质量的外部条件。

6. 发挥社会支持系统的有效作用

充分发挥社会支持系统的作用，为老年人提供优质的心理卫生服务。政府、社会、单位、邻里、家庭及亲友等都应对老年人给予关心、安慰、同情和支持，为老年人建立起广泛的社会支持系统网，帮助老年人克服和战胜生活中各种危机和应激，满足老年人的物质和文化需求，体现和谐社会的良好社会风范。《老年人保护法》和《老年人福利法》等法律法规的制定和完善，也为维护老年人的合法权益、增强老年人安全感提供了有力的社会保障。

（汪琰彦）

项目测评

一、选择题

1. 关于老年自我保健正确的说法是　　　　　　　　　　　　　　　　　　（　）
A. 自我保健单指老年人个体
B. 健康以保健为主，与康复、护理、治疗无关
C. 自我保健活动包括学习自我保健知识和进行保健活动
D. 健康自我负责，与他人无关
E. 根据自己的意愿决定开展何种形式的保健活动

2. 我国老年保健的策略是　　　　　　　　　　　　　　　　　　　　　　（　）
A. 老有所医　　　　B. 老有所养　　　　C. 老有所乐
D. 老有所学　　　　E. 以上都是

3. 老年人自我保健措施中，自我观察不包括　　　　　　　　　　　　　　（　）
A. 观察身体结构的变化　　　　B. 观察身体功能的变化
C. 观察重要的生理指标　　　　D. 观察疼痛的部位和特征
E. 观察餐饮结构的变化

二、思考题

1. 简述健康老年人的标准。
2. 简述老年保健的措施。

项目三 老年人的健康评估

知识目标

1. 掌握老年人功能状态评估的内容。
2. 了解老年人健康评估的原则及注意事项。

技能目标

1. 能进行老年人健康史采集以及体格检查。
2. 能运用常见的评估量表对老年人进行健康评估。

案例导入

患者女性，68岁，既往有高血压、糖尿病、脑梗死病史，2年前因脑梗死导致右侧肢体活动无力，住院治疗，出院时未有明显活动障碍症状，1个月前再次出现右侧肢体活动障碍。MRI检查提示急性脑梗死，患者经治疗后仍有右侧肢体活动不利、右手不能持物，借助行器可勉强行走。此外，患者近一周情绪低落、沉默寡言，夜间睡眠差。

问题：

1. 患者的健康状态如何，判断依据是什么？
2. 如何全面评估该患者的健康状况，该患者存在哪些护理问题？

任务一 概 述

老年人的健康评估方法和过程与一般人群相同，遵循健康评估的一般原则。但是，由于老年人增龄性改变和老年病情复杂多变等特点，故在老年人的健康评估过程中，还应该遵循一些特殊的原则。注重评估技巧、评估的内容和侧重点，才能全面、客观地收集老年人的健康资料，准确反映患者的健康状况。

一、老年人健康评估的原则

（一）以老年人为中心

在评估过程中，护理人员要有足够的爱心、细心和耐心，贯彻以老年人为中心的服务理念，结合每一个老年人自身的特点，采取合适的评估方法。尊重患者，注意保护患者的隐私，这对于老年患者有着重要的意义，符合老年人渴望得到尊重的心理特点。注重与老年人的沟通和感情交流，是尊重老年人的一种有效的方式，同时也能取得老年人的理解和主动配合。部分老年人的身体和情感比较脆弱，应特别注意评估方法，避免对老年人造成不必要的伤害。

（二）了解老年人身心变化的特点

护理人员必须了解老年人生理和病理性改变特点，才能准确区分正常老化与现存或潜在的健康问题，采取适宜的措施进行干预。

1. 生理和病理性改变的特点

生理性改变是指随着年龄的增长，机体必然发生的分子、细胞、器官和全身的各种退行性改变，这些变化是正常的，属于生理性的改变；病理性改变是指由于生物的、物理的或化学的因素所导致的老年性疾病引起的变化，这些变化是异常的，属于病理性的改变。

在多数老年人身上，这两种变化过程往往同时存在，相互影响，有时难以严格区分。这就需要护理人员认真实施健康评估，确定与年龄相关的正常改变，区分正常老化和现存或潜在的健康问题，采取适宜的措施进行干预。

2. 老年人心理变化的特点

（1）身心变化不同步，心理发展具有潜能和可塑性，个体差异性大。

（2）在智力方面，由于反应速度减慢，在限定的时间内学习新知识、接受新事物的能力较年轻人低。

（3）在记忆方面，记忆能力下降，以有意识记忆为主、无意识记忆为辅；在思维方面，个体差异性较大。

（4）在特性或个性方面，会出现孤独、任性、把握不住现状而产生怀旧、焦虑、烦躁；老年人的情感与意志变化相对稳定。

（三）重视老年人疾病的非典型性临床表现

护理人员要重视客观检查，注重生命体征的评估，及时判断病情，避免漏诊、误诊。老年人感受性降低，加之常并发多种疾病，因而发病后往往没有典型的症状和体征，称为非典型性临床表现。例如：老年人患肺炎时常无症状，或仅表现出食欲差、全身无力、脱水，或突然意识障碍，而无呼吸系统的症状；阑尾炎导致肠穿孔的老年人，临床表现可能没有明显的发热体征，或仅主诉轻微疼痛。由于这种非典型性临床表现的特点，给老年人疾病的诊治护理带来了一定的困难，容易出现漏诊、误诊。因此，对老年人要重视客观检查，尤其是体温、脉搏、血压及意识的评估极为重要。

（四）了解老年人与一般人群实验室结果的差异

正确解读老年人的实验室检查数据，结合病情变化，分析实验室检查值的异常是生理性老化，还是病理性改变所致，以免延误诊断和治疗。

老年人实验室检查结果的异常有以下几种情况：① 由于疾病引起的异常改变；② 正常的老年期变化；③ 受老年人服用的某些药物的影响。目前，关于老年人实验室检查结果标准值的资料很少，老年人检查标准值（参考值）可通过年龄校正可信区间或参照范围的方法确定，但对每个临床病例都应个别看待。护理人员应通过长期观察和反复检查，正确解读老年人的实验室检查数据，避免延误诊断和治疗。

知识链接

老年人常规实验室检查结果异常值参考

（1）血常规：血常规检查值异常在老年人中很常见，一般以红细胞 $<3.5\times10^{12}$/L，血红蛋白 <110 g/L，红细胞比积 <0.35，作为老年人贫血的标准，但贫血并非老年期生理变化，因而需要进行全面系统的评估和检查。多数学者认为白细胞、血小板计数无增龄性变化。白细胞的参考值为 $(3.0\sim8.9)\times10^9$/L。在白细胞分类中，T淋巴细胞减少，B淋巴细胞则无增龄性变化。

(2) 尿常规：老年人尿蛋白、尿胆原与成年人之间无明显差异。老年人尿沉渣中的白细胞>20个/HP才有病理意义。老年人中段尿培养污染率高，可靠性较低，老年男性中段尿培养菌落计数≥10^3/mL、女性≥10^4/mL为判断真性菌尿的界限。

(3) 血沉：在健康老年人中，血沉变化范围很大。一般血沉在30~40 mm/h无病理意义，如血沉超过65 mm/h，应考虑感染、肿瘤及结缔组织病。

二、老年人健康评估的内容和方法

世界卫生组织将健康定义为：健康不仅是指没有疾病和身体缺陷，还要有完整的生理、心理状况和良好的社会适应能力。这一定义揭示了人类健康的本质，指出了健康所涉及的若干方面。因此，护理人员对老年人进行健康评估时，应该全面考虑，不仅要处理已经发生的问题，还要预防潜在问题的发生。

老年人健康评估内容主要包括躯体健康评估、心理健康评估、社会功能评估以及生活质量评估。评估可采用访谈、自述、询问、问卷、观察和检查等方法进行。

(1) 躯体健康。躯体健康也就是平时所说的健康，是指维持人体生命活动的细胞、组织、器官和系统的结构完整，协调一致，维持正常的生理功能。躯体健康评估内容主要包括健康史采集、体格检查和功能状态。

(2) 心理健康。心理健康是指生活经历中积累形成独特的认识、体验、情感、意识等心理活动和行为特征，与客观环境保持协调一致，处于相对稳定状态。心理健康评估主要是对情绪、情感、认知和应对压力进行评估。

(3) 社会适应健康。社会适应健康是指拥有广博的科技文化知识与工作才能，能适应开放性社会生活中各种角色的转换和复杂的人际关系，能献身社会，卓有成效。社会适应健康评估主要有角色功能、环境、文化与家庭的评估。

(4) 生活质量。生活质量是指不同文化和价值体系的个体对他们目标、期望、标准和所关心的事情有关的生活状况的体验，是对生理、心理、社会功能的综合评估。

知识链接

老年综合评估（CGA）

老年综合评估（comprehensive geriatric assessment, CGA）是多维度跨学科的诊断过程，用以确定老年脆弱群体的医学、社会心理学及其功能状况等方面所具有的能力和存在的问题，以便为患者制订一个协调的、综合的治疗、康复、照护计划和长期随访计划。

CGA由医学问题、功能状态、精神心理状态、社会支持、生活质量几个基本元素组成，常常借助多学科组成的团队来完成，即老年病的多学科整合管理。CGA和多学科整合管理的目的是尽可能使老年患者保持健康，使其功能恢复自主独立性，并尽可能为患者提供高质量的生活条件。

三、老年人健康评估的注意事项

在老年人健康评估的过程中，结合其身心变化的特点，护理人员应注意以下事项。

1. 提供适宜的环境

老年人的感觉功能降低，血流缓慢、代谢率及体温调节功能降低，容易受凉感冒，所以体检时应注意调节室内温度，以22~24 ℃为宜。老年人视力和听力下降，评估时应避免对老人的直接光线照射，环境尽可能要安静、无干扰，注意保护老人的隐私。

2. 安排合理的时间

老年人由于感官的退化，反应较慢，行动迟缓，思维能力下降。因此，所需评估时间较长。加之老年人往往患有多种慢性疾病，很容易感到疲劳。护理人员应根据老人的具体情况，分次进行健康评估，让其有充足的时间回忆过去发生的事件，这样既可以避免老人疲惫，又能获得详尽的健康史。

3. 选择适当的方法

对老年人进行躯体评估时，应根据评估的要求，选择合适的体位，重点检查易于发生皮损的部位。对有移动障碍的老年人，可取适宜的体位。检查口腔和耳部时，要取下义牙和助听器。有些老人部分触觉功能消失，需要较强的刺激才能引出，在进行感知觉检查，特别是痛觉和温觉检查时，注意不要损伤老人。

4. 运用沟通的技巧

老年人听觉、视觉功能逐渐衰退，交谈时会产生不同程度的沟通障碍。为了促进沟通，护理人员选用通俗易懂的语言，采用关心、体贴的语气提出问题，语速减慢、语音清晰，适时注意停顿和重复，适当运用耐心倾听、触摸、拉近空间距离等技巧，注意观察非语言性信息，增进与老人的情感交流，以便收集到完整而准确的资料。为认知功能障碍的老人收集资料时，询问要简洁得体，必要时可由其家属或照顾者协助提供资料。

（汪琰彦）

任务二 老年人躯体健康的评估

对老年人进行躯体健康评估，方法和内容与一般患者的评估基本相同。此外，应注意除了对老年人的生理功能及病理改变做出评估外，还需重点评估老年人的日常活动能力和社会活动情况。

一、健康史的采集

1. 一般资料

一般资料包括姓名、性别、年龄、民族、籍贯、文化程度、宗教信仰、婚姻状况、医疗费用支付方式、入院及记录日期等。

2. 生理状况

了解老年人最突出、最明显的症状和体征，同时，询问近期的睡眠、排泄、活动及性生活等有关情况。

3. 营养状况

询问老年人有无咀嚼、吞咽困难，食欲减退，腹泻等症状和体重情况。

4. 既往史

了解老年人过去患过何种疾病，病情程度及诊疗和恢复情况，询问有无手术史、外伤史、食物及药物过敏史。

5. 家族史

询问家族中有无遗传性疾病，家人死亡的年龄及原因，还应了解老伴和子女是否在身边及对其关心照顾情况。

二、身体评估

让老年人取坐位、半坐位或仰卧位，身体评估常用的方法有视诊、触诊、叩诊及听诊。

（一）全身状态

1. 生命体征

生命体征包括体温、脉搏、呼吸及血压。

（1）老年人基础体温较成年人低。70岁以上老年人感染可不出现发热；如果午后体温比清晨高1 ℃以上，应视为发热。

（2）老年人脉率接近正常成年人，脉搏可不规则，测脉搏的时间不应少于30 s。

（3）老年人正常呼吸频率为16～25次/分，比正常成人增快。

（4）老年人高血压和直立性低血压常见，评估时应测卧位血压和直立位血压。

2. 营养状况

评估老年人每日活动量、饮食状况及饮食禁忌，测量身高、体重。正常成年人从50岁起身高可缩短，由于肌肉和脂肪组织的减少，体重逐渐减轻。

3. 意识状态

通过评估老年人的记忆力和定向力，有利于阿尔茨海默病（AD）的早期诊断。

4. 体位与步态

心肺功能不全的老年患者，多采取强迫坐位或半卧位；慌张步态见于帕金森病，醉酒步态见于小脑病变。

（二）皮肤

老年人的皮肤干燥、皱纹多，弹性减低，没有光泽，常伴有皮损。常见的皮损有老年色素斑、老年疣、老年性白斑等，40岁后常见浅表的毛细血管扩张。对卧床不起的老年人，要注意检查有无压疮的发生。

（三）头面部与颈部

1. 头发

秃发从额或额顶部开始，逐渐扩展，最后累及颞、枕部。毛发变白的顺序为：头发—眉毛—鼻毛—睫毛。

2. 眼睛及视力

检查结膜有无充血、溢泪或眼干症，检查有无远视和散光，有无老视和老年性白内障，检查眼底注意有无玻璃体混浊和视网膜病变。

3. 耳

检查耳部时，应注意取下助听器，以便充分暴露检查部位。可通过询问、控制音量、手表的嘀嗒声以及耳语来检查听力。老年人听力随年龄增大而逐渐减退，出现老年性耳聋，甚至听力丧失。

4. 鼻腔

检查鼻腔黏膜有无萎缩变薄、干燥，有无嗅觉减退。

5. 口腔

检查老年人牙齿数目和形态，有无牙齿缺失、义齿、牙齿松动及牙龈肿胀，唾液分泌及味觉改变情况；检查口腔有无经久不愈的黏膜白斑和癌前病变。

6. 颈部

注意老年人有无颈部强直的体征，该体征不仅见于脑膜受刺激，更常见于阿尔茨海默病、脑血管病、颈椎病、颈部肌肉损伤和帕金森患者。此外，评估颈部和锁骨上有无淋巴结肿大对恶性肿瘤的诊断有特别的意义。

（四）胸部

1. 胸廓

老年人胸廓外形常呈桶状胸，尤其是慢性阻塞性肺病、肺气肿的患者更为明显。随着年龄的增长，女性乳房变长，变平坦，乳腺组织减少，应注意检查有无包块。

2. 肺部

老年人胸腔扩张受限，活动耐力下降，呼吸音减轻；由于生理性无效腔增多，叩诊常呈过清音。

3. 心脏

因脊柱后弯（驼背）或脊柱侧弯引起心脏下移，心尖冲动向左移位出现在锁骨中线旁；胸廓坚硬，使得心尖冲动幅度减小；听诊第一及第二心音减弱，心室顺应性减低，可闻及第四心音；静息时心率变慢。瓣膜僵硬或关闭不全，听诊时可闻及异常的舒张期杂音，并可传播到颈动脉区。

（五）腹部

老年人腹部皮下脂肪堆积，腹壁肌松弛，肠功能减退；由于肺扩张，膈肌下降致肋缘下可触及肝脏。老年人膀胱容量减少，很难触诊到膨胀的膀胱。检查时应注意腹部有无压痛、肿块、肠鸣音减退或亢进。

（六）泌尿生殖器

老年男性阴毛变稀及变灰，阴茎、睾丸变小，双阴囊变得无皱褶和晃动。前列腺逐渐发生组织增生，引起排尿阻力增大，导致下尿道梗阻，出现排尿困难。老年女性的外阴逐渐萎缩，阴毛稀疏，呈灰色；阴唇皱褶增多，阴蒂变小；阴道变窄，阴道壁干燥苍白，皱褶不明显；子宫颈变小，子宫及卵巢缩小。

（七）脊柱四肢

老年人关节活动受限；肌张力下降，导致颈部脊柱和头部前倾；脊柱变短，身高降低。检查时需注意关节及其活动范围，肢体有无水肿及肢体动脉搏动情况等。

（八）神经系统

老年人注意力不易集中，记忆力减退，反应变慢，动作不协调，感觉敏感性下降，特别是四肢末梢"恢复正常"反射减慢，可出现温度觉反应迟钝等。

三、功能状态的评估

功能状态的评估，即评估老年人处理日常生活的能力，是衡量老年人生活质量的重要指标。老年人由于生理性老化和长期慢性疾病的影响，可导致一些功能的丧失。定期评估老年人的自理功能状态，了解老年人的生活起居，判断功能缺失，对维持和促进老年人的自立性有重要的指导作用。

（一）功能状态的评估内容

功能状态的评估内容包括日常生活能力、功能性日常生活能力、高级日常生活能力三个层次。

（1）日常生活能力（activities of daily living，ADL）。日常生活能力，即老年人最基本的自理能力，是指老年人每日需进行的洗澡、穿衣、如厕、移动、大小便控制、进食等活动。正常人应在无人帮助情况下独立完成，老年人或因病造成身体功能受限的人，需要依赖他人或辅助器才能完成。日常生活能力不仅是评估老年人功能状态的指标，也是评估老年人是否需要补偿服务或评估老年人死亡率的指标。

（2）功能性日常生活能力（instrumental activities of daily living，IADL）。老年人在家中或寓所内进行自我护理活动的能力，包括家庭清洁和整理、使用电话、做饭、洗衣、旅游等，这一层次的功能提示老年人是否能独立生活并具备良好的日常生活功能。

（3）高级日常生活能力（advanced activities of daily living，AADL）。反映老年人的智力能动性和社会角色功能，是指与生活质量相关的一些活动，包括参加社交、娱乐活动、职业等。随着老年期生理变化或疾病的困扰，这种能力可能会逐渐丧失。高级日常生活能力的缺失要比基本日常生活能力和功能性日常生活能力的缺失出现得早，一旦出现，就预示着更严重的功能下降。若发现老年人有高级日常生活能力的下降，就需要作进一步的功能性评估，包括日常生活能力和功能性日常生活能力的评估。

（二）功能状态的评估常用量表

在进行老年人功能评估时，有多种标准化的评估量表（表3-1）。

表3-1 评估日常生活能力量表（ADL）

量表名称	量表功能
日常生活能力量表	评估日常生活自理能力
Katz日常生活能力量表	评估基本自理能力
Barthel指数	评估自理能力和行走能力
功能性日常生活能力量表	评估烹饪、购物、家务等复杂活动能力
Pfeffer功能活动调查表	评估功能性日常生活能力
Lawton功能性日常生活能力量表	评估功能性日常生活能力

1. 日常生活能力量表（ADLS）

该量表由美国的Lawton和Brody于1969年制定。量表内容共有14项，包括两部分内容：一是躯体生活自理量表，共6项，包括进食、穿衣、梳洗、行走、上厕所和洗澡；二是工具性日常生活能力量表，共8项，包括打电话、购物、备餐、做家务、洗衣、使用交通工具、服药和自理经济。该量表简明易懂，项目细致，便于询问，即使是非专业人员也容易掌握（见附录）。

2. Barthel指数评定

Barthel指数评定是临床应用广泛、研究最多的一种日常生活能力评定方法，主要用于检测老年人康复治疗前、中、后独立生活、活动能力的变化，体现老年人需要护理的程度，适用于患有神经、肌肉和骨骼疾病的长期住院的老年人。该量表简单，可信度高，灵敏度也高。

（1）量表结构和内容。该量表包括10个项目，对进食、上下床活动、驱动轮椅、上下楼、穿脱衣服、大小便控制等进行评估，评分标准如表3-2所示。

表3-2 Barthel指数评定表

日常活动项目	独立（自理）	需部分帮助（稍依赖）	需极大帮助（较大依赖）	完全不能独立（完全依赖）
进食	10	5	0	0
洗澡	5	0	0	
修饰	5	0		
穿衣	10	5	0	
大便控制	10	5（偶尔失控）	0（失控）	0
小便控制	10	5（偶尔失控）	0（失控）	0

续表

日常活动项目	独立（自理）	需部分帮助（稍依赖）	需极大帮助（较大依赖）	完全不能独立（完全依赖）
用厕	10	5	0	0
床椅转移	15	10	5	0
平地行走45 m	15	10	5（需轮椅）	0
上下楼梯	10	5	0	0

（2）评定方法。通过询问被测者和根据家属、护理人员的观察评定。根据是否需要帮助及其帮助程度分为0分、5分、10分、15分四个功能等级，详细叙述如表3-3所示。

表3-3 Barthel指数评分标准

项目	分值	评分标准
进食	0分	患者在任何情况下都不能达到说明的标准
	10分	独立，能使用任何必要的器具，在适当的时间内独立地进食
	5分	需要帮助（如切割或搅拌食物）
洗澡	5分	独立完成
修饰	5分	独立洗脸、梳头、刷牙、刮胡子
穿衣	10分	独立系鞋带、穿戴衣物
	5分	需要帮助，但是适当的时间内至少要做一半
大便控制	10分	能控制，如果需要，能使用灌肠剂或栓剂
	5分	偶尔失控，或需要灌肠剂或栓剂帮助
小便控制	10分	能控制，如使用便具，能照护
	5分	偶尔失控，或需借助便具
使用厕所	10分	独立用厕或便盆、擦、穿衣、冲洗
	5分	需要平衡帮助及帮助穿衣，用厕纸
床椅转移	15分	独立，包括锁轮椅、移脚踏
	10分	最小帮助或监护
	5分	能坐，但需最大帮助以转移
平地步行	15分	独立走45 m，可能使用助行器，但不包括带轮的助行器
	10分	在帮助下走45 m
	5分	如果不能走，用轮椅行45 m
上下楼梯	10分	独立，可以使用辅助器
	5分	需要帮助或监护

（3）结果解释。按总分100分进行分析，得分越高，独立性越强，依赖性越小。60分以上，生活基本自理；41～60分，生活需要帮助；20～40分，生活需要极大帮助；20分以下，生活完全需要帮助。

3. Katz 日常生活能力量表

由 Katz 等人设计制定的语义评定量表，可用于测量评价慢性疾病的严重程度及治疗效果，也可用于预测某些疾病的发展（见附录）。

4. Pfeffer 功能活动调查表（functional activities questionnaire，FAQ）

该表于1982年编制，其目的是更好地筛选和评价功能障碍不太严重的老年患者，即早期或轻度阿尔茨海默患者，常在社区调查或门诊工作中应用（见附录）。

5. Lawton 功能性日常生活能力量表

该量表由美国 Lawton 等人制定，主要用于评定被测者的功能性日常生活能力。

（汪琰彦）

任务三　老年人心理健康的评估

老年人心理健康评估（psychological testing）是运用观察、交谈和心理测验量表等方法，从各个方面获得信息，对老年人心理健康作全面、系统和深入的客观判断。老年人的心理健康评估主要从情绪状态、人格和认知等方面进行。

一、情绪状态的评估

情绪是指人对客观事物是否符合自己的需要而产生的态度体验，是身心健康的重要标志。老年人常因衰老、疾病和丧偶等事件带来不稳定情绪。焦虑和抑郁是老年人最常见、最需要护理干预的情绪状态。

（一）焦虑的评估

焦虑（anxiety）是个体对环境中的某些刺激感到威胁时，心理上出现的一种紧张、不愉快、急躁和失眠的综合性情绪。常用评估焦虑的量表有汉密顿焦虑量表（HAMA）和状态—特质焦虑问卷（STAI）。

1. 汉密顿焦虑量表（HAMA）

该量表由 Hamilton 于1959年编制，是一个使用较广泛的、用于评定焦虑严重程度的测评量表。该量表包括14个条目（见附录），分为精神性和躯体性两大类，各由7个条目组成。根据患者口述和结合观察进行评分，特别强调重视受检者的主观体验。

2. 状态—特质焦虑问卷（STAI）

该问卷由 Charles Spielberger 等人编制的自我评价问卷，能直观地反映被测者的主观感受，操作简便。

（二）抑郁的评估

抑郁（depression）是个体失去某种其重视或追求的东西时产生的情绪状态，情绪低落是其显著特征，常伴有失眠、悲哀、自责、性欲减退等表现，甚至出现自杀行为。常用评估抑郁量表有汉密顿抑郁量表（HRSD）和老年抑郁量表（GDS）等。

1. 汉密顿抑郁量表（HRSD）

该量表由 Hamilton 于 1960 年编制，是临床上评定抑郁状态时应用最普遍的量表。汉密顿抑郁量表经多次修订，版本有 17、21 和 24 项三种。本书所列为 24 项版本（见附录）。

2. 老年抑郁量表（GDS）

该量表由 Brink 等人于 1982 年创制，是专用于老年人的抑郁筛查表（表3-4）。

表3-4 老年抑郁量表（GDS）

项目	回答"是"或者"否"
1. 你对生活基本上满意吗？	【　】
2. 你是否已放弃了许多活动与兴趣？	【　】
3. 你是否觉得生活空虚？	【　】
4. 你是否常感到厌倦？	【　】
5. 你觉得未来有希望吗？	【　】
6. 你是否因为脑子里一些想法摆脱不掉而烦恼？	【　】
7. 你是否大部分时间精力充沛？	【　】
8. 你是否害怕会有不幸的事落到你头上？	【　】
9. 你是否大部分时间感到幸福？	【　】
10. 你是否常感到孤立无援？	【　】
11. 你是否经常坐立不安，心烦意乱？	【　】
12. 你是否希望待在家里而不愿去做些新鲜事？	【　】
13. 你是否常常担心将来？	【　】
14. 你是否觉得记忆力比以前差？	【　】
15. 你觉得现在活着很惬意吗？	【　】
16. 你是否常感到心情沉重、郁闷？	【　】
17. 你是否觉得像现在这样活着毫无意义？	【　】
18. 你是否总为过去的事忧愁？	【　】
19. 你觉得生活很令人兴奋吗？	【　】
20. 你开始一件新的工作很困难吗？	【　】
21. 你觉得生活充满活力吗？	【　】
22. 你是否觉得你的处境已毫无希望？	【　】

续表

项目	回答"是"或者"否"
23. 你是否觉得大多数人比你强得多？	【　】
24. 你是否常为一些小事伤心？	【　】
25. 你是否常觉得想哭？	【　】
26. 你集中精力有困难吗？	【　】
27. 你早晨起来很快活吗？	【　】
28. 你希望避开聚会吗？	【　】
29. 你做决定很容易吗？	【　】
30. 你的头脑像往常一样清晰吗？	【　】

备注：

（1）检查者指导：该量表可用口述或书面回答两种方式检查。如用书面形式，须在每个问题后印有是/否的字样，让受试者圈出较贴切的回答。如口头提问，检查者可能要重复某些问题以获得确切的"是"或"否"的回答。

（2）评分：每个条目要求被测者回答"是"或"否"，其中第1、5、7、9、15、19、21、27、30条用反序计分（回答"否"表示抑郁存在）。每项表示抑郁的回答得1分，总分0~10为正常，11~20为轻度抑郁，21~30为中重度抑郁。

二、人格的评估

人格是指个体在遗传素质的基础上，通过与后天环境的适应过程中，形成相对稳定和独特的心理行为模式。人格的基本特征包括整体性、稳定性、独特性、社会性和功能性。老年人的人格与年龄增长无关，总体稳定而持续，而且人格变化有一些共同特点，如自我为中心、孤独、适应能力下降、办事谨小慎微、猜疑与妒忌心理等。人格评估方法有投射法和问卷法，评估的目的是测定老年人目前的精神状态和有无精神障碍等问题。

1. 投射法

投射法应用最广泛的是洛夏克墨迹测验（Rorschach inkblot test），主要用来测量老年人的自我功能、人格特点、自我认识和对人认知的方式等。

2. 问卷法

问卷法常用的评估工具包括明尼苏达多相人格调查表（MMPI）和艾森克人格问卷（EPQ）。

> **知识链接**

> **与人格相关的术语**
>
> 气质：天生的，生物倾向，无好坏之分，可塑性，不决定人的社会价值与成就水平。
>
> 性格：个人的稳定方面，后天形成，具有道德评价含义，有一定可塑性，人格现象。
>
> 特质：具体的人格特点。
>
> 个性：独特性。
>
> 人格：总的描述，有机整合。

三、认知的评估

认知是人们认识、理解和推理事物的过程，通过行为、语言表现出来，反映个体的思维能力。老年人认知变化表现在语言能力、思维能力和定向力三个方面，最普及的认知评估量表是简易智力状态检查（MMSE）和简易操作智力状态问卷（SPMSQ）。对老年人进行认知状态的评估时，需考虑到老年人的视力和听力，以免影响评估结果。

1. 简易智力状态检查（MMSE）

该量表由 Folsten 于 1975 年编制，是最具影响的认知缺损筛选工具之一，主要用于筛查有认知缺损的老年人，适合于社区和人群调查（见附录）。

2. 简易操作智力状态问卷（SPMSQ）

该量表由 Pfeiffer 于 1975 年编制，评估内容共 10 个问题，包括定向、短期记忆、长期记忆和注意力，评估时需要结合被测试者的教育背景作出判断，此问卷较注重于定向力的测试，测量记忆能力和注意力的项目较少，适合用于评估老年人认知状态的前后比较。

四、压力与应对的评估

老年人在日常生活中遇到各种事件都会产生压力，如退休、丧偶、疾病折磨、工作和社会地位的失落、经济状况的改变等。如果应对不当，将给老年人的身心健康造成危害。护理人员应全面评估老年人压力的各个环节，及时了解有无压力源存在，压力源的性质、强度、持续的时间以及对老年人的影响，正确评价老年人的应对能力，帮助老年人适应环境变化，有效地减轻压力反应，促进身心健康。压力与应对的评估采用访谈、观察、心理测验相结合的综合评定方法，常用评定量表包括生活事件量表、各种应对方式问卷和社会支持量表等。

（汪琰彦）

任务四 老年人社会健康的评估

社会健康也称为社会适应性，是指个体与他人及社会环境相互作用并具有良好的人际关系和实现社会角色的能力。护理人员在进行健康评估时，应关注老年人社会健康的评估，了解老年人家庭关系、社会支持系统的情况，有助于帮助老年人适应社会环境，提高老年人的整体健康水平。社会健康评估包括角色功能、文化背景、家庭状况及所处环境等方面，评估可采用观察、会谈和量表评定等方法。

一、角色功能的评估

角色也称社会角色，是指个体在特定的社会关系中的身份及由此而规定的行为规范和行为模式的总和。角色不能单独存在，需要存在于与他人的相互关系中。老年人一生中经历了多重角色的变化，从婴儿到青年、中年直至老年，从学生到踏上工作岗位直至退休，从子女到父母亲直至祖父母等，因此与周围人的关系也在不断转换。

当个体的角色表现与角色期望不协调或无法达到角色期望的要求时，称角色适应不良，表现为以下几种情况。

（1）角色冲突。角色冲突是指个体在适应患者角色过程中与其常态下的各种角色发生心理冲突和行为矛盾。如一位领导住院期间因担心工作不能完成而希望将工作带到病房进行，从而影响其休息、睡眠等患者角色的发挥就是一种角色冲突。

（2）角色缺如。角色缺如即没有进入患者角色，不承认自己有病或对患者角色感到厌倦，也就是对患者角色的不接纳和否认，多见于初次生病、初次住院，尤其是初诊为癌症的患者。

（3）患者角色强化。患者角色强化是指当需要患者角色向日常角色转化时，仍然沉溺于患者角色，对自我能力怀疑、失望，对原承担的角色恐惧，表现为多疑、依赖、退缩，对恢复正常生活没有信心等。

(4)患者角色消退。患者角色消退是指某些原因使一个已适应了患者角色的人必须立即转入常态角色，在承担相应的义务与责任时使已具有的患者角色行为退化，甚至消失。例如，一位患病的母亲，因孩子突然生病住院而将其"母亲"角色上升为第一位，承担起照顾孩子的职责，此时她原有的患者角色消退。

对老年人角色的评估要考虑不同的个体对老年人角色的适应程度和适应反应的不同，角色适应与性别、个性、文化背景、家庭背景、社会地位、经济状况等因素有关。老年人由于老化及某些功能的退化也使这种能力发生改变，其功能受限的影响因素主要来源于躯体健康，但严重的心理障碍也可破坏其承担特定角色功能的能力。

（一）角色评估的目的

目的是明确被评估者对角色的感知，对承担的角色是否满意，了解个体的角色行为是否正常，有无角色适应不良和冲突，以便及时发现其原因和影响因素，采取干预措施，避免角色障碍给老年人带来生理和心理的不良影响。

（二）角色评估的内容

1. 角色的承担情况

询问老年人所承担的角色，了解老年人以往从事的职业及职务，目前在家庭或社会中所承担的角色。社会角色的变更是指社会政治、经济地位的变化所带来的角色改变，如离退休后由社会财富的创造者退居到社会财富的消费者行列。老年人作为社会生活中的特殊人群，离开劳动工作岗位后，家庭成了主要生活场所，增加了老年人的家庭角色，常常担当起照料第三代的任务。老年阶段又是丧偶的主要阶段，若老伴去世，则要失去一些角色。

2. 角色的认知程度

询问老年人是否了解自己的角色权利和义务。让老年人描述对自己角色的感知和别人对其所承担角色的期望，老年后对自己生活方式、人际关系方面的影响。同时，还应询问是否认同别人对他的角色期望。具体方法是，询问老年人在这个星期做了哪些事情，然后予以判断。

3. 角色适应的满意度

让老年人描述对自己承担的角色是否满意，以及与自己的角色期望是否相符，目前的角色改变对其生活方式、人际关系有无影响，观察有无角色适应不良的身心行为反应，如头痛、头晕、疲乏、失眠、情绪低落、焦虑、抑郁、忽略自己和疾病等。

（三）角色评估的方法

角色评估可通过观察、交谈两种方法收集资料。

1. 观察

主要观察有无角色适应不良的身心行为反应，如疲乏、经常头痛、心悸、焦虑、抑郁、忽略自己和疾病、缺乏对治疗护理的依从性等。通过以上评估，可明确被评估者对角色的感知、对承担的角色是否满意、有无角色适应不良。

2. 交谈

问询时采用开放式提问进行评估，可通过以下问题进行：您从事什么职业及担任什么职位？目前在家庭、单位或社会所承担的角色与任务有哪些？您觉得这些角色是否现实、合理？您感到太闲还是休息、娱乐的时间不够？您对自己的角色期望有哪些？他人对您的角色期望又有哪些？患病住院后，您认为您的角色发生了哪些改变？对您有哪些影响？是否感到期望的角色受挫？作为患者，您是否安于养病，积极配合治疗、护理并努力使自己尽快康复？等等。

二、文化的评估

广义的文化是指一个社会及其成员所特有的物质财富和精神财富的总和。狭义的文化则为精神文化，包括思想意识、宗教信仰、文化艺术、道德规范、知识、信念、习俗等。文化在一定的社会背景下产生和发展，并被人们自觉、广泛地接受。任何个体都可能在发展和演变中形成各自不同的文化，这些文化对个体的健康也会产生积极或消极的影响。因此，在对老年人进行健康评估时，不能忽略评估文化因素对健康的影响。

（一）文化评估的目的

（1）了解老年人的文化差异。为了最大限度地满足老年人的护理需求，护理人员应尽可能地分析老年人在健康信念、求医方法、习惯与传统的治疗方法上是否存在文化差异，并努力探索影响老年人健康的各种文化因素，如生活方式、饮食习惯等。

（2）制订有效的护理措施。通过对老年人的文化评估，制订出符合老年人文化背景的、切合实际的护理措施。

（二）文化评估的内容和方法

老年人的文化评估可通过访谈提问的方式来进行。价值观、信念和信仰、习俗是文化的核心要素，与健康密切相关，决定着人们对健康、疾病、老化和死亡的看法及信念，是文化评估的主要内容。

1. 价值观的评估

价值观是指个体对生活方式与生活目标价值的看法或思想体系，是在长期社会化过程中，通过后天学习逐步形成和获得的，包含着个体所追求的目标，以及目标指导下的个体行为方式。价值观的评估比较困难，目前尚无现存评估工具，要在与患者的接触中通过交谈、观察逐步获得。不同的文化有不同的价值观。

评估价值观一般采用以下问题获取资料：你认为自己健康吗？你认为你是如何患病的？你对自己所患疾病是如何认识的？你认为你的生活受到疾病影响了吗？

2. 信念的评估

信念是自己认为可以确信的看法，也是个体在自身经历中积累起来的认识原则，是与个性和价值观相联系的一种稳固的生活理想。

评估老年人的信念常采用克莱曼模式进行，包括以下问题：你认为引起你健康问题的是什么原因？你是如何发现有该健康问题的？你的健康问题对你产生了哪些方面的影响？该健康问题的严重程度如何？发作时间持续多长时间？你认为你该接受何种治疗？你希望通过该项治疗达到哪些效果？你的病给你带来了多少问题？你对这种病最害怕的是什么？

3. 信仰的评估

信仰是人们对某种事物或思想的极度尊崇与信服，并把它作为自己的精神寄托和行为准则。主要评估宗教信仰对老年人健康的影响。

对宗教信仰的评估可以通过以下问题：宗教信仰对你来说有多重要？你是否因宗教信仰而禁食某种食物？你有无因宗教信仰必须禁做的事情？在你的家庭中谁与你有相同的宗教信仰？

4. 风俗习惯的评估

风俗习惯是指一个民族的人们在生产、居住、饮食、沟通、婚姻与家庭、医药、丧葬、节日、庆典、礼仪等物质文化生活上的共同喜好、习俗和禁忌。评估时要特别注意与健康相关的习俗，如饮食、沟通、医药、居住、婚姻与家庭等；注意风俗习惯对健康有积极的一面，有时也有消极的一面。

5. 文化休克的评估

文化休克是个人生活在一个陌生的文化环境里所产生的迷失、疑惑、排斥甚至恐惧的感觉。住院患者因病住院，从一个熟悉的环境进入一个陌生的环境，由于医患沟通障碍、日常活动改变、与家人分离的孤独、习惯与信念的差异等因素造成对患者的压力，称为住院患者的文化休克，主要表现为焦虑、恐惧、沮丧、绝望等情感反应。老年住院患者容易发生文化休克，应结合观察进行询问。

三、家庭与环境的评估

(一) 家庭评估

家庭是指由婚姻、血缘或收养而产生的亲属间共同生活的一个群体。家庭是老年人主要的甚至唯一的生活环境。老年人退休后离开工作岗位,失去较广的社会生活环境,功能状况又妨碍老年人参加社交活动,以致许多老年人只能整日待在家中。因此,家庭生活环境是影响老年期心理再适应的重要因素,也是影响老年人健康的主要原因。

1. 家庭评估的目的

通过对家庭的评估,了解家庭对老年人健康的影响,从而有助于制定有效恢复老年人健康的护理方法。

2. 家庭评估的内容

(1) 家庭成员的基本资料:主要包括姓名、性别、年龄、受教育程度、职业及健康状况。

(2) 家庭结构:包括家庭类型及家庭成员的关系。社会学家按家庭的代际层次和与亲属的关系把家庭分为:① 核心家庭,即由父母和未婚子女所组成的家庭;② 主干家庭,即由父母和一对已婚子女,比如由父、母、子、媳所组成的家庭;③ 联合家庭,即由父母和两对或两对以上已婚子女所组成的家庭,或者是兄弟姐妹婚后不分家的家庭;④ 其他家庭(以上三种类型以外的家庭)。我国传统的家庭结构是以主干家庭和联合家庭为主,老年人在家庭中地位较高,生活在这种家庭的老年人精神较充实。随着社会发展,核心家庭所占比例增大,老年人在核心家庭中得不到应有的合适照顾,增加了老年人的孤独感,其结果是损害了老年人的身心健康而导致和加剧各种疾病的发生。

家庭关系是指基于婚姻、血缘或法律拟制而形成的一定范围的亲属之间的权利和义务关系。家庭关系依据主体为标准可以分为夫妻关系、亲子关系和其他家庭成员之间的关系。护理人员可通过对老年人家庭成员关系的评估,了解其家庭有无矛盾及产生矛盾的原因,并在工作中广泛宣传我国敬老、爱老、养老的传统美德,做到对老年人在物质上赡养、生活上照顾、精神上安慰,保持良好的家庭关系。

(3) 家庭功能:是指家庭对人的作用和效能。家庭功能的健全与否关系到每个家庭成员的身心健康,故家庭功能是家庭评估的重要内容之一。

① 为老年人提供全部或部分经济支持。经济来源是老年人衣食住行基本需求的物质基础,是老年人安度晚年的基本条件。

② 为老年人提供日常生活照顾。当老年人因衰老或疾病而丧失生活自理能力时,家庭的这一作用就至关重要。

③ 为老年人提供精神支持。通过家庭成员的情感联系,建立起家人的归属感,彼此

亲近关爱。这是维持老年人心理健康必不可少的精神良药。

3. 家庭评估的方法

家庭评估可以根据所需资料的不同采用不同的方法，一般以询问和问卷评估的方式进行。

（1）询问：询问被评估对象，了解其家庭成员的基本情况。

（2）问卷评估：常用于家庭功能评估的量表为APGAR家庭功能评估表（见附录），包括家庭功能的五个重要部分：①适应度A（adaptation），是指家庭在发生问题或面临困难时，家庭成员对于内在或外在资源的运用情形；②合作度P（partnership），是指家庭成员对权利与责任的分配情况；③成长度G（growth），是指家庭成员互相支持而趋向于身心成熟与自我实现的情形；④情感度A（affection），是指家庭成员彼此之间的相互关爱的情形；⑤亲密度R（resolve），是指家庭成员对彼此共享各种资源的满意情形。

（二）环境评估

环境是指人类生存空间中的任何一种客观存在，或指人类生存的环绕区域，是人类赖以生存、发展的社会与物质条件的综合体。老年人的健康与其生存的环境存在着联系，如果环境变化超过了老年人的身体调节范围和适应能力，就会引起疾病。因此，通过对环境评估，及时发现和去除环境中的不利因素，创造有利因素，促进老年人的身体健康并提高生活质量。

1. 环境评估的目的

通过对环境的评估，帮助老年人选择一个良好的独立生活的养老环境，尽量减少妨碍老年人生活行为的因素（包括物理和社会两方面的因素），促进老年人生活质量的提高。老年人的生活居住环境的原则是安全、省力、方便、适用、舒适、美观。

2. 环境评估的内容和方法

环境评估可采用被评估对象自述、询问以及观察的方法获取资料，内容包括以下几方面。

（1）物理环境。物理环境又称物质环境或自然环境，包括空气、水、食物、气候、社区配套设施及居家安全等。由于人口老龄化以及空巢家庭的日益增多，许多老年人面临着独立居住生活的问题。对老年人进行环境评估时，应了解其居住环境中的特殊资源及对目前居住环境的特殊要求。评估内容包括居住安全环境和社区环境。

①居住安全环境：是指老年人的居室、厨房、浴室和楼梯等环境的安全设施，应进行重点评估，如光线是否充足，温度是否适宜，地面、地毯是否平整，床高度是否在老年人膝盖下、与其小腿长基本相等，厨房和浴室有无防滑措施，楼梯有无扶手，水、电、气等设施是否安全，等等。

②社区环境：是指社区建设的配套设施是否完善。

（2）社会环境。社会环境是指我们所处的社会政治环境、经济环境、法治环境、科技环境和文化环境等宏观因素，包括经济、文化、教育、法律、制度、生活方式、社会关系、社会支持等诸多方面。这些因素与老年人的健康有密切关系，是老年人健康评估的内容之一。作为医务人员，应着重于对健康影响最大的经济、生活方式、社会关系与社会支持这几方面进行评估。

① 经济。经济对老年人的健康以及患者角色适应的影响最大。因为老年人常因退休、给予经济支持的配偶去世等原因使收入减少，易出现不同程度的经济困难。可通过询问来了解老年人的经济状况，包括经济来源、家庭有无经济困难、医疗费用的支付形式等。

② 生活方式。生活方式是指人们在日常生活中所遵循的各种行为习惯，包括饮食习惯、起居习惯、日常生活安排、娱乐方式和参与社会活动等。WHO统计大部分的疾病是由不良生活方式引起的，因此生活方式是老年评估的重要内容之一。通过交谈或直接观察评估老年人饮食、睡眠、活动、娱乐等方面的习惯，了解有无吸烟、酗酒等不良嗜好以及给老年人带来的影响。

③ 社会关系与社会支持。社会支持是指一定社会网络运用一定的物质和精神手段对社会弱势群体进行无偿帮助的行为的总和。评估老年人是否有支持性的社会关系网络，如家庭成员、亲属向老年人提供帮助的能力，以及对老年人的态度和支持；与邻里、老同事的关系，参与社会团体情况和参与社会活动频度，以及有无社会孤立的倾向；社区提供给老年人的医疗保健、家务照护及情感支持等支持性服务的情况。常用的评估量表为社会支持量表（SSQ）。该量表由肖水源1986年编制，共有10个条目，用于测量个体的社会支持度。

（汪琰彦）

任务五　老年人生活质量的综合评估

随着医学模式的转变，医学的目的与健康的概念不再单纯是生命的维持和延长，而是同时要提高生活质量，即继续保持老年人在生理、心理、社会功能诸方面的完好状态。因此，作为生理、心理、社会功能的综合指标，生活质量可用来评估老年人群的健康水平、临床疗效以及疾病的预后，也是老年人健康评估的重要内容之一。

一、生活质量评估的特点

（一）生活质量的概念

生活质量（quality of life，QOL）又被称为生存质量或生命质量，是一个包含生理、心理、社会功能的、比健康更广的综合概念，全面评价生活优劣。生活质量有别于生活水平的概念。生活水平回答的是，为满足物质、文化生活需要而消费的产品和劳务的多与少；生活质量回答的是，生活得"好不好"。生活质量须以生活水平为基础，但其内涵具有更大的复杂性和广泛性，更侧重于对人的精神文化等高级需求满足程度和环境状况的评价。生活质量最早出现于社会学领域，包括健康以及生活水平、住房质量、邻里关系、工作满意程度等人在社会中所经历的各个方面。

1993年世界卫生组织（WHO）的定义为：生活质量是指不同文化和价值体系中的个体对于他们的生存目标、期望、标准以及所关心的事情相关的生存状况的感受。

1994年中国老年医学会的定义为：老年人生活质量是指60岁或65岁以上的老年人群对自己身体、精神、家庭和社会生活满意的程度及老年人对生活的全面评价。

知识链接

"生活质量"概念的由来

"生活质量"概念最早出现在美国经济学家J.K.加尔布雷思所著的《富裕社会》之中。该书主要揭示美国居民较高的生活水平与满足社会的、精神的需求方面相对落后之间的矛盾现象。此后，生活质量逐渐成为一个专门的研究领域。20世纪60~70年代，美国学者对生活质量的测定方法及指标体系做了大量研究。20世纪70年代以后，生活质量研究相继在加拿大、西欧和东欧以及亚洲和非洲的一些国家展开。20世纪80年代初，中国开始结合国情对生活质量指标体系及有关问题进行研究。

（二）生活质量的特点

（1）生活质量是多维的概念，不但包括躯体健康、心理健康、社会适应能力，还包括其生存环境的状况，如经济收入、住房情况、邻里关系、工作情况、卫生服务的可及性、社会服务的利用情况等多方面。

（2）生活质量包括测量健康的不良和良好状态两个方面，健康测量范围增大。

（3）生活质量更注重疾病造成的结果（包括躯体、心理和社会功能的改变），为卫生服务和社会服务需求提供了间接的依据。

（4）生活质量评价的主体是被测量者，从单一地强调个体生活的客观状态发展到同时注意其主观感受，可获得其他检查方法不能得到的信息，如疼痛、情绪、满意度、幸福感、对自身健康状况的认识等。

(5) 生活质量具有文化依赖性，其评价是根植于个体所处的文化和社会环境。

(6) 生活质量评价既可揭示个体生活质量的高低，又可反映群体健康；不仅可对个体健康状况进行测定，而且可反映特定人群总的健康水平。

二、生活质量的综合评估

生活质量可以采用访谈法、观察法、自我评价法等进行评估，主要采用量表测量。量表的种类很多，适用对象和范围不同，对于老年人常用的有生活满意度量表、幸福度量表和生活质量综合问卷等几类。

（一）生活满意度的评估

生活满意度是指个人对生活总的观点以及现在实际情况与希望之间、与他人之间的差距。生活满意度指数（LSI）是用来测量老年人心情、兴趣、心理、生理主观完美状态的一致性。常用的量表是生活满意度指数 A（LSIA），它从对生活的兴趣、决心和毅力、知足感、自我概念、情绪等五个方面进行评估，通过 20 个问题反映生活的满意程度。量表中 12 项为正向指标，8 项为负向指标（见附录）。

（二）主观幸福感的评估

主观幸福感是反映某一社会中个体生活质量的重要心理学参数，包括认知和情感两个基本成分。Kozma 于 1980 年制订的纽芬兰纪念大学幸福度量表（memorial university of newfound land scale of happiness，MUNSH），是老年人精神卫生状况的恒定的间接指标，已成为老年人精神卫生测定和研究的有效工具之一。

（三）生活质量的综合评估

生活质量是一个带有个性的和易变的概念，老年人的生活质量不能单纯从躯体、心理、社会功能等方面获得，评估时最好以老年人的体验为基础进行评价；生活质量的综合评估不仅包括老年人的客观状态，还应注意以老年人的体验为基础的主观评价。常用的适合老年人群生活质量评估的量表有生活质量综合评定问卷和老年人生活质量评定表。老年人生活质量评定表于 1994 年制订，从身体健康、心理健康、社会适应和环境适应四个方面对老年人的生活进行综合评估，具体见附录。该表可由老年人自行填写，也可由医护人员逐项整理后填写。评分标准如下。

(1) 身体健康：12 分为优良；8~11 分为良好；5~7 分较差；4 分为差。

(2) 心理健康：9 分为优良；6~8 分为良好；4~5 分较差；3 分为差。

(3) 社会适应：6分为优良；4~5分为良好；3分较差；2分为差。

(4) 环境适应：6分为优良；4~5分为良好；3分较差；2分为差。

以上各项相加即为总分，总分在30~33分者，说明生活质量良好，应继续采取原有的、合理的生活方式，积极防治老年性疾病，力争健康长寿；总分在20~29分者，说明生活质量在中等水平，应进一步检查生活方式是否合理，及时发现问题并积极改善，不断提高生活质量；总分在11~19分者，说明生活质量差，应争取保持和恢复生活自理功能，提高生活质量，延长健康期望寿命。

（汪琰彦）

项目测评

一、选择题

1. 下列哪项不属于老年人健康评估的内容　　　　　　　　　　　　　　（　）
   A. 躯体健康评估　　　B. 心理健康评估　　　C. 社会功能评估
   D. 生活质量评估　　　E. 智力状况评估

2. 对老年人进行健康评估时，注意事项不包括　　　　　　　　　　　　（　）
   A. 环境适宜　　　　　B. 时间充分　　　　　C. 方法得当
   D. 有效沟通　　　　　E. 合适的康复技术

3. 进入老年后，心理变化主要表现在　　　　　　　　　　　　　　　　（　）
   A. 智力变化　　　　　B. 记忆变化　　　　　C. 思维变化
   D. 人格变化　　　　　E. 意志变化

4. 对老年人进行健康评估时，下列对适宜环境描述不当的是　　　　　　（　）
   A. 室内温度在22~24 ℃
   B. 环境安静
   C. 为避免干扰，室内只允许留下老人进行评估
   D. 避免光线直射老人
   E. 保护老人的隐私

5. 采集老年人健康史时，下列做法正确的是　　　　　　　　　　　　　（　）
   A. 一定要耐心倾听，不要催促　　　B. 交谈一般从既往史开始
   C. 不宜提简单的开放性问题　　　　D. 不宜触摸老人
   E. 当老年人主诉远离主题时，不要打断

6. 下列关于老年人生命体征特点的描述，错误的是 （ ）
   A. 老年人血压升高　　　　　　　　B. 老年人基础体温比年轻人低
   C. 老年人呼吸频率比正常人稍快　　D. 70岁以上老年人感染可不出现发热
   E. 老年人脉率接近正常人
7. 评估老年人记忆力和定向力，有利于何病的早期诊断 （ ）
   A. 帕金森病　　　　B. 阿尔茨海默病　　　　C. 脑血管病
   D. 颈椎病　　　　　E. 小脑病变
8. 下列哪项是情绪状态的评估 （ ）
   A. 焦虑的评估　　　B. 生活质量的评估　　　C. 角色的评估
   D. 自理能力的评估　E. 环境的评估
9. 男性，60岁，使用汉密顿抑郁量表进行评估，得分为30分，该患者为 （ ）
   A. 无抑郁　　　　　B. 轻度抑郁　　　　　　C. 中度抑郁
   D. 重度抑郁　　　　E. 重度焦虑
10. 老年人的人格变化共同特点不包括 （ ）
   A. 自我为中心　　　B. 孤独　　　　　　　　C. 适应能力下降
   D. 猜疑与妒忌心理　E. 办事粗心大意

二、思考题

1. 老年人健康评估的原则有哪些？
2. 护理人员在老年人健康评估过程中应注意哪些问题？
3. 简述老年人功能状态的评估内容。
4. 简述老年人心理健康评估的内容。
5. 如何评估老年人的角色功能？
6. 老年人的文化评估内容有哪些？
7. 试述家庭与老年人健康的相关性。
8. 何为生活质量？如何评估老年人的生活质量？
9. 老年人生活满意度与主观幸福感有何区别？

项目四 老年人的日常生活护理

知识目标

1. 掌握老年人日常生活护理要点。
2. 熟悉老年人日常生活护理的注意事项。

技能目标

1. 能熟练指导老年人的日常生活。
2. 能根据实际情况和老年人进行有效、和谐沟通。

案例导入

李某,男,81岁,3日前因跌倒后踝骨骨折、多处皮肤擦伤入院。平日生活自理,自认为"身体健康、不用他人照顾"。于今年1月喜迁新居,三室一厅的错层。由于起身过急跌倒,从四层阶梯滚下致伤。

问题:

1. 老年人日常生活中有哪些影响安全的因素?
2. 挑选适合老年人的家具需要考虑哪些方面的问题?

老年期因个体老化使老年人健康受损和患各种慢性疾病的比例较其他人群较高,严重影响老年人的生活质量。所以,老年人日常生活护理,不仅要重视疾病的康复,更重要的是日常生活功能的康复。老年护理的目标是尽力帮助老年人维持和恢复基本的生活能力，使其适应日常生活，或在健康状态下过独立、高质量、方便的生活。

老年人的日常生活功能可分为三个层次：一是基本的日常生活活动，如衣（穿脱衣、鞋、帽，修饰打扮）、食（进餐）、行（行走、变换体位、上下楼）、个人卫生（洗漱、沐浴、如厕、控制大小便）等日常生活所必需的基本行为活动，丧失这一层次的功能，即失去生活自理能力；二是工具使用的日常生活活动，如做饭、洗衣、购物、外出、处理金钱、使用电话和交通工具等社会生活所必需的行为活动，这一层次的功能提示老年人是否能够独立生活并具备良好的日常生活活动，否则老年人就会被限制在家庭这一狭小的空间内；三是高级日常生活功能，如娱乐、职业工作、社会活动等，反映老年人的智能能动性和社会角色功能，与生活质量相关，丧失这一功能，即失去维持社会活动的基础。老年人的日常生活护理就是从这三个层面上给予帮助、补充，维持和提高老年人的日常生活功能，进而提高老年人的生活质量。

任务一　日常生活护理

一、居室与环境

由于老年人生理功能逐渐减低，尤其是感觉系统功能的减退，老年人对周围环境信息和判断能力下降直接影响到老年人的安全，使意外事故的发生率高于成年人，而且老年人在居室内活动的时间较多，故老年人居室环境的安排应满足老年人安全、方便、舒适、便利及增加老年人接触社会、接触自然等方面的需求。注意室内温度、湿度、通风、采光、色彩和整体布局。

1. 室内环境

（1）温度。老年人的体温调节能力降低，适宜的室内温度不仅会使老年人感到舒适、安定，而且有利于机体进行新陈代谢，预防疾病。室内温度以18～20℃为宜，夏天可相对高些，为22～24℃，缩小室内外温差。温度过高或过低都不利于老年人的健康。室温过低，老人容易着凉、感冒，不利于血液循环。对于心血管等功能虚弱的老年人来说，温度过低及室内外温差过大都可诱发疾病；室温过高，易使人疲惫、精神不振。需要指出的是，对患有慢性呼吸系统疾病的老年人，室温过高，易使老人感到闷热，呼吸不畅，加重呼吸困难。清凉的室温，流通的空气，会使老人易于进行气体交换，提高血氧浓度，改善呼吸。

（2）湿度。所谓湿度，是指空气中水分的含量。空气湿度大，使人感到潮湿、气闷。心功能不全的老人会感到憋闷。而空气过于干燥，会引起皮肤干燥、口干、咽痛等不适。患有呼吸系统疾病的老人，干燥的空气会使呼吸道黏膜干燥，痰不易咳出，增加肺部感染的机会，而加重病情。家庭室内最佳湿度应该是50%~60%。适宜的湿度，会使人感到清爽、舒适。近年来，空气加湿器逐渐被广大家庭接受，地上洒水、暖气上放水槽或放湿毛巾等传统方法也可保持室内适宜湿度。建议家庭配备一个温湿度计，以掌握室内温湿度。

（3）通风。自然通风对老年患者尤为重要。居室要经常通风以保证室内空气新鲜，特别是老年人活动不便在室内排便或失禁时，易导致室内有异味。晨起开窗通风，可排出室内废气，让新鲜空气补充进来。一般居室开窗20~30 min，室内空气即可更新一遍。

（4）噪声。研究表明，噪声白天不能超过50 dB，夜间应低于45 dB，若超过这个标准就会对人体产生危害。噪声对消化系统、心血管系统也有严重不良影响，噪声在50~60 dB时，一般人就会有吵闹感。老年人一般喜静，对有心脏病的老年人，安静则是一种治疗手段。家庭中创造一个宁静、幽雅隔音效果好的环境，有利于老年人休养。

（5）采光。老年人居住的房间，最好朝阳。日光可改善皮肤组织的营养状况，给人以舒适感。老年人的暗适应力低下，一定要保持适当的夜间照明，如楼梯处应光线明亮，地面防滑，在不妨碍睡眠的情况下可安装地灯等，房间的照明设备应能调节，以适应老年人的不同需求。

（6）家居居室。居室色彩应采用明快、温暖的色调。室内家具宜沿房间墙面周边放置，避免突出的家具挡道。老年人行动不便，家具装饰物品宜少而够用，应选择不易移动、无棱角的家具，沙发不宜太软，选择椅子座面高度宜在35~42 cm。室内有供步态不稳的老年人使用的扶手、拐杖等。各室之间保持平坦，无障碍物。为了保证老年人行走方便和轮椅通过，室内应避免出现门槛和高差变化。必须有高差的地方高度不宜超过2 cm，并宜用小斜坡过渡。门最好采用推拉式，平开门应注意把手一侧墙面留出约50 cm的空间，以方便坐轮椅的老年人侧身开门。

2. 厨房

厨房地面应防水，水池与操作台的高度应适合老年人的身高，煤气开关应尽可能便于操作，用按钮即可点燃者较好。

3. 浴室与卫生间

浴室与卫生间是老年人使用频率较高而又容易发生意外的地方，浴室与卫生间的设计一定要注意安全，并考虑到不同老年人的需要。卫生间最好邻近卧室或在卧室内。室内要通风，地面防滑，室温适当、恒定，宜用坐式便器，厕所边安装扶手等。从卧室至卫生间之间的地面不要有台阶，并应设扶手以防跌倒。如使用浴盆，浴盆安装应较低，浴盆旁边应有扶手或放置浴板，浴盆底部还应放置橡皮垫，以防滑倒。对于不能站立的老人也可用淋浴椅。沐浴时浴室温度应保持在24～26℃，并设有排风扇以便将蒸汽排出，免得湿度过高而影响老年人的呼吸。洗脸池上方的镜子应向下倾斜便于老年人自己洗漱。

4. 床

床是老年人休息、睡眠的地方，对卧床的老年人更为重要。老年人对床的质量（包括摆放位置、结实程度、舒适程度、安全性等）的要求也更高。在床铺选择上应软硬适宜，以便保持身体均匀的支撑。因此，老年人的床一般摆放于靠窗的位置，床高矮适中，要便于上下，以40～45 cm为宜；为防止老年人坠床，床边应有床挡。为了减轻老年人的孤独，可在床旁放全家福照片及老年人喜欢的物品等，台灯、床头柜和呼叫器放在伸手可及之处。

二、清洁与舒适

清洁是每个老年人的基本生活需要，也是促进老年人身体健康的重要保证，通过清洁可以使老年人预防感染、感觉舒适、心情愉快，满足人的自尊需要。更重要的是可以改变周围人对老年人的印象，促进老年人与他人的交流，扩大老年人的生活空间。身体清洁主要包括口腔清洁和皮肤清洁。

1. 口腔清洁

老年人牙齿松动、脱落，咀嚼功能减低，使用义齿的较多；口腔黏膜失水干裂，弹性减低，唾液分泌减少，自洁能力降低；味蕾数量减少，残存味蕾的阈值提高，口腔感觉迟钝。保持口腔内的清洁是非常重要的，可以降低口臭、口腔局部炎症及其他并发症的发生。

（1）义齿的卫生。使用义齿的老年人尽可能在每餐后取下义齿刷洗。睡觉前将义齿取下后放入专用的容器中用水浸泡、清洗，晨起后再装戴，容器中的水每日更换。

（2）加强咀嚼活动。鼓励老年人咀嚼口香糖，不仅加强面部活动，促进血液循环，而且可促进唾液分泌，提高自洁能力。

（3）口腔卫生。刷牙和漱口是最基本的清洁方法，每天早晚刷牙，饭后漱口。

（4）清洁用具。选择牙刷时尽量选用外形较小、表面平滑柔软的锦纶毛刷，牙膏应不具有腐蚀性，可选用药物牙膏。

（5）重视对牙齿、牙龈的保健。养成每日叩牙、按摩牙龈的习惯。每日晨起或入睡前上下牙齿轻轻对叩数十下，能促进牙体和牙周组织血液循环。用手于口唇角、中心顶部及底部按摩牙龈，每日2~3次，每次2~3 min。每年做1~2次牙科检查。

2. 皮肤清洁

皮肤是人体最大的器官，经过长年刺激，人体皮肤逐渐老化，生理功能和抵抗力降低，皮肤疾病逐渐增加。老化导致皮肤松弛、弹性差，表面干燥、粗糙、无光泽，脱落的皮屑增多，头发变白，易脱落而稀疏。同时，皮肤触觉、痛觉、温觉的浅感觉功能也减弱，皮肤表面的反应减低，对不良刺激的防御能力削弱，免疫系统的损害也伴随老化而来，以致皮肤抵抗力全面降低，对各种刺激的耐受性和损伤后愈合能力下降，还易发生瘙痒、过敏性皮炎等，应采取措施，做好皮肤清洁。

（1）定期清洁皮肤。保持皮肤的清洁卫生，尤其是皱褶部位如腋下、肛门、外阴和乳房下皮肤的护理。适当的沐浴可以清除污垢，保持毛孔通畅，利于预防皮肤疾病。建议老年人根据自身习惯和地域特点选择合适的沐浴频率，建议冬季每周沐浴1次，夏季则可每天温水沐浴。建议沐浴的室温调节在24~26 ℃，水温则以40 ℃左右为宜，饭后2 h左右进行，以免影响食物的消化吸收或引起低血糖、低血压等不适；沐浴时间以10~15 min为宜，时间过长易发生胸闷、晕厥等意外。沐浴用的毛巾应柔软、舒适。沐浴时应注意避免碱性肥皂的刺激，宜选择弱酸性的硼酸皂、羊脂香皂，以保持皮肤pH在5.5左右。协助有自理能力的老年人淋浴或盆浴。对病情较重、长期卧床不能自理的老年人，进行床上擦浴。

（2）预防压疮。避免局部皮肤长期受压，长期卧床者至少每2 h翻身1次；保护骨隆突处；保持床铺和内衣平整、柔软、清洁、干燥；对营养不良者给予高蛋白、高能量、高维生素及含锌等微量元素丰富的食物，必要时遵医嘱给予硫酸锌口服，以促进伤口的愈合和提高机体的免疫力。

（3）老年人头发和头部皮肤的清洁。老年人的头发多干枯、易脱落，做好头部皮肤的清洁和保养，可减少脱落、焕发活力。应根据自身特点定期洗头，皮脂分泌较多者，可每周清洁2次；头皮和头发干燥者，清洁次数不宜过多，可每周清洁1次，头发干后可涂少许护发素、发膜。

3. 衣着卫生

由于老年人皮肤的特点，其衣着和健康的关系越来越受关注。老年人的服装选择，首先必须考虑实用性，即是否有利于人体的健康及穿脱是否方便。衣服具有调节体温、保护身体、适应活动、表现个性和社会性的作用。老年人在选购衣服时，料质应较为松软、轻便，以便全身气血流畅，内衣应用柔软、吸水性强、透气性好、不刺激皮肤且耐洗的棉织品。衣服款式的选择要考虑安全适宜以及时尚，适合老年人的个性特征及社会活动需求。衣服的样式一般要求较为宽大、方便穿脱，不宜过紧过窄，不妨碍活动以及变换体位。同时，老年人适当穿些色彩靓丽的衣服，给人以年轻的感觉。

> **知识链接**
>
> 衣着对人体的保护作用：① 有利于防止有害昆虫叮咬，防止外力和机械伤害皮肤；② 防寒保暖，预防呼吸道传染病；③ 隔热防暑；④ 衣着还有防风、防雨水、调节温度和湿度等作用，对身体适应外界环境具有保护作用。
>
> 衣着对人体的损害作用：① 对皮肤的刺激作用。内衣、内裤在加工的过程中，可能会染上少量化学物质，可能会引起过敏性皮炎等。② 服装静电对身体的危害。纤维本身不带电，它的导电性是由它的吸湿性来决定的。吸湿性强，导电性好；吸湿性差，静电就会积聚下来，使衣服产生带电现象。静电有很强的吸附作用，容易将灰尘、各种有害微生物吸附而损害健康。

三、营养与排泄

（一）营养与饮食

科学的饮食与营养是维持生命活动的基本需要，也是维持、促进、恢复健康的基本手段。威胁老年人健康的常见病如高血压、动脉粥样硬化、糖尿病等与营养饮食密切相关。同时，在相对单调的老年生活中，饮食的制作和摄入过程也可以带给老年人精神上的满足和享受。因此，合理营养，均衡膳食，已成为老年人日常生活护理中的重要组成部分。

1. 老年人的营养需求特点

老年人器官老化，功能衰退，对各种营养素的需求与其他人群有所不同。老年人户外活动及运动量减少，脂肪组织增多，基础代谢率降低，热能消耗减少，因此老年人的饮食应做到种类齐全、数量适宜、比例恰当，达到平衡，易于摄入和吸收。

（1）碳水化合物（糖类）。老年人对糖的耐受能力减退，胰岛素对血糖的调节作用减弱，故碳水化合物的供应量应根据老年人的具体情况作适当调整。一般碳水化合物供给能量应占总热能的55%~65%。随着年龄的增长，能量消耗减少，60岁以后能量供应较年轻时减少20%，70岁以后减少30%，以免过剩的热能导致超重或肥胖而诱发老年病。老年人摄入的糖类以多糖为好，谷类、薯类如麦片、糙米、玉米还有降低三酰甘油的作用。而水果和蜂蜜中的果糖既容易消化吸收，又不易在体内转化为脂肪，都是老年人的理想糖源，但果糖对糖尿病、冠心病、肥胖者应限制摄入。在摄入糖的同时，老年人还需提供维生素和膳食纤维等其他营养素。过多摄入单糖、双糖（如砂糖、红糖等）会诱发龋齿、糖尿病和心血管疾病。

（2）蛋白质。老年人的体内代谢过程以分解代谢为主，对蛋白质的吸收利用率又低，体内蛋白质储备量减少，故老年人需摄入较为丰富和优质的蛋白质，应供给如鱼类、豆类、乳类、蛋类、瘦肉等生物效价高的优质蛋白质，优质蛋白应占总量的50%以上。但由于老年人体内的胰蛋白酶分泌减少，过多食用蛋白质又会加重老年人的消化系统和肾脏的负担，有肝肾疾患时应注意控制蛋白质的供给。

（3）脂肪。老年人对脂肪的消化功能下降，且体内脂肪组织随年龄增加而逐渐增加，因此饮食中摄入的脂肪不宜过多。若进食脂肪过多，易产生肥胖、高脂血症、动脉粥样硬化、高血压、冠心病等；若进食脂肪过少，又将导致必需脂肪酸缺乏而发生皮肤疾病，不利于必需脂肪酸和脂溶性维生素的吸收。但是，适量的脂肪有助于菜肴的调味和帮助一些脂溶性维生素的吸收。因此，老年人脂肪摄入的总原则是：脂肪供能控制在总热量的20%~25%，摄入量应低于每日300 mg，并应尽量减少膳食中饱和脂肪酸和胆固醇的摄入。老年人可以多摄入一些花生油、豆油、菜油、玉米油等含不饱和脂肪酸的植物油，同时减少猪油、肥肉、酥油等动物性脂肪的摄入；少食用胆固醇含量高的食物，如动物内脏、脑、蛋黄、奶油等。

（4）维生素。维生素在维持身体健康、调节生理功能、延缓衰老过程中起着重要作用。富含维生素A、维生素B_1、维生素B_2、维生素C的饮食可增强机体抵抗力，特别是B族维生素能增加老年人食欲。蔬菜、水果是富含维生素的食物，可增加维生素的摄入，且对老年人有较好的通便功能。老年人由于消化吸收功能减退，咀嚼能力下降，为适宜此变化，食物在制作过程中难免过软、过烂、过细，上述因素均会造成维生素的损失，因此要特别注意补充。

（5）膳食纤维。膳食纤维是高分子碳水化合物，不能被人体的消化酶消化，但能被细菌所含的纤维素酶分解为多糖类物质，主要存在于谷、薯、豆、蔬果类等食物中。这些虽然不能被人体的消化酶消化，但在帮助通便、吸附有细菌分解胆酸等生成的致癌物质、促进胆固醇代谢、防止心血管疾病、降低餐后血糖和防止热能摄入过多等方面起重要作用。因此，每日摄入一定量的粗粮、新鲜蔬菜及水果，不仅有利于消化和肠蠕动，避免便秘，而且可以预防结肠癌和降低血清胆固醇。

（6）无机盐。无机盐主要包括钙、铁、钠、钾等。老年人易发生钙代谢的负平衡，尤其是绝经后的女性，由于其内分泌功能的衰减可导致骨质疏松的高发。老年人应强调适当增加富含钙质的食物摄入，并增加户外活动，以帮助钙的吸收。由于老年人消化功能减退，因此应选择容易吸收的钙质，如奶类及奶制品，含钙较高的食物有奶类及奶制品、豆类及豆制品等。此外，铁参与氧的运输与交换，缺乏可引起贫血，应注意选择含铁丰富的食物，如瘦肉、蛋、海产品、黑木耳、猪血等，而维生素C可促进人体对铁的吸收。老年人往往喜欢偏咸的食物，容易引起钠摄入过多但钾摄入不足，钾的缺乏则可使肌力下降而导致人体有倦怠感。

（7）水分。水是人体重要组成部分。随着年龄的增长，人体含水量逐渐减少。缺水可引起口渴、皮肤干燥、尿少、大便干燥、血液黏稠、消化液分泌减少等，严重时还可能发生电解质失衡、脱水、循环障碍而危及生命；但过多饮水也会增加老年人心、肾功能的负担。因此，老年人每日饮水量（除去饮食中的水）一般以1 500 mL左右为宜，分次缓慢饮用，避免睡前大量饮水，以免影响睡眠。饮食中可适当增加汤羹类食品，既能补充营养，也可以补充相应的水分。

2. 老年人的饮食原则

（1）平衡饮食。遵循"一、二、三、四、五，红、黄、绿、白、黑"合理膳食原则（详见项目二老年保健与心理健康）。食物选择应适合老年人的特点，种类多样化，注意"四个搭配"：荤素搭配，以素为主；粗细搭配，以粗为主；干稀搭配，混合食用；生熟搭配，适量生食。摄取食物做到"三高、一低、四少"，即高蛋白质、高维生素、高纤维素，低脂肪、少盐、少油、少辛辣、少调味品。因此，应保持营养的平衡，适当限制热量的摄入，保证足够的优质蛋白、低脂肪、低糖、低盐、高维生素和适量的含钙、铁的食物。

（2）饮食应易于消化吸收。由于老年人消化功能减弱，咀嚼能力也因为牙齿松动和脱落而受到一定的影响，因此食物加工应尽量切碎煮烂蒸软，便于咀嚼及消化吸收。同时按照老年人的口味，调配饭菜的色香味，经常更换主、副食，促进食欲，少吃油炸、油腻、过黏的食物。

（3）食量合理分配。应遵循"早晨吃好，中午吃饱，晚上吃少"的原则。

（4）食物温度适宜。人体的口腔和食管的耐受温度为50～60 ℃，最适宜的进食温度是10～50 ℃。老年人消化道对食物的温度较为敏感，温度宜温偏热，以免损伤口腔、食管壁的黏膜引起炎症，甚至引发癌变。两餐之间可加用热饮料，解除疲劳，温暖身体而有利于睡眠。

（5）良好的饮食习惯。根据老年人的生理特点，少吃多餐的饮食习惯较为适合，要避免暴饮暴食或过饥过饱。膳食内容的改变也不宜过快，要照顾到个人爱好。由于老年人肝脏中储存肝糖原的能力较差，而对低血糖的耐受能力不强，容易饥饿，因此在两餐之间可适当增加点心。晚餐不宜过饱，因为夜间的热能消耗较少，如果吃多了富含热能而又较难消化的蛋白质和脂肪，会影响睡眠。

（二）排泄的护理

为了维持健康，身体必须对体内的废物进行适当的处理，并将之排出体外。排泄过程是维持健康和生命的必要条件,而排泄行为的自理则是保持人类的尊严和社会自立的重要条件。但老年人随着年龄的不断增加,机内调节功能逐渐减退、自理能力下降,或者因疾病导致排泄功能出现异常,发生尿急、尿频甚至大小便失禁等现象;有的老年人随着年龄的增加排泄功能会逐渐降低,有的老年人还会出现尿潴留、腹泻、便秘等。排泄问题可以说是机体老化过程中无法避免的,会给老年人造成很大的生理、心理上的压力,护士应妥善处理,要体谅老年人。老年人经常受到排便失禁、便秘、腹泻的困扰。

四、休息与活动

(一)休息

休息是指在一定时间内相对地减少活动,使身体各部分放松,处于良好的心理状态,以恢复精力和体力的过程。休息并不意味着不活动,有时变换一种活动方式也是休息。休息的方式很多,如卧床、静坐、听音乐、看电视、看书等,而睡眠是休息的最好方式。老年人休息的质量下降,应采取促进措施。

(1) 将休息合理地贯穿于整天的活动中,如看书久了可以极目远眺,纠正"睡眠才是休息"的错误观念。简单的卧床限制活动并不能保证老年人处于休息状态,有时这种限制甚至会使其厌烦而妨碍休息的效果。

(2) 合理安排生活起居,按时上床休息,养成良好的睡眠习惯。目前认为60~70岁老年人每日应睡8~9 h,71~90岁老年人应睡9~10 h,91岁以上老年人应睡12 h。

(3) 为保证睡眠的质量,白天应参加一些力所能及的运动和活动,使身体有一定的疲劳感,利于晚上睡眠。对情绪抑郁、好睡少动的老年人,应限制其白天卧床休息的时间。

(4) 劝导老年人排除烦恼。避免过度悲喜和睡前过度用脑,保持平静的心境,有助于睡眠;指导患者放松技术,必要时试用安慰剂的暗示疗法。

(5) 采用促进睡眠的措施,如营造安静、舒适、温暖、安全的睡眠环境,睡前用热水泡脚,喝一杯牛奶等。

(6) 排除影响睡眠的不良因素。晚餐进食清淡易消化的食物,不宜过饱,过油腻;睡前勿食刺激性食物或饮料(如浓茶、咖啡、酒或大量水分),不吸烟,不看刺激性电视等。

(7) 镇静剂可帮助睡眠,但也有许多不良反应,所以要适当选用安眠药,避免长期给药,注意滥用药物的危险;可应用有治疗失眠作用但无不良反应的中草药,如安神丸、补心丸等。

（二）活动

1. 老年人活动的作用

活动不但可以维持和促进老年人各系统的生理功能，延缓衰老，还可以增加老年人与外界自然环境和社会环境的接触，增加生活情趣，使老年人在生理、心理及社会各方面获得益处。坚持活动是人类健康长寿的关键。老年人活动能力的评估活动对老年人健康有益，但活动不当，会对身体造成伤害。因此，首先应对老年人的活动能力进行评估，主要评估内容包括：① 给予基本的体格检查，包括心血管系统、运动系统、神经系统，尤其是老年人的协调力与步态；② 老年人的病史及目前用药情况，作为活动后用药的参考；③ 老年人现存的活动能力；④ 老年人的活动史及活动耐受力，活动前后的情况；⑤ 每次给予新的活动内容时，应评估老年人对该项活动的耐受力，是否出现间歇性跛行、异常心率、疲倦、呼吸急促等。

2. 老年人活动的原则

（1）正确选择活动种类和场所。老年人的活动种类可分为四种：日常生活活动、家务活动、职业活动、娱乐活动。老年人根据自身体质状况选择适合的娱乐活动，并控制好适当的活动量和时间，科学锻炼是利于身心健康的。比较适合老年人活动的项目有散步、慢跑、原地跑、游泳、跳舞、球类、太极拳、医疗体育等。活动场地尽可能选择在空气新鲜、安静清幽的公园、树林、海滨、庭院、操场等。

（2）持之以恒。一般要坚持数周、数月，甚至数年才能取得效果。在取得效果后，仍要坚持锻炼，才能保持和加强效果。

（3）循序渐进。机体对活动有一个逐步适应的过程，活动量要由小到大，动作由简单到复杂，由慢到快，时间要逐渐增加。

（4）活动时间。老年人运动的时间最好坚持每天锻炼 1~2 次，每次 30 min 左右，一天运动的总时间不超过 2 h 为宜。要坚持每天活动，最低限度为每周不少于 3~4 次。运动时间以清晨为宜，因早晨空气新鲜、精神饱满，有利活动；也可以安排在下午 5~8 时。

（5）活动适量。观察运动量是否恰当的方法主要是判断运动后的心率是否达到最适宜心率、测量运动后心率恢复到运动前水平的时间。运动时，以"心率=170-年龄"为宜。一般的健康老年人，如在运动后 3 min 内恢复，表明运动量较小，应加大活动量；若在 3~5 min 恢复，表明运动量恰当；若 10 min 以上才恢复，则表明运动量太大，应适当减少。此外，结合主观感觉综合判断，运动后感觉心情愉快、精神振奋、能吃好睡好为准。运动时，身体不发热或无出汗，脉搏次数增加不多，说明运动量小；运动后，感到头晕、疲乏、胸闷、心悸、气促、食欲减退、睡眠不良，说明运动量过大；运动中，若出现严重的气喘、胸闷、心绞痛或心律失常等，则应立即停止。

3. 老年人活动时的注意事项

（1）运动前一定要做预备运动，运动后做放松活动。切忌突然做剧烈活动，也不能突然终止。

（2）饭后不宜立即运动，因为运动会减少消化系统的血液供给和兴奋交感神经而抑制消化器官的功能活动，从而影响消化吸收，甚至导致消化系统疾病。一般在饭后 1～2 h 进行为宜。

（3）注意气候变化，老年人对气候变化的调节能力较差，夏季高温炎热，户外运动要避免中暑；冬季严寒，户外运动要防止感冒和跌倒。

（4）运动服装、鞋袜要舒适合体。最好穿宽松、有弹性且伸缩性强的运动服，要选择大小合适、鞋底软、鞋帮稍有硬度、能保护踝关节便于活动的鞋袜。

（5）身体不舒服、睡眠不佳或力不从心时，不要强行运动和锻炼。

（6）年老体弱，患有多种慢性病，平时有气喘、心悸、胸闷者，应按医嘱实施运动，以免发生意外。运动中出现不适时应停止运动，及时就医。

（7）在精神受刺激、情绪激动或悲伤之时，各种传染病与疾病的急性期，高热、脏器功能失代偿期与全身症状严重时，心血管系统疾病急性发作期，以及平时有心绞痛、呼吸困难、心功能不全或严重心律失常者，应停止活动。

（8）运动过程中应防止跌倒、损伤等事故发生。

（汪琰彦）

任务二 老年人日常生活护理的注意事项

案例导入

钱阿婆 2 个月前脑卒中发作，造成左侧肢体瘫痪，外出活动受到限制。作为老年护理人员，请你为钱阿婆选择合适的轮椅，并指导她和家人改造房间布置，帮助出院回家的钱阿婆能更好地康复。

问题：

1. 指导选择轮椅的注意事项。

2．指导老年人家属改造房间布置以适应钱阿婆的日常生活。
3．指导老年人学会最适合自己的调节轮椅方法。

一、与老年人沟通的技巧

（一）沟通的概念

沟通是指可理解的信息或思想在两个或两个以上群体之间，通过语言、姿势、表情或其他信号方式，互相分享与交换信息、意念、信仰、感情和态度，以使双方能够互相理解。沟通的方式主要包括语言性沟通和非语言性沟通。

（二）老化对沟通的影响

1. 心理因素的影响

老年人常有焦虑、抑郁、自卑或孤独心理等。这些不良的心理使得老年人的反应能力迟钝，自我价值观降低，不愿与人交往，从而影响了沟通的效果。

2. 生理因素的影响

其主要表现在感官功能的下降，影响了老年人信息的传递。如听力障碍影响了语言信息的感知；视力障碍影响了非语言性沟通的效果；认知障碍导致知觉反应相对减慢，容易出现定向障碍；语言表达能力、语言理解能力减退，表现为讲话缓慢、不流畅、词不达意；记忆力减退常出现记忆错位、反复重复等。

（三）与老年人沟通的技巧

1. 语言沟通的技巧

（1）准备充分。在交谈时，要明确交谈的目的，根据话题的内容选择适当的交流时间、地点，同时充分理解老年人的基本背景资料，这样有助于控制交谈的过程。

（2）态度真诚。这一点是与老年人进行沟通的首要条件。不论老年人目前的经济状况、社会和家庭地位如何，都要表现出足够的耐心和尊重，真诚地与老年人进行交谈。

（3）恰当称谓。根据老年人的家庭角色、社会角色、以往的工作经历，给予恰当、礼貌的称谓。

（4）注意说话的语气、语调和语速。对言语障碍者，问题要简短明了，必要时充分利用身体语言，如点头、打手势等方法；对听力障碍的老年人，不能大喊大叫，可以贴近耳边，音调放低，语速放慢，吐字清晰；对视力障碍的老年人，语言的表达更为重要，可以使用触摸等方法进行沟通。

（5）词汇。根据老年人的理解能力、文化背景，选择通俗的、老年人能够理解的交流词语，避免使用专业的医学术语。

（6）恰当的反应。常见的反应技巧有复述（将老年人的话复述一遍，尤其对关键内容，但不加评论）、意述（将老年人的话用自己的语言复述，但保持原意）、澄清（将老年人模糊的、不完整或不明确的内容搞清楚）。

知识链接

与老年人沟通应注意的事项

（1）老人唠叨的时候注意倾听。俗话说："人老话多，树老皮多。"人一旦上了年纪就很喜欢说话，而且喜欢说重复话，也就是我们说的爱唠叨，其实不是，是他们的记忆力减退了，他们老了。

（2）不时回应老人家的话题。老人家在唠叨的时候不要嫌弃，就当你儿时听故事，一个故事重复听很多遍都不会腻。如果你实在不喜欢听，你就装作在听，当然时不时也要回应他们一下。这也是尊重他们的表现。

（3）不要批评老人家的想法过时。不要自以为是地认为老人家的想法已经过时了，老人的思想也许还停留在老一辈的时代，但是他们有些优良的传统可不能被看作是过时的。比如节约用水、用电等。他们以前的资源少，什么都是要讲配额的，就算是有钱也不能买到，所以习惯了节约。其实这种传统的想法应该发扬光大，而不是被我们嗤之以鼻。

（4）老人犯错误的时候要好好对他说。要像对待孩子一样来对待老人，如果他们犯了错误，一定要好好和他们说，不要吼他们，也不要使劲批评他们。如果总是在一个问题上犯错误，那么你一定要更有耐心，像教小孩一样慢慢教，不要发脾气。老人的心理是很脆弱的。

2. 非语言沟通的技巧

（1）面部表情。面部表情是非语言性沟通中最丰富的源泉。在与老年人沟通过程中，护士合理地运用自己的面部表情，使之与老年人的情绪体验相一致，以促进沟通。

（2）目光接触。目光接触可以产生积极的效应，如护士热情的目光使孤独的老年人感到温暖，护士镇定的目光给恐慌的老年人带来安全感，护士专注的目光给自卑的老年人带去尊重。

（3）沟通距离。交谈时护士所处的位置应使老年人保持舒适的体位，护士可坐或站在老年人床边，距离恰当。对老年人沟通距离可近些，以示亲切、关注。

（4）耐心倾听。主动倾听并鼓励老年人畅所欲言，允许老年人宣泄情绪，对老年人说的话要有兴趣，并给予适当的反馈、回应，如点头、回答"嗯""哦"等。

（5）沉默。给老年人留出时间来考虑他的想法和所需要的信息。尤其当老年人勾起伤心事时，保持一段时间沉默，老年人会感到护士能体会他的心情，这样有助于增加沟通的效果。

（6）触摸。触摸是人类情感表露方式之一，也是护患交往的一种积极有效的方式。手是最容易接受触摸的部位，其次有手臂、上臂、肩膀。大多数老年人都比较在意头部，应慎重考虑。稳定而有压力的触摸才具有保护作用，如双手合握，而轻触是一种不良的刺激。有研究表明，对受惊吓或躁动的老年人拍拍肩膀，传达着陪伴与关怀，可以降低社会隔离感，增强交流效果；器质性脑部病变的老年人，在就餐时得到简短的触摸，可以增加营养的摄取。但是，触摸并非万能，使用不当会诱发躁动和性感受，触犯老年人的尊严。因此，护理过程中要注意尊重老年人的尊严和文化习俗。

二、对老年人主动性的关注

老年人由于身体虚弱、疾病治疗或卧床不起而无法独立完成日常生活活动时，需要护理人员、家属提供部分协助或完全性护理。老年人由于疾病及衰老的原因，往往会对家属和护理人员产生强烈的心理依赖，甚至有些老年人只是为了得到他人的关爱和爱护而要求照顾。因此，在拟定护理计划前要对老年人进行全面评价。在生活功能方面，既要考虑到已丧失的功能，还应该看到残存的功能；在心理方面，要通过细心的观察、主动的沟通与交谈了解等途径可了解其是否存在过度的依赖思想和其他心理问题（如抑郁、孤独等）。护理人员要明确包揽一切的做法有害无益，应鼓励老年人最大限度地发挥其残存的功能，使其基本的日常生活能够自理，而不依赖他人，同时提供一些有针对性的心理护理。总之，既要满足老年人的生理需要，还要充分调动老年人的主动性，最大限度地发挥其功能，尽量让其作为一个独立自主的个体参与家庭和社会生活，满足其精神需要。

在对老年人进行日常生活护理中，强调"留有余地"的护理，避免出现"过剩援助"（对老年人有能力完成的活动也进行照顾）。"过剩援助"可影响老年人主动性，加速其老化进程。

三、对老年人安全性的保护

(一)针对相关心理进行护理

一般有两种心理状态可能会危及老年人的安全:一是不服老,二是不愿麻烦他人。尤其是个人生活上的小事,愿意自己动手,如有些老年人想自己倒水,但提起暖瓶后却无法将瓶里的水倒进杯子甚至出现烫伤事故。对此要多做健康指导,使老年人了解自身的健康状况和能力。另外,护理人员要熟悉老年人的生活规律和习惯,及时给予指导和帮助,使其生活自如。

(二)其他防护措施

老化的生理性和病理性改变所造成的不安全因素,严重地威胁老年人的健康,甚至生命。老年人常见的安全问题有跌倒、噎呛、坠床、服错药、交叉感染等,护理人员应意识到其重要性,及时采取有效措施,保证老年人的安全。

(1)防坠床。意识障碍的老年人应加床挡;睡眠中翻身幅度较大或身材高大的老年人,应在床旁用椅子护挡或者加床挡;如果发现老年人靠近床边缘时,要及时护挡,必要时把老年人推向床中央,以防坠床摔伤。

(2)防止交叉感染。老年人免疫功能低下,对疾病的抵抗力弱,应注意预防感染,所以不宜过多会客,必要时可谢绝会客。患病老人之间尽量避免互相走访,尤其患呼吸道感染或发热的老年人更不应串门。

(3)防烫伤。老年人感觉迟钝,在冬季使用热水袋、电热毯时要注意温度和时间的控制。热水袋温度一般不宜太烫,临睡前应关掉电热毯。

(三)社区安全保护

社区是老年人的主要生活和活动场所,老年人需要长期在此得到与护理相关的预防、保健、治疗、康复等照顾。所以,社区安全也是保障老年安全的主要护理场所之一。

(1)加强老年人的安全教育。随着年龄的增长、慢性疾病的侵袭,老年人身体各器官功能减退,调节能力逐步下降,常伴有一种或多种日常生活自理能力下降,如行动不稳、动作不协调等,易发生跌倒等危险。全科医生与社区护理人员应根据老年人的需要,建立社区老年人健康档案,定期进行健康检查,做好他们的安全教育,利用老年人喜欢的教育方式进行安全指导,如讲课、家庭指导、发放宣传小册子等,重点对老年人用药安全、跌倒、饮食、活动等内容进行指导,加强老年人自我防护意识,严格控制高危环节,纠正老年人生活中容易导致安全问题的不良习惯,改善社区和家居环境,安装防护设施。同时,做好老年人照顾者安全知识培训，预防各种不安全事件的发生，以确保社区及家庭老年人的安全。

（2）营造安全的社区环境。在老年人较集中的社区，应考虑到弥补老年人减退和丧失的功能，住宅区的道路系统、交通组织应以保护老年人的行动为基础。社区内宜采用人车分流或部分分流的道路交通结构，增加社区安全感。道路宽敞并设置路灯，有台阶的地方设置明显标志，以防老年人视力减退引起的跌倒；或将台阶改为坡道，以方便使用轮椅的老年人。合理安排适合老年人的公共服务项目，如老年活动中心、老年大学、棋牌、娱乐中心等，有足够面积的室外活动场所，保证老年人室外活动需要。适当建造一些开阔平坦、无障碍物的绿地、喷泉、亭子、长廊等建筑，并配以桌椅、灯具等，为老年人或残疾老年人散步、晨练、休息以及社交活动提供场所。另外，还应考虑室外环境的卫生，老年人活动的区域应有良好的通风、日照，避免噪声和空气污染，为老年人营造一个舒适、安全、卫生、健康的生活环境。

（3）建立良好的邻里关系。老年人由于体质虚弱或身染疾病，常常会成为犯罪分子袭击的目标。如果老年住户居多的社区邻里之间关系陌生，很容易使老年人面临意外事件时得不到救助。社区里的老年人住户之间应该多沟通，加强了解，互留电话，做到互通信息，互相帮助，有困难互相关心，有病痛时互相看望慰问，建立良好的邻里关系，保障社区安全。

此外，社区保安机构应经常给予老年人安全常识的提醒及求救方法的指导，并注意老年人居室周围及老年人集中活动场所的情况，发现问题及时处理。

四、对老年人个别性的关怀

（一）私人空间的关怀

日常生活活动是在一定的时间和空间内展开的，进食等活动是可以和他人在共同的时间和空间内进行，而排泄、沐浴、更衣等活动需要有私人的空间，要善于利用窗帘、屏风等维护老年人的隐私。平时衣服遮挡的部分，或者想远离别人视线的部分（如变形、残疾等），需要特别留心，避免让老年人产生羞耻感。因此，在护理过程中，一定要尽量注意保证老年人的私人空间，保护老年人的隐私。

（二）对个别性的关怀

个别性是指每个人所具有的个别的生活行为和社会关系，以及与经历有关的自我意识。每个老年人的家庭、社会环境、受教育水平、经济状况、生活经历等不同，其思维方式和价值观也不尽相同,尤其是老年人有丰富的社会经验,为社会、家庭做了很大的贡献,从生活经历而来的自我意识十分强烈,如果受到侵害,其尊严将被损伤。故对老年人的日常生活护理,应尊重他们的价值观、习惯和选择,提供个别性关怀,关怀其人格和尊严。

（汪琰彦）

项目测评

一、选择题

1. 老年人皮肤的清洁护理,不恰当的是　　　　　　　　　　　　　　　　（　　）

   A. 避免空腹或饱餐后洗澡

   B. 老年人能自行洗澡者,洗澡时勿反锁浴室门

   C. 由于老年人体质较年轻人差,故建议老年人用盆浴,以防意外

   D. 洗澡水温控制在40 ℃左右

   E. 洗澡时宜用中性香皂或硼酸浴皂

2. 老年人饮食原则正确的是　　　　　　　　　　　　　　　　　　　　（　　）

   A. 摄入适量蛋白质,其中优质蛋白占40%

   B. 食物的选择上,遵循"荤素搭配,以素为主,多吃粗粮;干稀搭配,以稀为主;生熟搭配,多进生食"的原则

   C. 因老年人味觉和嗅觉敏感度低,烹调时可增加盐、糖等调味品的使用量

   D. 对吞咽功能障碍的老年人可选择黏稠度较高的食物以防误咽

   E. 为保证脂溶性维生素的吸收,老年人要多摄入含脂肪成分高的食物如动物油脂

3. 促使老年人睡眠,措施不妥的一项是　　　　　　　　　　　　　　　（　　）

   A. 环境温度维持在20～30 ℃

   B. 睡前用热水泡脚

   C. 晚餐不要过饱,睡前少加点心

   D. 睡前可短时间听音乐放松

   E. 每晚服地西泮,30 min后上床休息

4. 关于老年人睡眠的有关说法,不正确的是　　　　　　　　　　　　　（　　）

   A. 合理安排生活起居,按时上床休息,养成良好的睡眠习惯

   B. 60～70岁老年人每日应睡眠8～9 h

C. 71~90岁老年人应睡7~8 h

D. 为保证睡眠的质量，白天应参加一些力所能及的运动和活动，使身体有一定的疲倦感，利于晚上睡眠

E. 对情绪抑郁、好睡少动的老年人，应限制其白天休息的时间

5. 老年人的饮食原则不包括 （ ）

　　A. 高蛋白　　　　B. 高维生素　　　　C. 低脂肪

　　D. 少纤维素　　　E. 少盐、少糖

6. 老年人常见的安全问题有 （ ）

　　A. 跌倒　　　　　B. 坠床　　　　　　C. 烫伤

　　D. 呛噎　　　　　E. 以上都有可能发生

7. 一位护士在与老年患者的交谈中，希望了解更多患者对其疾病的真实感受和治疗看法，最适合的交谈技巧为 （ ）

　　A. 认真倾听　　　B. 仔细核实　　　　C. 及时鼓励

　　D. 封闭式提问　　E. 开放式提问

8. 对老年人进行触摸疗法时，最适宜的部位为 （ ）

　　A. 头部　　　　　B. 面颊　　　　　　C. 肩部

　　D. 手掌　　　　　E. 手臂

二、思考题

1. 老年人日常生活护理主要包括哪些方面？

2. 如果你是一所养老院的院长或护士长，围绕提高老年日常生活质量，从环境、布局、工作人员配备、日常护理等方面谈谈你的想法。

项目五 老年人安全用药的护理

知识目标

1. 掌握老年人选药及用药原则。
2. 了解老年人药物代谢及药物效应动力学特点。

技能目标

1. 能正确评估老年人服药情况。
2. 会观察药物不良反应并采用预防措施。
3. 能正确指导老年人安全用药。

案例导入

李某，男，72岁，退休干部，有高血压病、2型糖尿病、脑梗死、慢性胃炎、慢性支气管炎等病史，平素需服用肠溶阿司匹林、氨氯地平片、阿卡波糖片、二甲双胍片、奥美拉唑、沐舒坦等药物。患者还经病友介绍，长期服用活血化瘀的中成药以及"提高免疫力"的保健品。

问题：

1. 应从哪些方面对该患者日常用药情况做出评估？
2. 该患者用药可能出现不良反应，日常服药应注意哪些情况？

3. 对患有多种慢性病的老年患者用药应遵守什么原则？

老年人合理用药是治疗和预防老年疾病、维护老年人健康的重要手段之一。老年人的生理功能和解剖结构逐渐衰退，影响了机体对药物的吸收、分布、代谢和排泄，从而影响了药物的疗效。药物的不良反应增加，使老年人药物的治疗量和中毒量更加接近。加之绝大多数老年人易患多种慢性疾病，需同时服用多种药物，这样易造成因用药不当和药物之间的相互作用，增加药物毒副反应的发生率。再者，老年人之间的个体差异较年轻人更大，老年人个体化给药显得尤为重要。因此，老年人安全用药与护理十分重要。

临床资料表明，约85%的老年人患有1~2种慢性疾病，老年患者平均每人每天服用多种不同的药物，而药物交叉反应是许多药物毒性和不良反应产生的主要原因。老年人常用药物包括肾上腺素受体阻滞剂、钙通道阻滞剂、拟交感神经药物、甲基多巴、呋塞米（速尿）、噻嗪类利尿剂、非甾体抗炎药、类固醇、氨茶碱等。

任务一　老年人药物代谢与药效学特点

一、老年人药物代谢特点

老年药物代谢动力学（pharmacokinetic in the elderly）简称老年药动学，是研究药物在老年人体内的吸收、分布、代谢和排泄过程及药物浓度随时间变化规律的科学。老年药动学改变的特点是，药代动力学过程降低：① 绝大多数药物的被动转运吸收不变，主动转运吸收减少；② 对水溶性药物分布容积减少，脂溶性药物和高蛋白结合率的药物分布容积增大；③ 药物的代谢能力减退；④ 药物排泄能力降低，药物消除半衰期延长，血药浓度增高。

（一）老年人药物的吸收

药物的吸收（absorption）是指药物从给药部位转运至血液的过程。口服给药是最常用、最方便的给药途径，其吸收有主动转运和被动扩散两种方式。水溶性药物经被动扩散和主动转运而吸收，脂溶性药物则是经被动扩散而吸收。临床上大多数常用药物口服后，在小肠黏膜被动扩散而吸收。因为老年人胃肠道功能发生改变，所以影响药物的吸收，其中主要是主动转运吸收过程减慢,对主动转运的药物吸收减少,而对被动转运的药物则吸收不变。

影响老年人胃肠道药物吸收的因素有以下几个方面。

(1) 胃液pH升高。老年人胃黏膜逐渐萎缩,胃酸分泌量减少,胃液pH升高,影响药物的解离和溶解,从而影响药物吸收。如弱酸性药物巴比妥类、水杨酸类药物,正常胃酸情况下在胃内不易解离,吸收良好;当胃酸缺乏时,其离子化程度增大,药物在胃中吸收下降。弱碱性药物在弱酸性胃液中比酸性胃液中的解离度要小而易被吸收,氨苄西林和红霉素等抗生素在酸性环境中易于分解,老年人口服给药可减慢其分解速度而使其疗效增强,应注意用药剂量。

(2) 胃排空速度减慢。老年人胃肌萎缩,胃蠕动减慢,使胃排空速度减慢,药物在胃肠内停留时间延长而增加药物的吸收。因此,容易引起胃肠道功能障碍的药物(如地西泮、阿托品、神经节阻断药、普鲁苯辛和抗抑郁药等)必须慎用,以免增强其不良反应。而在小肠远端吸收的药物则由于药物到达小肠的时间延迟,药物的吸收延缓,有效血药浓度到达的时间推迟,也会有较大的影响。

(3) 胃肠道血流量减少。老年人胃肠道血流量随年龄增长而减少。胃肠道血流量减少可降低和推迟药物吸收,如老年人对奎尼丁、氢氯噻嗪的吸收可能减少。

(4) 胃肠道有吸收功能的细胞和吸收表面减少。老年人胃肠道黏膜上皮细胞数量减少,细胞类型也有一定改变。小肠表面绒毛数量明显减少,微绒毛长度缩短,使药物与其接触面积变小。老年人胃肠道黏膜的吸收面积可减少30%,进而影响药物在胃肠道的吸收。

此外,老年人因肌肉组织及其血流量的减少、皮下脂肪组织增多,肌内注射和皮下注射给药的吸收速度和程度均降低。

从整体来看,对大多数通过被动扩散机制吸收的药物来说,老年人对药物的吸收变化不大。但一些通过主动转运机制吸收的药物和营养物质,如半乳糖、葡萄糖、维生素B、铁及钙等,在老年人体内吸收减少。值得注意的是,由于很多老年人同时服用多种药物,药物间就可相互影响吸收,如抗酸剂,可以减少其他药物的溶解与吸收。

(二) 老年人药物的分布

药物的分布 (distribution) 是指药物吸收进入血液循环后不断透过血管壁向各器官组织转运的过程。药物的分布不仅与药物的储存、蓄积及清除有关,而且也影响药物的效应。影响药物在体内分布的因素除药物本身的性质外,主要是机体的组成成分、药物与血浆蛋白的结合能力,以及组织器官的血流量及对药物的结合量等。

1. 机体组成成分的变化对药物分布的影响

（1）老年人体液总量减少，主要是细胞内液减少，导致水溶性药物（如乙醇、吗啡、安替比林、对乙酰氨基酚、地高辛、哌替啶等）在体内分布容积减小，使血药浓度增加，不良反应增多。

（2）老年人脂肪组织增加，非脂肪（骨骼肌、脑、肝、肾等）组织成分逐渐减少，导致脂溶性药物（如地西泮、利多卡因、苯巴比妥等）在老年人组织中分布容积增大，易在脂肪组织内蓄积，使药物半衰期延长，药物作用持续时间延长。

因此，老年人在用水溶性药物时应适当减少剂量，服用脂溶性药物时应延长给药间隔时间。

2. 药物与血浆蛋白的结合能力对药物分布的影响

老年人血浆白蛋白含量减少，使与血浆白蛋白结合率高的药物（如磺胺类、吗啡、哌替啶、普萘洛尔、普罗帕酮、胺碘酮、苯妥英钠、维拉帕米、地西泮、氯丙嗪、地高辛及水杨酸盐等）结合量减少，游离型成分增加，分布容积加大，而药效增强，易引起不良反应。患有营养不良、晚期疾病或重度衰弱的老年人，其低蛋白血症尤其明显，用药应注意减少剂量。此外，老年人因多病共存，常需同时服用多种药物，因而出现多种药物与血浆蛋白竞争性结合，从而改变了某种和某些游离型药物的作用强度和作用持续时间，产生中毒反应，故应注意血药浓度的监测。如胺碘酮可使结合型地高辛转变成游离型而引起洋地黄中毒。

（三）老年人药物的代谢

药物的代谢（metabolism）是指药物在体内形成代谢产物的过程，又称生物转化，主要有氧化、还原、水解、结合等方式。药物经过生物转化可以被灭活或解毒，还有一些药物，需要经过生物转化形成具有活性的产物才能够发挥作用。

1. 药物在肝内的代谢

肝脏是药物代谢的主要器官，很多药物在肝脏经肝药酶作用转变为水溶性化合物，从肾脏排出。老年人肝脏重量减轻，功能性肝细胞和肝血流量减少，肝药酶活性下降，对药物氧化、还原、水解的影响较大，使药物代谢减慢、半衰期延长，易导致经肝脏代谢的药物血浓度增高，造成蓄积。另外，肝血流量减少和肝药酶活性下降，使老年人肝脏首过效应减弱，肝脏对首过效应强的药物（利多卡因、普萘洛尔等）的代谢能力降低，而使其血浓度升高，药物作用和不良反应增强。还有，因为药酶自身诱导是产生药物耐受性的原因之一，而老年人肝药酶诱导作用减弱，提示老年人不易产生药物耐受性，因此对老年人增加药物剂量以提高疗效常常是有害的。

总之，老年人在应用主要经肝脏代谢的药物时，应减少剂量，一般是成人的1/3～1/2，用药间隔时间也应延长。特别是已有肝病存在的老年患者，更应注意用药剂量和给药时间间隔。

2. 肝外组织的药物代谢

有些药物经肝外组织代谢，老年人肝外组织结构老化，也对药物代谢产生影响，如抗心律失常药盐酸胺碘酮在肠代谢后，经胆管或肠道排泄。

（四）老年人药物的排泄

药物的排泄（excretion）是指药物在体内经吸收、分布、代谢后，以药物原形或其代谢物的形式通过排泄器官或分泌器官排出体外的过程。药物由尿液、胆汁、唾液、汗液、乳汁及呼吸等途径排泄。

大多数药物经肝脏的转化后从肾脏排出，肾脏是药物排泄的主要器官。肾血流量随年龄增长而降低，85岁时肾血流量仅为40岁时的1/2左右。老年人肾血流量减少、肾小球滤过率降低、肾小管的主动分泌功能和重吸收功能降低，使主要经肾排泄的药物半衰期延长，药物清除率下降，血浆峰浓度提高，药理作用增强甚至出现毒性。血浓度增加容易产生药物毒性反应。如地高辛若给予普通成人剂量（0.25~0.375 mg）时极易引起蓄积中毒，所以老年人应用这类药物时应适当减量，通常70岁以上的老年患者仅需成人常规剂量的80%，有条件时可进行血浓度监测，根据血浓度制定个体化剂量方案。因此，老年人应用经肾排泄的药物应注意调整药物剂量和给药时间间隔。由于老年人骨骼肌萎缩，内源性肌酐生成减少，即使存在肾功能减退，血清肌酐水平也仍处于正常范围，因此必须观察肌酐清除率的改变。老年人如有失水、低血压、心力衰竭和有导致肾脏损害的病变时，用药应小心，最好监测血药浓度。

药物及其代谢产物除了经尿排泄外，也可经胆汁排泄。某些药物从胆汁经小肠被再吸收而形成药物的肝肠循环。老年人胆汁循环缓慢，循环次数减少，肝胆汁的排泄能力随老龄化而下降。因此，老年人肝胆排泄功能对其体内的药物蓄积有很大影响。此外，有些药物经吸收后，也可通过呼吸排出，由于老年人呼吸能力下降，挥发性药物的清除率亦下降，故老年人应少用吸入麻醉，多用静脉麻醉。

知识链接

药动学是定量研究药物及其代谢产物在体内的吸收、分布、代谢和排泄过程的学科。应用动力学原理与数学模式，定量地描述与概括药物经过各种途径（如口服给药、静脉给药、直肠给药，经皮给药等）进入体内，在机体内存在的位置、浓度随时间变化的规律及其影响因素对药物效应的影响。主要由肾脏排泄的药物有地高辛、别噻醇、普鲁卡因胺、甲基多巴、西咪替丁、乙胺丁醇、呋喃妥英、金刚烷胺、氨苄西林、氨基糖苷类抗生素、青霉素G和头孢菌素类抗生素等。

二、老年药效学特点

老年药物效应动力学（pharmacodynamic in the elderly）简称老年药效学，是研究老年人机体效应器官对药物反应随年龄增大而改变的科学。老年药效学改变的特点：① 对多数药物的敏感性增高、作用增强，对少数药物的敏感性降低；② 药物耐受性降低，药物不良反应发生率增加。

（一）老年人对药物的敏感性

1. 对多数药物的敏感性增高

（1）中枢神经抑制药物。老年人由于脑细胞数和脑血流量减少，脑代谢降低，脑高级神经功能减退，对中枢性抑制药物（包括催眠镇静药、安定类药、抗抑郁药、止痛药等）特别敏感，也可对某些药物出现异常反应。如服用地西泮可引起精神错乱，服用氯丙嗪和利血平可引起抑郁和自杀倾向，服用氟喹诺酮类药在常规剂量下引起惊厥，服用中枢性抗胆碱药常引起痴呆、近期记忆力减退、智力受损等。老年人应用此类药物时须减量，特别是对吗啡、哌替啶等镇痛剂高度敏感，常用量可产生过度镇静、呼吸中枢抑制和意识模糊，常用小剂量即可达到治疗目的。

（2）心血管系统药物。老年人由于心血管系统的结构老化、功能减退和血压调节功能降低，可影响药物的效应和增加不良反应的发生。老年人对洋地黄类强心苷（如地高辛）的正性肌力作用的敏感性降低，而对其毒性反应的敏感性增高，治疗的安全范围更加缩窄，极易发生中毒反应，故用药时应特别注意剂量和个体化给药。老年人使用α受体及β受体肾上腺素能阻滞剂等降压药、利尿剂、硝酸酯类及吩噻嗪类药物时，易引起直立性低血压。老年人对硝酸甘油的扩张血管作用明显增强，应减少剂量。应用抗心律失常药物可能引起窦性停搏，甚至引起阿斯综合征。

（3）其他敏感性增高的药物。① 老年人对肾上腺皮质激素敏感，使用糖皮质类激素时，不良反应发生率明显增高，较年轻人更易出现消化性溃疡、出血和骨质疏松症等；② 对胰岛素和口服降糖药的敏感性增高，易发生低血糖反应；③ 对抗凝血药的敏感性增高，易产生出血等并发症，用药时须减量；④ 对耳毒性药物敏感，使用某些易在内耳液中积聚的药物（如氨基糖苷类抗生素、水杨酸类、利尿剂等）易引起听力损害。

（4）药物变态反应发生率高。老年人免疫功能紊乱，某些药物（尤其是青霉素类）药物变态反应发生率增高。

2. 对少数药物的敏感性降低

（1）老年人对β肾上腺素受体激动剂和阻滞剂反应迟钝，故对异丙肾上腺素的心率加快和普萘洛尔的心率减慢作用均减弱，给药时应适当增加剂量。

（2）老年人对阿托品增加心率的作用减弱。

（3）老年人对苯丙胺、士的宁的兴奋作用减弱。

（二）老年人对药物的耐受性

由于机体老化和多种疾病的影响，老年人对药物的耐受性降低。

（1）对胰岛素和葡萄糖耐受力降低。老年人对胰岛素耐受能力下降，胰岛素和口服降糖药物均可引起低血糖反应。同时，老年人中枢神经系统对低血糖耐受力差，如不及时纠正低血糖可引起严重或永久性脑损害。因此，老年患者在选用降糖药物时，应选择作用温和、短效的药物为宜。

（2）对损害肝脏的药物耐受性降低。老年人肝功能下降，对利血平及异烟肼等损害肝脏的药物耐受力下降。

（3）对排泄慢或易引起电解质紊乱的药物耐受性降低。老年人由于肾调节功能和酸碱代偿能力较差，对于排泄慢或易引起电解质失调药物的耐受性下降，故使用剂量宜小，间隔时间宜长，还应注意监测药物排出量。

（4）对易引起缺氧的药物耐受性降低。老年人因为呼吸系统和循环系统功能降低，对易引起缺氧的药物耐受性差，应尽量避免使用这类药物。例如，哌替啶对呼吸有抑制作用，禁用于患有慢性阻塞性肺气肿、支气管哮喘、肺源性心脏病等的患者。

（5）对多药合用的耐受性降低。老年人对单一用药或少数药物合用的耐受性较好，若多种药物同时合用，易发生药物的相互作用。药物不良反应的发生率也随药物使用的种类、数量的增多而增加。

（三）老年人对药物治疗的依从性

服药依从性（drug compliance）是指患者的服药行为与医嘱的符合程度。约有40%的老年人未按医嘱准确服药，服药依从性差，临床上常表现为：服用药量过大或过小；不规则服药，如改变服药时间、间隔或漏服；停药太快或擅自停药；合并使用处方药与非处方药或违禁药；服用处方药时，饮酒、吸烟不节制；使用处方未开药。老年人服药依从性下降，主要与其年龄大，理解、记忆力减退，对用药认识不足，缺乏正确的健康观，同时用多种药，经济收入低、无力购买药物，家属和照顾者的支持、关心不够等因素有关。

（钟艳辉）

任务二　老年人的用药原则

WHO将合理用药定义为：合理用药要求患者接受的药物适合其临床的需要，药物剂量应符合患者的个体化要求，疗程适当，药物对患者及其社区而言最为低廉。

一、选药原则

1. 明确用药指征，确保受益

正确诊断是正确用药的基础。确保受益的原则要求：首先，老年人用药要有明确的适应证，老年人除急症和器质性病变外，一般应尽量少用药；其次，用药的受益/风险比值＞1，只有治疗好处＞风险的情况下才可用药，有适应证而用药的受益/风险比值＜1者不考虑用药。

2. 做到"六先六后"

（1）先明确诊断，后用药。用药前必须了解老年人的健康史、既往用药史及目前用药情况，仔细分析老年人机体的异常，是老化引起还是病理损害所致。然后，做出正确诊断，根据用药指征选择疗效肯定、不良反应小的药物。

（2）先非药物疗法，后药物疗法。俗话说"是药三分毒"，故老年人治疗疾病时应首选非药物疗法，包括物理疗法、饮食疗法和心理疗法等。如老年人便秘时，若能通过进食纤维素丰富的食物、腹肌锻炼纠正改善，则无须用药。除急症和器质性病变外，老年人一般应尽量不用药物。

（3）先老药，后新药。老年人用药时应首选老药，避免使用新药。因老年人往往未参与新药的临床预实验，新药可能对其有意外的不良反应，而老药通常是"久经考验"、安全有效的药物。

（4）先外用药，后内服药。为了减少对老年人机体的毒害作用，能用外用药治疗的疾病（如皮肤病、扭伤），最好不用内服药物治疗。

（5）先内服药，后注射药。老年人心、肝、肾等器官功能减退，为安全起见，能用内服药使疾病缓解时，最好不用注射剂。

（6）先中药，后西药。中药绝大多数属于天然药物，不良反应明显低于化学药物，对老年人来说相对更安全。

3. 尽可能减少用药种类

对老年人进行药物治疗时，应抓主要矛盾，尽量给予单种药物。

必须联合用药时，应遵循少而精、先重急、后轻缓的基本原则，尽量选用疗效协同、毒副反应相拮抗、一举两得的药物，避免合用有相同作用或相同不良反应的药物，种类以不超过3~4种为宜。

4. 慎用或不用敏感药物

老年人应避免使用特别敏感的药物，如苯二氮䓬类、巴比妥类镇静催眠药，非甾体类解热镇痛药如吲哚美辛，降压药中的胍乙啶，抗生素中的四环素、链霉素、庆大霉素等。

5. 不滥用维生素、滋补药或抗衰老药

严格掌握老年人应用维生素的适应证，注意维生素与其他药物间的相互作用。根据老年人的健康状态和病情，按照辨证施补、合理配伍的原则，科学地选用滋补药、保健药。

6. 中成药和西药不能随意合用

在中成药的配方中，有的含有西药成分，如不注意或随意合用，很容易造成药物剂量超量和药物不良反应。

二、用药原则

1. 小剂量用药

老年人用药剂量一般应低于中、青年人，在《中国药典》中规定为成人剂量的1/2~3/4。应从小剂量开始，然后根据临床反应适当调整用药剂量，直至出现满意疗效而无药物不良反应为止。但口服用药时，考虑到老年人胃肠道吸收功能不好，可酌情增量。由于许多新药无老年人药动学和药效学方面的研究，使老年人用药风险增大，因此对于新药或不常用的药物，使用剂量应更加慎重。

2. 个体化用药

个体化用药是根据每位患者的个体差异选择最适宜的剂量。老年个体之间因平常用药种类和剂量不同、对药物的反应不同、同一器官老化和病损程度不同，使老年人药物效应的个体差异非常突出。因此，老年人用药时应根据老年人的年龄、体重、健康状况、肝肾功能、临床情况、治疗反应等进行综合考虑，严格遵守剂量个体化原则，找出特定个体的"最佳"剂量。

3. 选择适合剂型

用药时应考虑选择适合老年人的药物剂型，老年人在吞咽大型片剂或胶囊时会有困难，可选用液体剂型，如冲剂、口服液或发泡型片剂等，不宜口服者可改用注射给药。老年人因胃肠功能改变，影响药物的释放与吸收，应慎用缓释剂，以免产生药物不良反应。

4. 选择适宜给药时间

适宜给药时间即择时原则，也称时间治疗学。根据时间生物学和时间药理学的原理，选择最合适的用药时间进行治疗，以提高疗效和减少不良反应。例如，夜间容易发生变异性心绞痛，主张睡前用长效钙通道阻滞剂，治疗劳力性心绞痛应早晨用长效硝酸酯类、β受体阻滞剂及钙通道阻滞剂。

5. 暂停用药

老年人用药期间应密切观察用药反应，一旦发生任何新症状都应考虑不良反应或病情进展，可暂停用药，并根据病情选择停药或加药。

6. 加强用药监测

应密切观察老年人用药后的病情变化和反应，做好病史与用药记录和定期监测肝、肾功能，有条件时应进行药物浓度检测，以便正确评价疗效，及时发现药物不良反应。

7. 重视老年人对药物的依从性

老年人记忆力差，容易忘记服药或服错药，因此家属和亲友应协助、监督，这对患有慢性病需长期服药者尤为重要。

（钟艳辉）

任务三 老年人的用药护理

用药护理是保持老年人生活自理能力及减少死亡的必要措施，指导老年人用药是护理人员的一项重要工作。护士不但自己要能正确使用药物，还要指导老年人及其家庭照料者正确使用和保管药物，以保证药物疗效，减少和避免不良反应的发生。

一、老年人服药情况的评估

1. 身体功能状况评估

仔细评估老年人各系统老化的程度、重要脏器的功能情况，如肝、肾功能的衰退情况，查看相关实验室检查指标。

2. 用药史评估

详细评估老年人的用药史，包括既往和现在的用药情况，如药物名称、剂量、用法、服用时间、效果和不良反应，有无药物过敏史等，建立完整的用药记录，尤其要详细记录曾引起过敏或不良反应的药物。

3. 服药能力评估

老年人的感官功能、认知功能及相应生理的功能影响其服药能力。具体讲，需评估老年人的视力、听力、阅读能力、理解能力、记忆力、吞咽能力，以及判断药物种类获取药物、准时准量用药、坚持用药、及时发现不良反应、恰当停药的能力，以此提出适宜的给药途径、辅助手段和观察方法。

4. 心理-社会状况评估

了解老年人的文化程度、饮食习惯、家庭经济状况和家庭的支持情况，对当前治疗方案和护理计划的了解、认识程度和满意度，对药物有无依赖、期望、恐惧等心理。

二、常见护理诊断及医护合作性问题

（1）潜在并发症。药物不良反应与老年人生理功能减退、用药种类多、个体差异大等有关。

（2）执行治疗方案无效。个人与老年人理解力、记忆力减退、经济困难等有关。

（3）不合作用药的。与老年人的错误健康观念等有关。

（4）不依从行为。与老年人的健康观、对与治疗方案有关的知识和技能缺乏、照顾者的支持照顾不够及经济紧张等有关。

三、计划与实施

护理干预的总体目标是：① 老年人知道所用药物的作用、用法、不良反应和注意事项；② 能自觉或在家属的协助下坚持遵医嘱用药；③ 药物效果良好，未发生不良反应。其具体的护理措施如下。

1. 加强对老年人的用药指导

（1）严格遵医嘱用药，注意服药时间和服药间隔，坚持按时按量服药。改变药物剂量或方案须征得医护人员的同意，不擅自增、减药量或停药，不随意混用某些药物等。

（2）能用非药物方式缓解症状或痛苦时，不用药物。

（3）不滥用滋补药、保健药、抗衰老药和维生素。老年人服用保健药的主要目的是增强体质，预防疾病，提高生活质量和自理能力，健康地安度晚年。身体健康的老年人通过合理的饮食、乐观的心态、适宜的运动和良好的生活习惯即可延年益寿，因此一般不需要服用滋补药。体弱多病者，可在医护人员的指导下适当应用保健药，但不可盲目服用或过度服用，以免发生中毒反应。

（4）掌握服药技巧。服用药片多时，可分次吞服，以免发生误咽。药物刺激性大或异味较重时，可将其溶于水，用吸管饮服，用后可饮果汁，以减轻不适感。吞咽片剂或胶囊有困难时，可选用液体剂型，如冲剂、口服液等。

（5）注意用药与饮食。服药期间，吸烟、饮酒要有节制，注意药物与食物间的相互作用。

2. 指导家属应对技巧

（1）注意观察用药后反应。指导家属多关心老年人，注意观察其服药后反应和病情变化。一旦发现异常，应立即停药，保存好残余药，送老人入院就诊。

（2）购置必要的护理用具。若家庭经济允许，为老年人配置体温计、血压计等，以便随时监测生命体征。

（3）督促、协助老年人按时按量服药。对于服药能力尚好的老年人，家属应督促其按时按量服药，并于每次用药后检查其服药是否准确无误。对于服药有困难或自理能力差的老年人，家属或照顾者应耐心协助。如提前配好老人所用药，并分放于不同颜色的药袋中（如将早、中、晚服用的药物依次放于红、黄、绿色药袋中），帮助老人打开药品包装或瓶盖等。当老人服药依从性好时，给予鼓励表扬。

3. 建立护患伙伴关系

鼓励老人表达意愿，提出问题，参与治疗方案的讨论和制订。若老人欲调整治疗方案或停止治疗，鼓励其陈述理由，并可根据其意愿和实际情况做出酌情调整。只有老年人与医护人员建立了良好的合作关系，对治疗充满信心，形成了医疗意向，才可能有好的服药依从性。

4. 给予简单可行的治疗方案和简明的处方指导

尽量减少用药的种类、次数，缩短疗程，选用适合老年人服用的药物剂型，以通俗易懂、简洁明了的话语或老年人能接受的方式解释用药的必要性、用量、用法、疗程、不良反应和注意事项等，并附以书面说明。同时，在药品标签上以醒目的颜色和大字标明药品的名称、剂量和用法。若经济因素是导致老人服药依从性下降的主要原因，可考虑换用相对价廉的药物。

5. 帮助保管药品

定期帮助老年人整理药柜，弃除过期变质的药品，保留常用药和正在服用的药物。

6. 实施行为监测

将老年人的服药行为与日常生活习惯联系起来，如将药物放在固定、易见处，使用闹铃，或采取小卡片等方法提醒老人按时服药。鼓励老人写服药日记或病情自我观察记录。

7. 心理护理

多与老人交谈、沟通，鼓励老人诉说服药感受，服药后的不适或异常感觉。发现老人存在不自觉否定疾病、"忘记"有病、对药物治疗有错误认识或恐惧感、不肯服药等情况时，与其进行充分的讨论和说明，帮助解除疑虑，以督促用药。

8. 健康指导

护理人员必须重视老年人的用药指导，详细给老人讲解用药的目的、时间、方法和注意事项，定时评估老人的服药行为和用药知识掌握程度，以减少药物不良反应的发生，教育家属支持关心老人，帮助老人树立正确的健康观，以提高老人的自我管理能力和服药依从性。

9. 加强家属安全用药知识的教育

对老年人进行健康指导的同时，还应重视对其家属进行有关安全用药知识的教育，指导家属学会正确协助和督促老年人用药，防止发生用药不当造成的意外。

（钟艳辉）

项目测评

一、选择题

1. 下列有关老年人药动学特点，叙述错误的是 （ ）
   A. 主动转运吸收减少　　　　　B. 药物排泄功能降低
   C. 药物代谢能力减低　　　　　D. 药物消除半衰期缩短
   E. 血药浓度增高

2. 关于老年人药物代谢特点描述哪项不妥 （ ）
   A. 药物代谢主要场所是肝　　　B. 老年人肝细胞、肝血流量减少
   C. 肝药物代谢酶活性增高　　　D. 药物血浆半衰期延长
   E. 老年人肝合成蛋白能力降低，致结合型药物减少

3. 药物的生理排泄途径不包括 （ ）
   A. 尿液　　　　　　　　　　　B. 胆汁及乳汁
   C. 泪液、唾液及汗液　　　　　D. 血液
   E. 呼吸

二、思考题

1. 影响老年人胃肠道药物吸收的因素有哪些?
2. 老年人选药应遵守哪些原则?
3. 药物不良反应的定义什么?如何预防老年人的药物不良反应?

项目六 老年人常见健康问题与护理

知识目标

1. 掌握老年人各系统的老化特征。
2. 熟悉老年期常见疾病的特点。

技能目标

1. 能对老年人各系统生理状态及功能做出正确评估。
2. 能对老年人常见的健康问题进行评估和护理。
3. 能对老年人常见的健康问题制定合理的护理计划。

案例导入

张某，女，78岁，退休工人，独居，生活基本可以自理，能够读书看报，睡眠较少；患有白内障、高血压病、慢性胃炎、多发性脑腔梗等疾病；时常会有便秘，排尿不畅，腰背、关节疼痛等情况。

问题：

1. 试对张某各系统的生理功能做出评估。
2. 张某出现了哪些老年人常见健康问题？护理诊断及措施有哪些？
3. 对张某有何健康方面的建议？

任务一 老年人各系统老化改变

随着年龄的增长，人体的结构与生理功能将逐渐出现老化，这些变化在老年性疾病的发生与发展中起重要作用。护理人员掌握老年人各系统的老化改变特点，对老年人各系统生理状态及功能做出正确评估，对维护和促进老年人健康具有重要意义。老化的现象主要表现为生理性老化和病理性老化。

（1）生理性老化。生理性老化表现在体内脏器、组织的萎缩，重量减轻，实质细胞数量减少，再生能力降低，储备能力减少，内环境稳定性减弱，抵御感染的能力下降。

（2）病理性老化。病理性老化通常是在生理性老化的基础上，因长期的不良饮食习惯、生活环境不良因素的作用，长期负面情绪以及遗传因素的影响而形成，如动脉粥样硬化等因素促成器官病理性老化。

一、感觉系统的老化性改变

感觉器官的老化性改变主要表现在视觉、听觉、味觉与本体感觉的衰老。

（一）视觉

1. 眼球的老化

老年人的眼球可缩小和内陷，眼压较成年时降低。

（1）角膜。角膜知觉随年龄增大而逐渐减弱。角膜表面细胞数减少，导致角膜上皮干燥及角膜透明度降低；角膜扁平化，屈光力减退引起远视及散光。多数老年人在角膜边缘的基质层出现脂质沉着而形成一个白色的"老年环"。

（2）巩膜。老年人的巩膜硬度逐渐增加，主要原因是构成巩膜的结缔组织纤维老化所致。

（3）虹膜。虹膜弹性减退、变硬。老年期由于瞳孔括约肌张力相对增强，瞳孔缩小，对光反应迟钝，在完全暗适应状态下尤为明显。

（4）晶状体。随着年龄的增长，晶状体可出现多种变化：①晶状体的体积与重量逐渐增加，可致前房变浅，诱发闭角型青光眼急性发作；②晶状体中非水溶性蛋白质逐渐增多，增加了老年人白内障的发病率；③晶状体调节和聚焦功能逐渐减退，视近物能力下降，出现老视，一般多在40岁后发生。

（5）玻璃体。老年人玻璃体老化主要表现是玻璃体液化和后脱离。此外，随着年龄增长，玻璃体老化出现混浊，引起生理性"飞蚊症"，即感到眼前有黑点在晃动。

（6）视网膜。老年人视网膜血管逐渐变窄与硬化；色素上皮层细胞及其细胞内的黑色素减少，脂褐素增多，使视力显著减退；视网膜的周边带变薄，出现老年性黄斑变性。

2. 眼附属器的老化

（1）眼睑。老年人眼睑皮肤松弛、弹性减弱，眼轮匝肌和睑上提肌张力减弱，加之眼眶内脂肪组织萎缩，出现眼袋、皱纹增多和眼睑下垂等现象。

（2）泪器。老年人泪腺萎缩，泪液分泌减少，泪液中所含溶菌酶量及其活性均降低，使结膜、角膜易干燥和角膜的透明度下降。因泪点偏离，易出现泪液的排流障碍，引起溢泪。

知识链接

常见的老年眼部疾病

（1）白内障：随年龄增长，晶状体逐渐混浊导致视力减退，称老年性白内障，是目前致盲率最高的眼病。

（2）青光眼：老年人房水的吸收能力减低，加之晶状体变厚将虹膜往前推挤，使前房角变浅，可能发生闭角性青光眼。

（3）老年性黄斑变性、视网膜脱离：是老年人常见且比较严重的眼底病变。

（4）翼状胬肉：睑裂部球结膜及结膜下组织变性、增生侵入角膜而形成，是一种老年人常见眼部疾患。

（二）听觉

随着年龄增加，听力出现下降。老年人听力丧失会影响其正常的生活。

1. 外耳

老年人外耳道皮肤、皮脂腺及耵聍腺萎缩，分泌物减少，腔道变宽；鼓膜因脂肪和胆固醇代谢障碍可变得混浊、增厚、弹性丧失。

2. 内耳

老化对内耳及耳蜗影响较大，耳蜗变大。60岁以后，耳蜗螺旋器呈进行性变性，淋巴液分泌减少，毛细胞减少和变性，蜗神经萎缩，听觉传导通路出现退行性变化。

3. 听力障碍

在65岁以上的老年人中，约有1/3的老年人有不同程度的听力障碍。听力障碍可影响语言的感觉，从而影响个人行为和社交能力。因第Ⅷ对脑神经传导功能退化，致老年人对高频率的声音最先失去辨识的能力,逐渐一些中、低频率的声音也受到影响,称为"老年聋"。所以,老年人耳聋的特点是对高频率,即 >1 000 Hz 的声音听力下降最为明显,并有一定的性别差异,男性的听力障碍比女性明显。另外,耵聍栓塞也是老年人听力下降的原因。

> **知识链接**

> 大部分老年人在日常生活中都有听力方面的问题,主要分以下三种。
> (1) 传导性耳聋:噪声中听力较好,患侧侧耳听到较大声音。此类老人通常讲话轻柔。
> (2) 感音神经性聋:偶有头晕、耳鸣,在噪声中听力较差。此类老人讲话通常大声,使用助听器不一定有效改善听力,一般不会发展为全聋。
> (3) 老年性聋:渐进性双侧听力丧失,首先会丧失高频声音的听觉,继而中频,最后低频声音听觉亦丧失。使用助听器可能有助于听力的增进,但愿意佩戴助听器的人却很少,主要因为有不少的老年人认为使用助听器是老化的一种象征,有的也觉得很麻烦而不愿意使用。

(三) 味觉

老年人因味蕾数目减少,唾液腺分泌减少而引起味觉的改变。

1. 味蕾

一般成年人约有 9 000 个味蕾,分布在口腔内及舌头上。老年人的味蕾减少了 2/3,菌状乳头呈进行性减少,轮廓乳头也减少,且女性比男性出现早。故老年人对味道辨识的敏感度降低,即味阈值升高,味觉障碍。对酸、甜、苦、辣的敏感性均降低,尤其对甜和咸的接收器影响最大。

2. 唾液腺

老年人唾液腺活动降低,唾液的分泌量减少至一般成年人的 1/3 左右,这也会影响到食物的吞咽,这些改变也可能造成胃口的降低。老年人唾液减少,味觉变差与缺乏维生素 D、使用义齿、服用某些药物等多种因素有关。

(四) 嗅觉

嗅神经数目随年龄增长而减少、萎缩,50 岁以后,嗅觉敏感度逐渐降低,分辨不同气味的能力下降。由于嗅觉在味觉上扮演重要的角色,故可能会影响食欲。此外,嗅觉丧失也会对一些危险环境（如有毒气体、烟味）的敏感度降低，使老年人不能辨别危险的环境。

（五）本体感觉

1. 触觉的改变

40岁以后触觉小体数目减少，60岁以后触觉小体和表皮的连接也变得松弛，触觉敏感性下降，阈值升高。触觉的减弱会使老年人对外界危险环境的敏感度降低，如过热的洗澡水、餐具、取暖器等，一不小心就可能造成极为严重的伤害，应特别小心防范。

2. 位置觉的改变

老年人因脊髓感觉神经根中的有髓神经纤维减少30%，大脑的躯体感觉皮质变薄，伴神经细胞缺失，外周和中枢感觉通路的突触呈衰老改变，故对躯体部分的感知能力下降，主体判断能力损害，引起位置觉的分辨力下降。

3. 痛觉的改变

大多数老年人对疼痛刺激敏感性减退，一旦被扎伤、刺伤、撞伤后缺乏感觉，甚至部分老年人可发生无痛性冠心病。对于温度、压力、疼痛等感受力减弱，同时也造成一些需手眼协调的精细动作执行困难，如系鞋带、剪指甲、拨电话号码等。

二、运动系统的老化性改变

运动系统主要由骨骼、关节、骨骼肌等部分组成，在神经系统的调节和其他系统的配合下，对人体起着支持、保护和运动的功能。人的运动系统通常在20岁以后随着年龄增大逐渐老化，同时功能也逐渐减弱，明显的退行性改变通常在更年期（女性围绝经期，男性55岁）以后。

运动系统老化主要包括身体肌肉及皮下脂肪的重新分布、肌肉萎缩、肌力减弱、骨质变疏松等，而这些改变会使老年人变矮、行动变缓慢、发生骨质疏松症、骨折、软骨病、骨性关节炎等运动系统疾病。因此，护理人员必须掌握老年人运动系统的生理性老化和常见疾病的护理，提高老年人生活质量，保持老年人良好的运动状态和身心健康。

（一）骨骼

随着年龄增加，骨骼的老化使老年人出现头部前倾、驼背，以及膝盖、髋部稍微弯曲的姿势，身高缩短，70岁左右身高约减少5 cm；还会出现肩膀变窄、骨盆变宽及胸腔的前后径增加的情况。此外，因皮肤变薄、皮下脂肪减少，使老年人骨凸处格外明显。骨骼强度减低致使老年人容易发生骨折，有的可能是自发性的。骨质大量流失还会造成老年人常见的骨质疏松症。

1. 骨的结构改变

中老年人骨骼的大小与外形变化不显著，但重量可减轻。从50～80岁，每增加10岁，骨重量男性减轻5%，女性减轻7%。随着年龄增大，骨质逐渐开始萎缩，长骨和扁骨的内面骨质逐步吸收而疏松，骨小梁减少并变细，骨密度下降。到70～80岁时，骨密度可下降至正常的一半。由于老年人骨质逐渐减少，导致骨质疏松，骨脆性增加，容易发生骨质疏松症与骨折，其发生率女性高于男性。同时，由于老年人退行性椎间盘病变导致厚度减少，以及脊椎骨骨质疏松与塌陷，使脊柱后凸或侧弯，导致老年人身高缩短。

2. 骨的生化改变

（1）骨钙的重吸收增加，使钙的需要量随年龄增大而不断增加。若老年人钙摄入不足可影响钙代谢，引起骨骼衰老，常表现为脊柱后凸（驼背）。

（2）骨中的有机质（即黏多糖蛋白）显著减少，使骨的弹性和韧性降低。

（3）骨中氨基酸一般随年龄增大而减少。

老年人因全身生理性老化，可直接或间接地引起骨骼衰老。例如，肝、肾功能的减退可引起维生素D代谢障碍，造成骨质脱钙；胃肠吸收功能减弱使蛋白质和钙摄入不足，促进骨质疏松或骨软化；内分泌系统老化使激素水平降低，可诱发或加重骨退行性改变。

（二）关节

关节的退化是由于胶原细胞的形成减少，使关节的弹性及伸缩性均减低，其变化最多的是关节上的软骨。而肥胖及过度使用关节都会加速软骨骨化的发生，使一些长期承受体重的关节变得僵硬、疼痛及活动受限。

1. 关节软骨

从20～30岁开始软骨即可退化，软骨表面不规则且厚度增加，软骨的弹性下降易疲劳。由于软骨的退变导致软骨出现断裂，正常动作时易受挤压，完整性受损，表面软骨脱落于关节腔内，形成游离体，即"关节鼠"，可使老年人在行走时关节疼痛。由于关节软骨的老化以及连接与支持骨和关节的韧带、腱膜、关节囊因纤维化及钙化而僵硬，表现出关节活动受限。另外，在退化的关节软骨边缘出现骨质增生形成骨刺，导致关节活动障碍更加明显。

2. 滑膜

老年人的滑膜萎缩变薄，纤维增多，基质减少，滑膜的代谢功能减弱。滑膜下层的弹力纤维和胶原纤维均随退行性变而增多，引起滑膜表面和毛细血管的距离扩大，造成循环障碍。

3. 椎间盘

颈部和腰部的椎间盘因长期负重，承受各种冲击和挤压力，纤维环中的纤维增粗、弹性下降、质地变硬，使椎间盘逐渐变为一个软骨实体。加之椎间盘周围韧带松弛，在椎体活动时出现错动不稳等，使一些老年人出现颈、腰椎病的症状和体征。

总之，由于关节的老化与退行性变，使关节活动范围随年龄增长而缩小，尤其是肩关节的后伸、外旋，肘关节的伸展，前臂的旋后，脊柱的运动，髋关节的旋转及膝关节伸展等运动明显受限。

（三）骨骼肌

骨骼肌的张力及强度也是影响动作与步伐的一个重要因素。骨骼肌的老化改变，使得老年人动作及反射运动迟缓无力，活动受限容易跌倒，也成为老年人安全上需特别关注的问题。

1. 结构老化

成年时肌肉的总重量约为体重的50%，进入老年期肌肉的总重量可减少至体重的25%。其表现为肌纤维逐渐萎缩变小，肌纤维数也逐渐减少，肌细胞水分减少，脂褐素不断沉积，肌肉的胶原积聚。肌肉强度持续下降后，容易产生疲劳感。

肌肉的生化改变通常在40岁以后，酶系统的活性下降50%以上，尤以肌浆球蛋白显著。ATP酶活力也下降，故使肌肉变硬，失去弹性，肌力减退。肌肉组织间出现脂肪和纤维组织，使肌纤维的伸展性、弹性、兴奋性均降低。

2. 功能改变

由于肌肉的老化使肌肉收缩力减弱，肌肉和韧带萎缩，肌力减退，易疲劳，影响活动。加上老年人脊髓与大脑功能衰退，使活动更减少，最终导致肌肉工作能力降低、动作迟钝、笨拙、行动迟缓。由于激素水平下降，活动量减少以及可能经常摄入低钾食物等因素，引起和加重全身体力下降。

知识链接

（1）骨性关节炎：好发于膝关节、脊柱，表现为关节酸痛僵硬、走路困难跛行，远程指关节出现赫伯登（Heberden）结节，近端指关节形成蒲夏（Bouchard）结节。

（2）软骨病：常见的表现是受侵犯的骨疼痛、触痛，驼背，坐骨、骨盆及股骨颈可能畸形，跛行及肌肉软弱无力。

老年人运动系统疾病常见的护理措施：①药物治疗，止痛药、非甾体抗炎药等；②物理治疗，多休息、热敷、超声波或短波照射方式缓解症状；③骨科辅助器的使用，如夹板、颈围、拐杖等；④休息及维持关节功能位；⑤急性期过后可逐步促进身体及关节活动；⑥指导合理饮食及穿着衣服的选择。

三、呼吸系统的老化性改变

25岁以后，呼吸系统开始老化，结构出现退行性变，肺功能亦随着年龄增大而逐渐减退，60岁以后老化现象更加明显。因此，老年人易患呼吸系统疾病而影响生活质量。

（一）呼吸系统解剖学的变化

1. 鼻、咽、喉

进入老年期，鼻腔黏膜萎缩变薄，嗅觉和分泌功能减退，鼻黏膜防御功能减退，易导致下呼吸道黏膜炎症。咽喉黏膜和咽淋巴环退行性萎缩，特别是腭扁桃体萎缩明显，使老年人患下呼吸道感染的机会增加，咽部肌肉退行性变导致吞咽失调，进食流质时易发生呛咳甚至窒息。喉上皮角化，黏膜变薄，喉软骨钙化，喉的防御反应迟钝。由于喉肌和喉部弹性组织的萎缩，老年人的发音力和洪亮度减弱，尤其是60岁左右开始，声带明显萎缩。高龄老年人鼻前孔向下方呈凸形，呼吸时构成反向气流，易形成湍流而使阻力增加，故老年人多用口呼吸，导致口干，影响睡眠。

2. 气管与支气管

老年人气管内的纤毛柱状上皮可萎缩、增生、鳞状上皮化生，气管环状软骨出现钙化，气管壁的弹性逐渐减少，支气管壁变硬，呼吸时阻力增加，残气量增加。纤毛上皮脱落和运动减弱，清除呼吸道内分泌物及异物的能力下降。杯状细胞增生、分泌亢进，而清除能力下降，加重管腔狭窄，气道阻力增加，加上支气管分泌免疫球蛋白功能降低，故老年人呼吸道防御机制减弱，易于感染。

3. 肺与胸廓

老年人肺泡弹性减退、肺泡腔扩张、肺泡相互融合、残气量增加，肺组织萎缩、肺泡壁变薄、肺泡毛细血管床减少和硬化，形成老年性肺气肿。随着年龄的增加，肋骨和脊柱骨退行性变，胸椎后凸、胸骨前凸形成桶状胸，肋软骨钙化，肋间肌和其他呼吸肌萎缩、退行性变，胸廓活动度受限，易发生呼吸疲劳，即使健康的老年人活动后也易出现胸闷、气短等症状。除影响呼吸运动外，这些改变也使咳嗽、排痰动作减弱，痰不易咳出，加重呼吸道感染。

（二）呼吸系统功能的变化

1. 肺通气功能减退

（1）肺活量（VC），是指用力吸气后再尽力呼出的最大气量，由潮气量、补吸气量和补呼气量三部分组成。正常成年男性肺活量约3 500 mL，女性约2 500 mL。此后，每增加1岁，肺活量减少20~25 mL，50岁以后下降速度加快，主要由于残气量逐渐增加引起。

（2）残气量（RV），又称余气量，为最大呼气末残存于肺内的气体量。正常成年男性残气量约为1 500 mL，女性约为1 000 mL。一般认为老年人的残气量增多，其原因是与老年人肺弹性回缩力和呼吸肌收缩力减弱，以及呼吸道末端的改变，即肺泡管、肺泡囊的扩张等有关。60岁以上的老年人残气量可占肺总量的40%以上。

（3）肺总量（TLC），为最大吸气后的肺所达到的最大容量，即肺活量与残气量之和。它是由呼吸系统的弹性回缩与呼吸肌产生吸气压两者的平衡来构成。正常成年男性肺总量约为5 000 mL，女性约为3 500 mL。由于老年人的肺活量减少和残气量增大，肺总量的年龄变化不显著。

（4）最大通气量（MVV），又称最大随意通气量，为单位时间内呼吸器官所能发挥的最大潜力后，能达到的通气量，表示肺在连续通气的动态情况下，肺的最大通气能力和通气储备力的大小。因此，它可直接影响人从事最大限度的体力活动。老年人因呼吸肌收缩力减弱、胸廓顺应性下降、气道阻力增大、呼吸中枢敏感性降低等，使最大通气量减少。

2. 肺换气功能减退

随着年龄的增长，肺的生理无效腔增加，无效通气增大，肺毛细血管床面积减少，使通气/血流比例失调，加上老年人肺纤维化、肺间质水肿、肺毛细血管闭塞等使气体弥散功能减退，肺换气功能下降。由于肺通气和换气功能障碍，使老年人动脉血氧分压（PaO_2）逐年降低，每10年降低2.1~4.1 mmHg（0.28~0.55 kPa），80岁老年人动脉血氧分压下降至60 mmHg（8 kPa），血氧饱和度下降5%~8%。因此，老年人呼吸储备功能下降，容易发生缺氧。

3. 运动负荷与呼吸困难

老年人随着年龄的增加，常出现运动耐力下降，运动中断和呼吸困难。其主要原因是：由于肺组织弹性减退、肺通气减少，一旦运动残气量增加受限制；小气道弹性减退，呼吸时阻力增加；肋间肌、膈肌、腹肌等呼吸肌做功的强度和耐力减弱，肌肉协调动作减少，呼吸运动时能量消耗增大；生理无效腔增加。此外，老年人肺动脉扩张能力减弱，毛细血管数量减少以及肺小血管内膜纤维化增厚、变硬等影响，使运动后肺动脉压力升高，加重呼吸困难。

4. 免疫功能下降

老年人胸腺萎缩，免疫细胞减少，免疫功能低下。老年人外周血T淋巴细胞数仅为青年人的70%～75%，而且T淋巴细胞功能异常，B淋巴细胞分泌免疫球蛋白减少，导致呼吸系统防御功能减退。

（三）"老年肺"的X线表现

老年胸廓略为缩小，肺野表现为"海绵样"或"花边状"，其周围肺纹理增加。部分老年人有肺气肿表现，少数可见孤立状大疱，1/3老年人气管与支气管钙化。

总之，老年人由于生理性老化，导致肺功能生理性下降，故易发生上呼吸道感染、老年性慢性支气管炎与阻塞性肺气肿、老年性肺炎、老年性肺结核、老年性内源性哮喘、支气管肺癌、肺纤维化等，同时发生呼吸衰竭的可能性较中青年多。

四、循环系统的老化性改变

循环系统由心脏、血管以及调节血液循环的神经体液组成。循环系统的老化分为心脏老化与血管老化，老化的个体差异较大，受生活方式和环境的影响较大，其改变不一定与其他脏器的老化一致。

（一）心脏的老化

1. 结构老化

（1）大小与重量变化。老年人的心脏大小表现为三种状况：一是与中年时相同；二是因心肌总数减少而变小；三是随着年龄增长而增大，主要表现为左心室和左心房的扩大。老年人的心脏重量逐步增加，20岁时为250 g，60～70岁时可达300 g以上。

（2）形态学改变。其表现在以下三个方面。

① 心肌老化。心肌纤维随着年龄增大逐渐出现脂褐素沉积，使心肌色泽呈褐色。心肌细胞发生不同程度的萎缩，心肌收缩力下降；心肌间结缔组织增加，心肌肥厚，心包膜下脂肪沉着增多，使心脏顺应性下降，从而影响心功能；心肌ATP酶活性下降，钙离子扩散率减慢，导致心肌收缩力下降。

② 心瓣膜老化。进入老年期，心瓣膜也出现纤维化和钙化，两侧房室瓣边缘可呈结节状改变，主动脉瓣根部有脂类沉着增厚或钙化，瓣叶交界处轻微粘连致瓣膜变形，瓣膜正常的开放与关闭受到影响，引起心脏血流动力学改变，导致心功能不全。

③ 传导系统老化。老年人窦房结起搏细胞明显减少，窦房结自律性下降；房室结出现脂肪浸润和纤维组织增生；窦房结、房室结、房室束及左右束支传导细胞数目减少，代

之以结缔组织（多见于左束支），故老年人易发生病态窦房结综合征、房室传导阻滞和左束支阻滞等心律失常。由于心率减慢，心排血量减少，心、脑、肾等主要脏器易出现供血不足的症状。

2. 功能改变

（1）心收缩力减弱。老年人由于心肌老化，心肌的收缩力和顺应性下降，心率减慢，加上血管硬化，外周阻力增加，引起心排血量减少。据统计，65岁老年人心排血量较25岁年轻人心排血量平均减少30%~40%，以后随着年龄增加每年减少1%。

（2）心率与心律失常。老年人的静息心率变化不大，但运动后恢复到静息心率的时间延长。此外，老年人由于心脏神经调节能力下降、传导系统老化、心腔扩张，容易出现心律失常，如病态窦房结综合征、心房颤动、期前收缩、房室传导阻滞等。

3. 心脏代偿与调节功能

随着年龄增长，心脏的代偿与调节能力呈进行性下降。老年人冠状动脉血流量明显减少，60岁老人的最大冠状动脉血流量较年轻人相比约减少35%，而老年人的心脏耗氧量明显增加，故老年人易发生心肌缺氧。由于心肌老化、心率减慢、心肌收缩力下降，老年人心功能的代偿能力较差。正常情况下，老年人的心脏可维持正常功能，一旦发生如缺氧、心动过速、输液过多过快、发热等心脏负荷突然增加的情况，就容易出现心衰。

4. 心电图改变

心电图是检查心脏兴奋的产生、传导和恢复过程，以及缺血对心肌复极过程影响的生物电变化。70岁以上的老年人心电图常可出现：①心电轴逐渐左偏；②右束支传导阻滞；③常见室性早搏等；④房室传导时间延长；⑤缺血性ST段下移；⑥T波低平或倒置。

（二）血管的老化

1. 形态学改变

血管老化在临床中影响人体健康的主要是动脉硬化。随着年龄的增长，动脉管壁发生退行性改变，管壁胶原纤维增多，内膜出现增厚的斑块、钙和脂类物质沉积，弹性蛋白出现断裂，血管发生动脉硬化。外周血管阻力增加加重心脏后负荷，引起左心室肥厚、扩张，进而发生心力衰竭；冠状动脉粥样硬化导致管腔狭窄，引起冠心病。

2. 功能改变

（1）血压的变化。由于血管弹性下降，使老年人出现以收缩压升高为主的高血压。此外，老年人血管压力感受器敏感性下降，较易发生直立性低血压。

（2）脉搏变化。老年人动脉脉搏速率增快。

（3）血流分布。一般情况下，脑动脉、冠状动脉血流轻度减少，肝脏、肾脏血流可明显减少。

五、消化系统的老化性改变

消化系统由口腔、咽、唾液腺、食管、胃、肠、肝、胆和胰等组成,主要功能为消化和吸收。伴随着年龄的增长,消化道的结构、分泌功能、吸收功能与运动功能均发生相应变化,并影响到老化的速度。老年人常常受到消化系统老化改变的困扰,不仅影响生活质量和营养状况,还与某些消化系统疾病的发生发展有关。老年人消化系统的健康还受营养不良、情绪低下、活动减少等影响。老年人服用大量治疗药物,对消化系统也会产生很大影响。因此,老年人消化道的问题和他们的生活状态关系密切。

(一) 口腔

1. 唾液腺

口腔黏膜随年龄增大而角化增加,唾液腺萎缩,唾液分泌减少,质较稠,故老年人常感口干和说话不畅。唾液天然清洁和保护功能的降低,使老年人口腔发生感染和损伤的危险增加,尤其是在吞咽时,没有足够的唾液分泌,唾液减少又使黏膜角化加重,造成吞咽困难。另外,唾液中的淀粉酶减少,也直接影响对食物中淀粉的消化。

2. 牙齿

老年人牙齿脱落主要与不良的口腔卫生保健和饮食习惯有关。老年人易患牙周病,是造成老年人牙齿脱落的主要原因。牙齿的老化表现在牙釉质逐渐磨损,牙龈萎缩,牙根暴露,牙间隙增宽,易造成食物残渣聚集,牙本质内的神经末梢外露,对冷、热、酸、辣、苦、甜、咸等刺激产生过敏,易引起酸痛并易发生感染。大多数的老年人需安装义齿,要特别注意义齿是否合适,否则会造成疼痛或溃疡等情况。

3. 舌和咬肌

老年人舌和咬肌萎缩,使其出现运动功能障碍,咀嚼无力。颞下颌关节韧带松弛度增加,咀嚼肌张力失常,颞下颌关节变形,故关节半脱位和脱位较常见。老年人味蕾明显萎缩,味觉阈值升高出现味觉功能障碍,敏感性明显减退,影响食欲。

(二) 食管

老年人的食管黏膜逐渐发生萎缩,食管上段的横纹肌和下段的平滑肌层变薄,收缩力减弱,食物蠕动幅度变小,甚至停止。90岁老年人中约50%食管不蠕动。老年人食管下段括约肌松弛,容易发生食物反流,加上老年人的吞咽反射减弱,易发生食物误吸,故必须格外小心。由于老年人膈食管裂孔周围组织和膈食管膜弹性组织萎缩,使食管裂孔增宽,膈食管膜和食管周围韧带松弛,失去其固定食管下端及贲门于正常位置的作用。又因老年人常有便秘,用力排便后使腹内压力升高,使胃底部和膈下食管疝入胸腔段食管内形成食管裂孔疝。由于老年人食管结构和功能的老化，除了吞咽困难、食管裂孔疝外，还常发生食管憩室和食管癌。

> **知识链接**
>
> （1）食管裂孔疝：常见症状有上腹烧灼感、吞咽困难、胸骨后疼痛等。治疗目的主要是减轻症状，可使用制酸剂，少量多餐，进食后避免马上睡觉或躺下，躺下时最好将床头摇高。以上这些措施都可以改善症状。
>
> （2）食管癌：大多发生于60岁以上老年人，诱发因素为口腔卫生不良、烟草、乙醇或其他物质的慢性刺激。最常见的症状是吞咽困难，另外吞咽疼痛、唾液过多、口渴、打嗝、慢性出血亦有可能出现。外科切除治疗可以使吞咽困难得到缓解，但老年患者的预后通常不佳。放射介入治疗则用于复发或无法手术者的症状解除。

（三）胃

老年人胃血管硬化，胃黏膜供血不足，血流减少，使黏膜萎缩变薄，黏膜内的腺体减少或退化。细胞类型发生改变，易发生慢性胃炎。又因胃壁肌层萎缩，收缩力降低，使胃运动减弱，还可造成胃排空延迟。胃黏膜肌层也萎缩，弹性降低，胃腔扩大，易出现胃下垂。老年人胃液分泌减少，具体表现为以下几个方面。

（1）壁细胞分泌的盐酸减少，使游离酸与总酸度明显降低，尤其是60岁以后下降更显著。由于胃酸的减少或缺如，使胃蛋白酶的消化作用减弱，影响铁、钙和维生素B_{12}等的吸收，易发生贫血。

（2）主细胞分泌的胃蛋白酶原减少，使胃消化作用减退，影响食物、维生素、铁等营养物质的吸收。

（3）颈黏液细胞分泌黏液量减少，使"黏液碳酸氢盐"屏障形成受到障碍，导致胃黏膜表面不能维持中性环境，易被胃酸破坏。因黏液减少，可使胃黏膜容易被食物摩擦产生机械损伤，损伤后的黏膜修复能力降低，使老年人易发生较大的胃溃疡。胃的老化主要是黏膜萎缩，易发生异常增生，如肠上皮样化生、不典型增生等，使老年人容易罹患慢性胃炎、胃溃疡、胃息肉及胃癌。

（四）肠

大肠、小肠黏膜因老化萎缩可出现功能障碍或疾病，老化对大肠的影响比小肠大。老年人常见的肠道疾病有便秘、肠憩室、痔疮、腹泻、大便失禁、结肠直肠癌等。

1. 小肠的老化

老年人小肠黏膜萎缩，肠上皮细胞数目减少，肌层萎缩。小肠腺体的萎缩，使小肠液分泌减少。由于小肠的老化，使小肠蠕动减弱，吸收功能减退，影响维生素、糖、脂肪、钙、铁等的吸收和输送，造成老年人吸收不良。

2. 大肠的老化

大肠黏膜萎缩，大肠黏液分泌减少，平滑肌层萎缩，使肠蠕动减慢，延长粪便滞留的时间，加重了便秘的症状。但便秘并非老化的结果，这和从年轻时即有不良的卫生习惯或饮食习惯有密切的相关性。

（五）肝脏及胆囊

1. 肝脏

老年人肝实质细胞数量减少，肝体积缩小，重量逐渐减轻，肝血流速度也随着年龄增大而逐步下降。老年人的肝功能减退表现为：① 肝糖原减少，储存与合成蛋白质的能力下降，白蛋白呈下降趋势，球蛋白含量相对增多；② 肝脏解毒功能下降，药物在肝内代谢速度变慢，使药物在体内排出速率下降，易引起药物性肝损伤等不良反应，用药应慎重。另外，老年人由于肝结缔组织增生，易造成肝纤维化和肝硬化。

2. 胆囊

老年人胆囊黏膜萎缩，黏膜肌层弹性纤维增生而肥厚，肌层又因弹力纤维退化和胶原纤维增生而断裂，故老年人胆囊不仅易下垂，也可因胆囊炎、胆石症而发生穿孔。同时，胆汁减少而黏稠，并有大量胆固醇沉积，使胆管功能减弱，易致胆汁流出受阻，易发生结石、胆囊炎、胰腺炎、肝脓肿等。因此，鼓励老年人多吃高纤维食品对胆汁中胆固醇的降低有所帮助。

（六）胰腺

老年人胰腺位置下移，由于血管硬化导致胰腺萎缩，结缔组织增生，腺泡萎缩，重量减轻。胰腺分泌胰液，含多种消化酶，对食物起消化作用。老年人胰腺分泌减少，胰蛋白酶的活性下降，胰脂肪酶减少尤其明显，减少约20%，严重影响淀粉、蛋白质、脂肪等的消化和吸收。另外，老年人胰岛素分泌减少，对葡萄糖的耐量减退。有研究显示，胰岛素的分泌在高血糖值为13.9～16.6 mmol/L（250～300 mg/dL）的情况下分泌量正常，但在血糖值为6.6～11.1 mmol/L（120～200 mg/dL）的情况下分泌量会不足，故而老年人易患胰岛素依赖型糖尿病。

六、泌尿系统的老化性改变

泌尿系统主要由肾脏、输尿管与膀胱、尿道组成,其中老年期泌尿系统老化以肾脏的老化最为重要,对老年人健康的威胁也最大。

(一) 肾脏

1. 肾脏结构的改变

老年人的肾实质逐渐萎缩使肾单位减少,肾脏的重量从成年期的250~270 g减少到80岁时的180~200 g。从50岁起肾单位随年龄增大而减少,70岁以后肾单位减少1/2~2/3,到80岁时,肾脏的体积约减少1/4,甚至萎缩退化。但也存在个体差异,同是60岁的老年人,其肾小球数量可相差3倍。肾单位减少使得肾循环血量和肾小球滤过率降低,导致肾功能减退。

(1) 肾血管。老年人肾脏血管发生明显的变化,肾动脉及其各分支出现不同程度的硬化改变,使肾小动脉管壁弹性纤维增生并透明性变,内膜增厚,血管弹性减退,致使肾循环血量减少。老年人每增加10岁,肾血流约减少10%,80岁以上老年人的肾血流量大约只有年轻时的一半。

(2) 肾小球。老年人的肾小球逐渐纤维化或玻璃样变,肾小球毛细血管变形、萎缩,甚至完全闭塞,使肾小球数量减少。在显微镜下,肾单位数量减少,体积缩小,间质内结缔组织增加,肾小囊基膜增厚,严重者出现肾小体呈透明样变性。年龄越大,肾小球硬化的比率就越高,肾单位远侧扩张越明显,并可发展为老年人常见的单纯性潴留囊肿。

(3) 肾小管。老年人的肾小管随肾小球的硬化、萎缩而出现萎缩。近曲小管上皮细胞萎缩,细胞数量减少,溶酶体酶合成减少,碱性磷酸酶活性降低。远曲小管常出现局限性扩张而形成憩室或小囊肿,其数目随年龄逐渐增加,憩室内含有机物及其他残渣,易窝藏细菌,并可逐渐扩大形成老年人常见的肾囊肿。

2. 肾脏功能的改变

肾脏在人体中主要承担排泄、稳定内环境和内分泌三大功能。随着年龄增大,肾功能逐年下降,65岁以后下降速度更快。老年人机体对氨基和尿酸的清除率、肾小球滤过率、肾脏的浓缩与稀释功能均下降。对钠代谢的调节能力受损,容易导致水钠潴留。老年人肾脏对药物的排泄速度减慢,易发生药物蓄积中毒,从而影响给药的安全性。肾功能减退,使老年人如遇脱水、感染、休克等情况时,发生肾衰竭的危险增加。

(1) 肾小球滤过率降低。老年人肾血管硬化,肾小球数量减少,加上老年人心排血量减少,使肾循环血量(主要是肾皮质血流量)及肾小球容量均减少,导致老年人肾小球滤过率降低,表现为尿素清除率、肌酐清除率下降。肌酐清除率在40岁以前通常较为稳定,青壮年肾小球滤过率大约是120 mL/min，之后呈直线下降，每10年约减少8 mL/min，而到80岁时，肾小球滤过率大约只有60 mL/min。

（2）浓缩和稀释功能下降。随着年龄的增长，肾脏的浓缩和稀释功能均下降。其主要原因是肾小管对血管升压素的反应性降低，集合管对水的通透性降低，髓质血流量相对增多，使髓质的渗透梯度形成障碍，健全的肾单位数减少，溶质负荷加重。老年人外周血管阻力增加，肾血管的阻力也增加，尿浓缩功能减退尤为明显，表现为昼夜排尿规律紊乱、夜尿增多、尿液渗透压随年龄增长而下降等。

（3）调节内环境作用及内分泌功能的改变。① 钠代谢的调节能力受损，表现为：机体缺钠时，保钠能力减低，易造成脱水；而钠负荷时，排钠能力下降，易导致水钠潴留。② 氨的产生减少，排酸的能力也变缓慢。老年人虽尚可维持正常范围的pH及HCO_3^-浓度，但当酸或碱负荷时，动用储备及改变pH的代偿能力减慢，易发生酸碱平衡失调。③ 老年人血浆肾素活性降低，可减少30%～50%。血和尿中醛固酮水平约减少50%，且由于肾素活性降低，即使应用促肾上腺皮质激素，醛固酮的分泌也不增加。④ 老年人对糖分的重吸收能力也降低，造成老年人尿液中易有少量糖分的情况；但老年糖尿病患者肾糖阈值升高，加之肾小球滤过率下降，即使血糖较高而尿糖可以阴性，或较预期的排泄减少。

（二）输尿管与膀胱

1. 输尿管

老年人的输尿管平滑肌层变薄，支配肌肉活动的神经细胞减少，输尿管收缩力降低，将尿送入膀胱的速度减慢，并且容易反流引发肾盂肾炎。

2. 膀胱

50岁以后，膀胱容量比20岁时减少40%左右。由于肌肉萎缩，收缩无力，使膀胱既不能充盈，也不易排空，故老年人容易出现尿外溢、残余尿增多、尿频、夜尿量增多等。又因为膀胱肌肉的纤维组织增生，造成流出道梗阻引发尿潴留。老年人泌尿系统感染的发生率增加，可能与残余尿增多、膀胱抵抗细菌的能力减弱、女性的膀胱下垂、男性的前列腺增生、水分摄入不足、尿量减少及尿液酸性降低多种因素有关。老年人饮水减少，尿液中的代谢产物易在膀胱中积聚形成结石；结石长期刺激膀胱内壁，容易诱发膀胱癌。老年女性可因盆底肌肉松弛，膀胱出口处呈漏斗样膨出，常引起压力性尿失禁，给老年人生活带来不便和困窘。

（三）尿道

老年人尿道肌肉萎缩、纤维化、括约肌松弛，尿液流出速度减慢或排尿无力。由于尿道口常发生充血肥大，尿道黏膜出现皱褶或狭窄，易出现排尿困难或尿失禁。患尿失禁的妇女中约有2/3的人有尿道外口黏膜脱垂。女性尿道的腺体腺上皮分泌黏液减少，尿道抗菌能力减弱，使老年女性泌尿系统感染率增大。部分老年男性由于前列腺增生，压迫尿道引起尿路梗阻，容易发生排尿不畅，甚至形成排尿困难。

七、内分泌系统的老化性改变

内分泌系统是人体重要的调节系统。随着年龄的增长，内分泌系统也逐渐出现衰老，表现为多数内分泌腺体萎缩、重量减轻、结缔组织增生、纤维化，从而导致内分泌功能减退和紊乱，突出表现为生殖功能的终止和对外界适应能力的下降。

（一）下丘脑

下丘脑是体内重要的神经内分泌，是接受内外信息的中枢。随着年龄的增加，下丘脑的重量减轻，血液供给减少，细胞形态发生改变。生理学方面的改变是下丘脑分泌单胺类神经递质含量下降和代谢紊乱，引起中枢调控失常，导致老年人各方面功能的衰退而引起或加速老化。

（二）垂体

老年人垂体重量减轻20%，体积缩小，结缔组织增多。腺垂体分泌的生长激素随年龄增长而降低，老年期生长激素下降到较低水平，可发生肌肉萎缩、脂肪增多、蛋白质合成减少和骨质疏松等。神经垂体释放的抗利尿激素在老年期也减少，导致肾小管的重吸收减少，尿浓缩功能减退，易出现多尿尤其夜尿增多现象。

（三）甲状腺

老年人的甲状腺出现萎缩和纤维化，导致体积缩小、重量减轻，甲状腺素合成、分泌减少，一般健康老年人血清T_3水平，男性降低约20%，女性降低约10%。甲状腺的老化，给老年人带来了全身性变化，如基础代谢率下降、体温调节功能受损、皮肤干燥、怕冷、便秘、心率减慢、思维缓慢、高胆固醇血症等。

（四）甲状旁腺

老年期以后，甲状旁腺激素随着年龄增长而升高，骨钙释放入血，引起骨质丢失，促使老年骨质疏松。

（五）性腺

老年人性腺老化较为明显。老年女性卵巢出现纤维化，子宫和阴道萎缩，分泌物减少，乳酸菌减少，易发生老年性阴道炎。40岁以后，由于卵巢滤泡减少至丧失，雌激素和孕激素分泌减少，可出现生殖功能减退、月经停止。由于雌激素的减少，可使中老年女性出现围绝经期综合征的表现。老年男性出现血清总睾酮和游离睾酮水平下降，85岁时比成年人下降约35%，使老年人出现性功能减退。男性老年人由于雄激素的减少，对骨密度、肌肉、脂肪组织、造血功能均会造成不利影响。

（六）前列腺

男性从40岁后前列腺开始衰老，40～60岁期间主要发生在腺外区，60岁后这种变化累及整个前列腺。老年期可出现前列腺良性增生，导致尿道阻塞而引起排尿困难。

（七）胰岛

老年人胰岛结构的改变表现为β细胞减少，α细胞增多。胰岛萎缩，胰岛内有淀粉样多肽沉积，使胰岛素分泌减少。血中胰岛素水平降低，细胞膜上的胰岛素受体减少或功能障碍，使机体对胰岛素的敏感性下降，导致老年人葡萄糖耐量降低，故老年人糖尿病尤其是2型糖尿病的发病率增高。

八、神经系统的老化性改变

神经系统是人体重要的调节系统，随着年龄的增长，神经系统的结构与功能也发生一系列的变化，使老年人出现躯体运动障碍、思维过程改变、语言沟通障碍、睡眠形态紊乱等一系列问题。

（一）脑

40岁以后，人的脑体积缩小、重量减轻，幅度为6%～10%，老年阿尔茨海默病患者的脑重量减轻更明显。60岁开始出现脑萎缩，主要发生于大脑皮质，以额叶、颞叶和顶叶最为明显，可引起脑回变窄，脑沟增宽，脑室体积扩大。老年人的神经元数量减少，而神经胶质细胞数量增加，同时神经元形态结构发生一定改变，包括突触数量减少、脂褐素沉积、神经原纤维缠结等。神经递质如乙酰胆碱、儿茶酚胺、多巴胺也随着年龄的增长降低，导致肌肉运动障碍、动作缓慢、记忆力减退、睡眠不佳。老年人可出现步态不稳，蹒跚步态，或出现"拖足"状态，手的摆动幅度减小，转身时不稳，容易发生跌倒。

（二）脑血管

随着年龄增长，脑血管发生动脉硬化，脑血流量减少，正常老年人脑血流量下降可达10%～30%，故老年人常出现记忆力减退、思维判断能力下降、反应迟钝等，但通常不会严重影响日常生活。

（三）感觉功能与运动功能

老年人感觉运动器官发生退行性变，神经传导速度减慢，表现为视力和听力不同程度的下降，生理反射减弱或消失，运动耐量下降，易疲劳。

老年人由于神经系统的生理性老化，容易逐步趋向病理性老化，故一旦到了高龄，脑血管病、帕金森病、老年性阿尔茨海默病等疾病的发病率、病残率和死亡率均很高。

（钟艳辉）

任务二　老年人疾病的临床特点

进入老年期，形态结构及生理、心理均发生不同程度的老化，使老年人对体内外异常刺激的反应性、适应性、防御机制及代偿能力等均出现不同程度的减弱。老年人与一般成人患同样一种疾病时，临床表现不一定相同。因此，了解老年人疾病的临床特点，有利于对疾病做出早期诊疗，并制定出及时有效的护理措施。

一、老年人疾病的类型

近年来，老年人常见疾病发病率及死亡病因均有所改变。我国老年心、脑血管疾病和恶性肿瘤的发病率呈明显上升趋势。据统计，这三类疾病占老年人全部死亡病因的70%以上，而传染病与结核引起的死亡占总死亡的比例下降。按照不同的分类方法，老年人疾病可以分为多种类型。

（一）根据病因、易感性和发病率的特点分类

（1）原发性老年病。原发性老年病主要是正常衰老过程中必然发生的组织结构和功能障碍疾病，如动脉粥样硬化、老年性白内障、良性前列腺增生症等。

（2）继发性老年病。继发性老年病主要是老年性病变继发的疾病，如脑动脉硬化基础

上继发的冠心病、脑血管意外"脑卒中"等。

（3）老年人易感性疾病。癌症、糖尿病、痛风、帕金森病、变形性骨关节炎等，是老年人容易发生的疾病。

（4）老年人一般较轻的疾病。它包括任何年龄均可发病的疾病，如消化性溃疡。

（5）老年人中少见的疾病。如儿童期的各种传染病很少在老年人中发病。

（二）根据发病时间分类

（1）老年期特有的疾病。如老年性阿尔茨海默病。

（2）老年前期患有的疾病而延续进入老年期。如动脉粥样硬化、冠心病、骨质疏松症等。

（3）老年人与一般成年人都容易发生的疾病。如贫血、慢性胃炎和肺炎等。

二、老年人疾病的一般临床特点

（一）病史采集困难

老年人由于记忆力减退、听力下降、感觉功能低下、语言表达困难和思维理解能力迟缓，常造成采集病史困难。老年人对疾病的敏感性、反应性差，本人所提供的病史常不准确，而家属、亲友或陪护提供的情况不可靠，甚至相互矛盾，故老年人患病不易获得完整、客观的病史。对老年患者的病史采集必须全面、耐心、细致，也要与家属或陪护反复核对陈述病历的可靠性，否则较易影响对老年人疾病的早期诊断治疗及提供及时的护理措施。

（二）起病隐匿，病程缓慢

老年性疾病主要特征就是起病隐匿，患病后在相当长的时间内无特殊表现，甚至无任何不适感觉，无法确定其发病时间，如动脉粥样硬化、高脂血症、糖尿病及骨质疏松症等。有些疾病只是在体检进行血液生化检查时才被发现，它们往往在中青年时期即开始发病，经历了一个漫长的发病过程。原发性骨质疏松症是老年妇女的多发病，但骨质丢失经常开始于35~40岁，有些患者在绝经后才出现症状。

（三）发病方式独特，临床表现不典型

老年人患病有独特的发病方式，常以跌倒、不想活动、精神恍惚、大小便失禁、生活能力丧失等为首发症状，称之为老年病五联征。年龄越大，老年病五联征之一或几项表现

越明显。由于大脑与神经系统的老化,导致老年人的感受性降低,往往疾病已发展到较严重程度,老年人仅表现为活动减少、食欲差等生活规律的变化,常常不表现疾病的常见症状和体征。症状和体征不典型会影响老年患者早期就诊,给临床的早期诊断和及时正确的护理带来很大困难。

知识链接

(1) 老年人急性心肌梗死:无痛或疼痛不明显占35%~80%,而一般成人仅占7%。

(2) 老年糖尿病:"三多一少"是糖尿病的典型症状,老年糖尿病无症状者占52.8%。

(3) 老年人腔隙性脑梗死:80%无症状。

(4) 老年人肺炎:常无症状,或仅表现食欲差、乏力、意识障碍,无发热、咳嗽、胸痛等典型症状,部分严重感染也只有低热,甚至不发热。

(5) 老年人肿瘤性疾病:在老年人群中发病率较高,但症状却不典型或没有,常延误诊断,直至晚期才能确诊。

(四)患多种疾病,症状错综复杂

老年人常因多病共存,使得疾病之间相互影响导致症状不典型。

(1) 两种疾病共存时,一种疾病掩盖另一种的症状。如类风湿性关节炎与冠心病和心绞痛同时存在,由于类风湿性关节炎时关节痛,迫使老年人减少运动量。因此,易掩盖因运动量加大所导致的心绞痛的发作,直到晚期,冠状动脉病变加重,才出现症状。慢性阻塞性肺疾病的老年人出现活动后呼吸困难,迫使老年人尽量减少活动,而间歇性跛行多于较长时间步行后出现。因此,慢性阻塞性肺疾病的存在易使间歇性跛行漏诊。老年人贫血常掩盖恶性肿瘤的存在,肿瘤发展到晚期才被发现。

(2) 两种疾病共存时,常以一种疾病的表现为主。如冠心病心律失与甲状腺功能亢进并存时,患者可能突出表现为室上性心动过速。临床上可能过于强调冠心病心律失常,而忽略甲亢的存在。

(3) 两种疾病同时存在时,一种疾病还可干扰原有疾病。如老年人患冠心病,如合并甲状腺功能减退,虽给予很小量的甲状腺素,且注意每日持续使用,但仍可发生危及生命的心肌缺血,或难以控制的心律不齐。

(4) 一些疾病的临床表现相似。如消化性溃疡患者并发不典型的心绞痛时,可能只表现为上腹部疼痛，易造成误诊。抑郁症与阿尔茨海默病有相似的表现，容易混淆。

（5）多种疾病相互影响。如脑卒中患者可因长期卧床，补液不足，护理不当，引起下肢静脉血栓形成，血栓形成后进一步加重了病情，影响肢体功能的恢复。

（6）连续并发症的出现。临床常出现原有的疾病后，又出现第二种并发症，而第二种并发症又导致第三种疾病的发生。如老年人失眠，服用了镇静药导致清晨嗜睡状态，继而因头晕跌倒发生了骨折并发症；或由于清晨嗜睡现象，而导致精神紊乱等。又如便秘，易引起腹胀及食欲减低，继之出现恶心、呕吐。由于呕吐，老年人可能发生吸入性肺炎；或由于呕吐频繁，导致全身脱水，又引起起立性低血压而致摔倒。

（7）多种相关疾病并存时，可因果交替，使体内平衡遭到破坏。如单纯发热，可致老年人脱水，发展为谵妄，进而使咳嗽反射、咳痰能力减弱及卧床不起。以脱水与谵妄为动因，因果交替引发了肺炎等疾患。另外，如老年人脑卒中后，出现抑郁、行动不便、生活自理能力减退，如护理人员缺少耐心，可导致老年人心理负担加重，加重抑郁状态。

（五）器官功能处于临界状态

老年人组织器官的功能，一般随增龄而减退。这种器官功能的减退是正常老化，还是由疾病所致，两者的界限是很难分开的。老年人的器官老化就是处于临界功能状态，在通常情况下功能是正常的，一旦增加了过多的负荷即可表现为某种疾病的临床症状。例如，老年人的心脏储备功能降低，当过度劳累或遇精神打击时，则可诱发心功能不全。由于老年人的应激能力下降，对疾病的感受性和反应性降低，当疾病发展到一定的阶段才就诊，而多器官功能均处于衰竭的边缘，极易导致病情迅速恶化，严重时可诱发老年多器官功能衰竭。

（六）并发症多，预后不良

老年人患病后，由于各组织器官代偿能力差及结构发生退行性变化，常引发各种并发症，出现器官功能衰竭，导致老年性疾病的死亡率高、治愈率低、致残率高。

（1）意识障碍。老年人脑动脉硬化致脑供血不足、脑萎缩、神经功能减退，最容易发生神经、精神系统的并发症，如各种程度的意识障碍（淡漠、抑郁、痴呆、昏迷或精神错乱、烦躁不安等）。任何急性病引起的高热、脱水、电解质紊乱、低血糖、休克都可导致意识障碍。如肝硬化失代偿期出现门静脉高压时，很容易并发上消化道大出血、大量腹水、水电解质紊乱，并发肝性脑病而出现不同程度的意识障碍。脑卒中、败血症、肾衰竭等疾病也可引起意识障碍。某些作用于中枢神经系统的药物如镇静剂等也可造成意识障碍。

（2）水、电解质紊乱，酸碱平衡失调。老年人组织器官萎缩、细胞内液绝对量及所占的比例明显减少,中枢神经系统和肺、肾等器官功能减退,对体液及酸碱平衡的调节和代偿能力降低,轻微的原因就可以导致水和电解质的紊乱。老年人口渴中枢敏感性降低,容易导致饮水不足,加上老年性水分缺失,常处于潜在性脱水状态,如再发生呕吐、腹泻、出血、烧伤、使用利尿剂等,很容易造成水、电解质紊乱及酸碱平衡失调,特别容易发生低血钾和代谢性酸中毒。

(3) 运动障碍。老年人患病时常因卧床时间过长,而出现肌肉失用性萎缩、关节挛缩与运动障碍。另外,老年人易患骨性关节炎(如腰椎骨性关节炎、膝关节及其他关节退行性病变),出现韧带和肌肉的老化以及各种骨关节疾病(如类风湿病、痛风),可引起运动障碍、肌肉挛缩。随着脑血管病发病率的上升,由脑血管意外引起的偏瘫后遗症成为导致老年人运动障碍的重要原因。此外,老年人常伴有骨质疏松症,容易发生骨折,加上老年人肢体的灵活性差、缺乏体育锻炼等,也容易导致运动障碍。

(4) 尿潴留或大小便失禁。老年人随年龄增加,可以出现肛门括约肌功能障碍、膀胱括约肌肌力减退,膀胱容积变小,导致大小便失禁,尤其是在脑卒中的急性期和恢复期、各种疾病的终末期更为常见。

(5) 感染及压疮。感染是老年人的重要并发症,又是其主要死因之一。老年人由于免疫功能低下,在原有疾病的基础上容易并发呼吸道、胆管及尿路感染;经过广谱抗生素治疗后,又易发生真菌感染。压疮多见于长期卧床,活动能力极度低下的老年人。

(6) 血栓形成、栓塞、出血倾向。老年人血小板数量减少、毛细血管脆性增加,凝血功能及血浆纤维蛋白原等的异常,易发生血栓、栓塞或有出血倾向。出血倾向多表现为紫癜,多见于女性。在多种老年性疾病的严重期,容易发生弥散性血管内凝血(DIC)。

(7) 多器官功能衰竭。最严重的并发症是多个脏器功能衰竭而使病情急剧恶化,使疾病的死亡率增高,即使存活的患者,往往留有不同程度的残疾,甚至是严重的终身残疾。老年人在严重创伤、感染、中毒、大手术等应激状态下,容易在短时间内同时或相继出现两个或两个以上的器官衰竭。老年人多因肺部感染、晚期癌症合并多器官转移、急性冠脉综合征引起严重心律失常,导致多器官功能衰竭。老年人多器官功能衰竭的发生率还与患者原有慢性疾病发病率有关。在老年人的原发疾病中,慢性病首推心血管疾病,其次为呼吸系统疾病,第三为糖尿病合并肾脏损伤、慢性肾衰竭及高血压,第四为脑血管疾病及帕金森综合征,较少见的疾病为慢性肝炎和肝硬化。

(七) 易引起药物不良反应

老年人的肝脏功能减退,肾脏排泄率下降,药物在体内代谢速度缓慢,故老年人患病后,如果接受6种不同的药物治疗时,药物不良反应发生率可高达27%。因此,对老年人用药必须谨慎选择和注意观察,务求达到合理用药。

在老年病临床工作中，老年患者最常见的症状和体征有头痛、头晕、四肢无力、嗜睡、发热、易疲劳、跌倒、急性精神错乱、睡眠障碍、下肢水肿、呼吸困难、尿失禁、便秘等。这些症状体征的临床意义与一般成年人有相同之处，也有不同的方面，应全面检查，综合分析，才能做出较为准确的护理评估。

三、老年人疾病的临床护理

老年人疾病与一般成年人有着不同的临床特点，"你不能用成年人的眼光看待儿童，同样也不能用年轻人的眼光看待老年人"。作为护理人员，应熟悉老年患者的临床特点，掌握老年期患者病情的观察方法，准确评估老年人的健康状况，并及时发现潜在的健康问题，帮助老人达到现存条件下的健康最佳状态，提高老年人的生活质量。

（一）老年患者的护理特点

老年患者的护理，应根据服务对象的健康状态、疾病程度、需要的变化而选择不同的内容和着眼点。老年人的基本特征就在于不可避免的、不可逆转的老化现象。随着年龄的增加，老化现象逐渐明显，不仅对生理功能产生很大的影响，使身体功能减退，而且精神活动和社会活动的能力也低下。因此，就决定了老年患者的护理应该具有独特的护理特征，不仅面向疾病，而且更重要的是面向生活的护理。

生活本身具有极为丰富的内涵，每一个生活行为并非单纯是为了满足生理需要，同时还要满足精神和社会方面的需要。生活行为是有目的的行为，必须具备三个条件才能发生：一是机体的功能，是生活行为发生的基础，要提高机体的功能，需通过治疗和护理的手段来实现；二是环境条件，是生活行为的空间，护理的任务是消除妨碍生活行为的因素或整理环境，使环境能补偿机体缺损的功能，促进生活能力提高；三是老人的意志，只有发挥老人的主观能动性，树立信心，努力地改变和利用环境，才能实现生活护理的目的。以往的医疗活动，着眼点在机体功能的修复，以此来帮助老人恢复生活行为。但是，机体的恢复对老年人来说是极其困难的，有时甚至是不可能的。因此，提供恰当的护理服务是要最大限度地发挥老年人的残存功能，整理环境，使其适合丧失的功能，以及教育、引导老人树立生活信心，锻炼意志，积极主动学习，寻求解决问题的方法。这是最有效解决老年人健康问题的方法。

（二）老年患者的护理原则

（1）把握护理对象的个性特点。老化是不可避免的、普遍的现象，但老化的速度、表现却因人而异。护理人员应根据老年人的身心状况、价值观、生活方式和习惯等，采取有针对性的护理措施，才能收到实效。

（2）尊重原则。尊老爱幼是中华民族的传统美德。人到老年，理应受到社会的尊重和关心，尤其是在患病期间，需要得到精心的治疗和护理。护理人员在工作中要始终遵循耐心、爱心、细心、诚心和关心的原则，尊重体谅老年患者。有时老年人因身体不灵活、行动慢、理解力差、容易遗忘等，要采取恰当的措施，尽量满足老人的要求，维持和保护老人的自尊心，使他们感到有足够的安全感、舒适感和信任感。不论职位的高低、病情的轻重、自理能力的强弱，都应和善对待、真诚相处，并能提供个性化的服务。

（3）依靠和支持家属参与护理。家人是老人生活的直接照顾者，要承担、负责老人的日常生活，其辛苦的程度也非同寻常。因此，护理人员除了对老年患者提供直接的护理外，还要鼓励和指导家属学会更多的技能，了解更多的知识，与护理人员密切合作。

（4）注重康复护理，提高生活自理能力。对于还能保留部分自理功能的老人，护理人员要鼓励老人最大限度地发挥残存的功能，既能帮助老人保持现存功能，又能减轻老人的依赖心理，达到基本的日常生活活动能够自理。

（三）老年患者的护理目标

一般的临床护理活动目的在于减轻患者的痛苦，促进康复。由于老年人所患疾病大多难以治愈和完全康复，护理的重点在于及时有效地处理老人在患病期间的各种问题，因此老年患者的护理目标体现在以下几个方面。

（1）增强自我照顾的能力。护理的根本目的是调动老年患者的自我健康负责的意识和能力，最终达到自觉采取健康的生活方式，充分发挥自身力量，维护个人的日常生活能力。护理人员可以通过健康教育的方式，指导老人如何在现有机体状态下，量力而行，完成日常生活活动。例如，如何准备饮食，如何服用药物，如何使用辅助用具等，巩固和加强老人的自理能力，建立自理信心，提高老人的生活质量。

（2）延缓病情恶化及功能衰退。老年人一般患病时间较长，机体因受到疾病的长期困扰，导致各项功能衰退，一旦病情发作，机体的代偿和修复功能较差，容易出现病情恶化和功能的迅速衰退。护理人员要能够预计到问题的出现，积极采取健康教育等措施加以预防，防止并发症的出现。

（3）提高生活质量。老年患者常因疾病使活动受限，同时，疾病又会影响到老人的心理状态，身心受累影响了老人的生活质量。护理人员应帮助老人积极参与各种力所能及的娱乐、社交、家庭活动，使其获得愉悦的心情，促进自我观念的正向发展。

（4）支持濒死的老人保持其舒适和尊严。当前的医疗护理手段的作用毕竟有限，当老人不得不面临死亡的时候，护理人员的任务是评估老人的各种需求，采取恰当的护理方法，缓解其疼痛，尽量使其舒适，并且帮助老人正确看待死亡，尊重老人的意愿，帮助老人安详而有尊严地走完一生。老年人既有成就，又有痛苦，如何使具有两重性的老人尽量能以自理的状态保持其人生的尊严，走向人生的终点，是老年护理的最高目标，需要护理人员和全社会的共同努力。

（钟艳辉）

任务三 老年人常见健康问题的护理

一、视觉障碍

视觉障碍是指由于先天或后天原因，导致视觉器官的结构或功能发生部分或全部障碍，经治疗仍对外界事物无法做出视觉辨识。影响老年人视功能的改变主要有老视、视敏度或对比视敏度下降、暗适应能力下降和视野缩小等，糖尿病、心血管疾病和老年性眼科疾病可加重或促进老年人的视觉障碍，直接影响到老年人的日常生活和身心健康。

（一）护理评估

1. 健康史

（1）视力情况。询问老年人近半年内有无自觉视力改变，有无用眼后眼睛疲倦或头痛，以及症状发作的程度、部位、时间与特点等。

（2）配镜情况。使用眼镜的老年人，询问其近期眼睛检查及验光后重新配镜的时间及度数。

（3）疾病情况。询问老年人有无可引起视觉改变的慢性疾病史，如糖尿病、高血压、动脉硬化等。家族中有无青光眼、黄斑变性等病史。既往或现在的用药情况，是否服用过可引起视觉障碍的药物等。

2. 身体评估

（1）视力减弱。老年人视力常逐渐减弱，随年龄的增加近视力降低的程度较远视力降低更明显。常见眼科疾病白内障、青光眼、糖尿病性视网膜病变、老年性黄斑变性等使老年人的视力明显减退，甚至失明。

（2）老视。其主要表现为：① 视近物困难。看清小物体的能力下降，常喜欢将书报放远才能看清。② 视觉疲劳。用眼时间稍长，常感觉眼发胀、眼疲劳难忍。

（3）深度视觉下降。分辨远、近物体相对距离的能力下降，有时无法判断距离的远近和深度，易造成行走、上下楼梯和上下台阶时跌倒而发生意外。

（4）暗适应改变。暗适应能力下降，夜间视力较差，对强光特别敏感。

（5）色觉和视野改变。对颜色的分辨力下降，对红、橙、黄色的色觉好于蓝、绿、紫色的色觉。视野缩小，视物不甚明亮，来到室外感觉耀眼。

3. 辅助检查

（1）视力检查。视力检查包括远视力和近视力及视力矫正情况，了解老年人的屈光状态。

（2）视野检查。检查者与老年人面对面互视，检查者伸出一手并沿上下左右四个方向移动，同时询问老年人能否觉察手指移动及范围，粗略了解视野有无明显缺损。

（3）眼底镜检查。了解是否有白内障、青光眼、老年性黄斑等疾病。

4. 心理-社会状况

视觉功能的改变可影响老年人的日常生活及外出、社交活动等，导致老年人自信心降低，容易产生消极、悲观情绪，故要评估老年人是否有孤独、抑郁、自信心降低和自我保护能力受损等问题。

（二）常见护理诊断与医护合作性问题

（1）感知改变：视觉减退与视觉器官老化、白内障、青光眼、糖尿病性视网膜病变、老年性黄斑变性等有关。

（2）有受伤的危险：与视觉障碍有关。

（3）自理缺陷：与视觉障碍有关。

（4）社交障碍：与视力减退有关。

（三）护理计划与实施

治疗和护理目标：①老年人能够描述视觉改变的表现，采取有效的措施，减少视力减退对日常生活的影响；②老年人能积极采取有助于保持眼健康的生活方式；③老年人积极治疗和预防眼科常见疾病和相关的慢性疾病；④老年人能克服视力减退带来的不便，不发生损伤以及参加力所能及的有益于身心健康的社会活动。

1. 一般护理

（1）环境。为老年人创造一个安全、有序的生活环境。物品放置相对固定，使用的物品应简单、特征性强。居室温度、湿度适宜，阳光要充足，应避免直接的灯光和刺眼的强光。

（2）饮食。给予清淡、高维生素、低脂饮食。多食新鲜蔬菜水果，适当补充维生素和微量元素。戒烟、限酒，减少含咖啡因食物的摄入。每日饮水量（包括食物中所含的水）

达到2 500 mL，对于青光眼的老年人，为防止眼压升高，每次饮水量应为200 mL，间隔时间1～2 h。

（3）休息与活动。睡眠要充足，适当活动，劳逸结合。外出活动应安排在白天。

（4）保护视力。老年人在暗淡的照明或刺眼的强光下都会感到视物困难。所以，尽量不要长时间在昏暗的环境中阅读和工作。在户外阳光下活动时，须戴有檐帽或用遮阳伞，或戴有色眼镜。看书报、电视的时间不宜过长，为老人提供的阅读材料要印刷清晰、字体较大，最好选用淡黄色的纸张，避免反光。

2. 手术的护理

白内障、闭角型青光眼均应手术治疗，做好术前准备和术后护理。术后不要用力挤眼，避免重体力活动，保持大便通畅，术后佩戴金属或塑料保护眼罩，以免误伤手术眼。加强用药护理。

3. 心理护理

老年人由于视力减退，自理能力和自我保护能力下降，社交活动减少，有可能出现孤独、沮丧、食欲减退和睡眠障碍等改变，应指导家属理解老年人所产生的情绪和行为，加强有效沟通和交流，缓解消极情绪，保持良好的精神状态。

4. 健康教育

（1）积极治疗相关疾病。其包括与视觉功能改变有关的全身性慢性疾病和眼科疾病。

（2）定期接受眼科检查。年龄在65岁以上、身体健康且近期无自觉视力减退的老年人，应每年进行1次眼科检查；患糖尿病、心血管疾病的老年人应每半年检查1次；近期自觉视力减退或眼球胀痛伴头痛者，应及时做相关视力检查。

（3）配镜指导。向老年人说明佩戴矫正眼镜的重要性。配镜前先要验光，确定近视、远视或散光的程度，同时还应考虑平时所习惯的工作距离、适当增减镜片的度数。如进行近距离精细工作，应适当增加老花镜度数；反之，老花镜度数则应适当降低。有青光眼、眼底疾病的老年人应先治疗，待病情稳定后再验光配镜。随着年龄的增长，老年人眼调节力的衰退会逐渐发展，应根据定期眼科检查的情况，及时更换适合的眼镜。

（4）滴眼剂的正确使用和保存。①用滴眼剂前应清洁双手，用食指和拇指分开眼睑，眼睛向上看，将滴眼剂滴在下穹隆内，闭眼，再用食指和拇指提起上眼睑，使滴眼剂均匀地分布在整个结膜囊内；②滴药时注意滴管不可触及角膜；③每种滴眼剂使用前均要了解其性能、维持时间、适应证和禁忌证，检查有无混浊、沉淀、过期；④滴药后应按住内眼角数分钟，防止滴眼剂进入泪小管，吸收后影响循环和呼吸；⑤平时要多备一瓶滴眼剂以备遗失时使用，使用周期较长的滴眼剂应放入冰箱冷藏室保存，切不可放入贴身口袋。

（四）护理评价

老年人能够自觉定期接受眼科检查，正确的验光配镜使视力得以改善。积极治疗眼科疾病，并能采取有效的措施，减少视力减退对日常生活的影响，保持规律、健康的生活方式。

二、听觉障碍

老年性耳聋，是指随着年龄的增长，双耳听力对称性、进行性下降，高频听力减退显著和语言分辨能力差的感音神经性耳聋，是老年人最常见的听力障碍。据美国卫生中心统计，65岁以上的人口中，听力减退者占72%。我国专家认为，随着年龄的增长，耳聋的发病率逐渐增高，60岁以上的老年人中，耳聋发病率为30%左右，70岁增加到40%~50%，80岁以上超过60%。老年性耳聋影响了老年人与他人的沟通和交流，对文化程度低的老年人更是妨碍了外界信息的接收，因此做好老年性耳聋的预防和护理显得尤为重要。

（一）护理评估

1. 健康史

老年性耳聋除老化因素外，还与遗传因素、长期高脂肪饮食、接触噪声、长期吸烟、酗酒、药物、精神压力和代谢异常等有关。高血压、冠心病、动脉硬化、高脂血症和糖尿病等是加速老年性耳聋的重要危险因素。所以，在健康史采集中应着重了解以下情况。

（1）疾病影响。询问老年人是否患有与血管病变关系密切的疾病。高血压、冠心病、高脂血症、糖尿病均对人体的血供造成影响，从而影响耳的供血。此外，还需询问老年人有无中耳炎病史等。

（2）药物影响。长期服用耳毒性药物，如链霉素、庆大霉素、卡那霉素、多黏菌素、万古霉素、奎宁、阿司匹林等，对听神经均有毒性作用。

（3）接触噪声史。过去的工作和生活是否长期处于噪声环境中，有无长期使用耳塞听音乐或广播的习惯。因为长期接触噪声的刺激，不仅使听觉器官经常处于兴奋状态，产生疲劳感，而且还会导致脑血管处于痉挛状态，出现听觉器官供血不足。此外，长期的噪声刺激使人情绪烦躁，进而导致血压升高及神经衰弱等，也会影响听力。

（4）不良嗜好及习惯。长期吸烟可引起或加重心脑血管疾病，使内耳供血不足；不正确的挖耳习惯可能损伤鼓膜，从而影响听力。

2. 身体评估

老年人出现说话习惯改变，如大声说话或希望别人大声说话、经常要求重复讲述、在人群中减少说话或不参与谈话等，应及时评估老年人的听力。

(1) 听力下降的特点。① 表现为60岁以上出现原因不明的双侧、对称性、进行性听力下降，高频听力减退比低频明显，听人说话喜慢喜静；② 有重听现象，表现为低音听不见而高音又感觉刺耳难受；③ 有音素退化现象，语言理解力下降，常出现"打岔"现象；④ 常伴高频性耳鸣，夜间明显，影响老年人睡眠。

(2) 中耳及外耳道检查：检查鼓膜是否完好，有无耵聍阻塞外耳道。

3. 辅助检查

辅助检查主要进行听力测试。听力测试应在专门的医疗机构由专业人员进行，测得的数值可为佩戴助听器提供参考。按照我国的标准，听力在 26~40 dB 为二级重听，听力在 41~55 dB 为一级重听，听力在 56~70 dB 为二级聋，听力在 71~90 dB 为一级聋。如果双侧听力均在 56~70 dB，沟通就会发生明显的障碍。

4. 心理-社会状况

听力的逐步下降，影响老年人与外界的沟通和联系。由于耳聋而造成生理性隔离，易导致老年人出现焦虑、孤独、抑郁及社交障碍等一系列心理问题。

（二）常见护理诊断与医护合作性问题

(1) 感知改变：听力下降与听觉器官退行性改变有关。

(2) 社交障碍：与听力下降有关。

(3) 自我保护能力受损：与听力下降有关。

（三）护理计划与实施

治疗和护理目标：① 老年人能避免影响听力的相关危险因素，减缓听力退化的速度；② 能适应听力减退的生活，能进行有效的社交、沟通；③ 能积极治疗和预防相关的慢性疾病；④ 老年人愿意佩戴合适的助听器。

1. 一般护理

(1) 建立良好的生活方式。饮食清淡，减少动物性脂肪的摄入，少食过甜、过咸的食物，多吃新鲜蔬果。一些中药和食物，如葛根、黄精、核桃仁、山药、芝麻、黑豆等，对延缓耳聋的发生有一定的作用。避免过度劳累和紧张情绪，戒烟限酒。

(2) 适当运动。运动能促进全身血液循环，使内耳的血液供应得到改善。比较适合老年人的运动项目包括散步、慢跑、打太极拳等。

2. 听觉减退的护理

(1) 创造有助于交流的环境。访视老年人时应选择安静的地点；给老年人家庭电话听筒加增音装置；门铃应与室内灯相连接，使老年人能及时开门。

(2) 与老年人正确沟通。与老年人交谈时，说话速度要慢，吐字要清楚，避免高声喊叫；尽量使用短句表达意思，避免用单个字回答；对老年人不太理解的语言，要加以解释而不是重复原话；必要时可采用书面交流或手势辅助交流，适度使用触摸传递信息。

3. 心理护理

听力下降易造成社交困难，逐渐与家人、朋友疏远，与社会隔绝，甚至造成老年性痴呆。应关心老年人，加强与老年人的沟通交流，帮助老年人接受听力减退的现实并寻找积极的生活方式。指导家人、朋友多与老年人交谈，让老年人的情绪得到宣泄，增加生活乐趣和社会交往。

4. 健康教育

（1）指导定期接受听力检查。目前尚无有效的手段治疗老年性耳聋，但可以通过各种方法延缓老年性耳聋的进展，减轻对老年人日常生活的困扰。因此，应定期指导老年人检测听力，尽早发现和治疗老年性耳聋。

（2）积极预防老年性耳聋，延缓听力下降。①尽量避免接触噪声，特别要避免接触鞭炮、爆炸声和强烈的锣鼓声等；②慎用或不用有耳毒性的药物；③积极防治心血管疾病和糖尿病；④教会老年人局部按摩，用手掌和手指按压耳朵，环揉耳屏，每日3~4次，以增加耳膜活动，促进局部血液循环，防止听力下降；⑤适当补充维生素A、维生素B族、维生素E、银杏叶制剂等。

（3）指导并帮助老年人正确使用助听器。验配助听器前，要经专业人员测试，根据听力损害程度及老年人的要求和经济情况，选戴适合的助听器（一般具有中、重度感觉神经性耳聋，精神及身体状况良好，语言分辨率较高的老年人适合佩戴）。应教会老年人如何将助听器装置塞入耳内，正确使用各种开关和安装，置换电池的方法。告知老年人佩戴助听器有3~5个月的适应过程，并应进行对话训练。

（四）护理评价

老年人能避免听力减退的因素，适应听力减退的生活，能进行有效的沟通和交流，对所佩戴的助听器会正确使用。

案例导入

李大叔，65岁，两年前因一次抬重物后导致腰痛，经推拿、止痛膏外敷后疼痛有所缓解。近日，李大叔行走时腰痛难以忍受，在弯腰、咳嗽、排便等用力时均感到疼痛加剧且反复发作，经以上方法治疗无效入院。

问题：

（1）李大叔的主要护理诊断和问题有哪些？

（2）针对护理诊断，应采取的护理措施有哪些？

三、疼痛的护理

疼痛（pain）是一种与组织损伤或潜在的损伤相关的不愉悦的主观感觉和情感体验。资料显示，65岁以上的老年人群中，约80%的患者至少有一种诱发疼痛的慢性疾病，常见的有肌肉骨骼疾患、肿瘤、神经系统病变及其他慢性病。由于老年人的痛觉敏感度降低，很难觉察到疼痛，或害怕成为负担而不主诉疼痛，均可延误疼痛病症的诊治。疼痛常导致老年人功能障碍、跌倒、康复缓慢、情绪变化（抑郁和焦虑）、社交能力下降、睡眠和食欲紊乱、大量使用医疗保健资源等。

根据疼痛的急缓和持续的时间，疼痛分为急性和慢性两种。急性疼痛的特征是：① 起病急，持续时间多在1个月内；② 有明确的原因，如骨折、手术等；③ 疼痛常伴有自主神经系统症状，如心跳加快、出汗，甚至血压轻度升高。常见的急性疼痛有胃溃疡穿孔引起的腹痛、急性心肌梗死引起的胸痛等。慢性疼痛，又称为持续性疼痛，特点是：① 起病较慢，一般超过3个月；② 多与慢性疾病有关，如糖尿病性周围神经病变、骨质疏松症等；③ 无自主神经症状，但易发生抑郁等心理障碍，如带状疱疹后痛（急性带状疱疹结束后，继续存在的顽固性神经痛）等。

根据疼痛的发病机制分为躯体疼痛（somatic pain）、内脏性疼痛（visceral pain）和神经性疼痛（neuropathic pain）三种。① 躯体疼痛。来自皮肤、骨筋膜或深部组织，疼痛容易定位，表现为钝痛或剧痛，如骨关节退行性变、手术后疼痛或转移性骨肿瘤的疼痛。② 内脏性疼痛。源自脏器受到浸润、压迫或牵拉，位置较深而难以定位，表现为压榨样疼痛，可牵涉到皮肤痛。内脏性疼痛以腹腔脏器的炎症性疾病较为多见。③ 神经性疼痛。其疼痛性质为放射样烧灼痛，常伴有局部感觉异常，常见疾病有疱疹后神经痛、糖尿病性周围神经病变、脑卒中后疼痛、三叉神经痛等。

老年人疼痛表现特点：① 持续性疼痛的发生率高；② 骨骼肌疼痛的发生率增高；③ 功能障碍与生活行为受限等症状明显增加；④ 老年人疼痛经常被忽视。

（一）护理评估

1. 健康史

（1）询问老年人疼痛的情况。认真倾听患者主诉，了解疼痛的部位：有无多处疼痛，是否对称，有无关联，疼痛性质、开始时间、持续时间和强度，放射情况，诱发和缓解疼痛的因素以及其他相关症状。

(2) 了解既往病史。询问是否患有骨关节病、神经系统疾病、肿瘤或其他疾病，明确目前存在疾病与疼痛症状间的关系。

(3) 询问目前处理或治疗情况，并确定疼痛的不良影响。正在使用哪些药物治疗，疼痛对患者生理、心理、社会和生活质量等方面的影响。

2. 身体评估

观察患者疼痛时的生理、情绪以及行为反应，检查疼痛部位，是否有牵涉痛，关注患者的生命体征变化，预防疼痛性休克的出现以及重要脏器功能的改变。此外，患者某些特定姿势或者体位也可以提供线索。

3. 辅助检查

目前还没有关于疼痛的生物学或生物化学标志物，临床多采用仪器检查（如CT、X线摄片、MRI、心电图检查、骨显像检查等）了解疼痛的原因。

4. 心理-社会状况

持续疼痛会影响老年人的睡眠、饮食和活动，并引起焦虑、抑郁等情绪改变，导致注意力减退，老年人个性改变，社会交往能力退化，生活质量下降。此外，家庭照顾者的认知和态度也起到了很重要的作用。

(二) 常见护理诊断与医护合作性问题

(1) 急性/慢性疼痛：与各种有害刺激作用于机体引起的损伤、不适有关。

(2) 焦虑：与持续性疼痛迁延不愈，对治疗丧失信心有关。

(3) 睡眠形态紊乱：与急慢性疼痛有关。

(三) 护理目标

(1) 老年人疼痛频率减少，强度减轻或疼痛消失。

(2) 老年人的焦虑情绪减轻或消失。

(3) 老年人睡眠状态有所改善，白天精神饱满。

(四) 护理措施

1. 一般护理

通过护理活动促进患者舒适，是减轻和解除疼痛的重要措施。如创造良好的环境，协助患者采取正确姿势，经常更换体位，将护理操作安排在镇痛药物显效明显的时限内，加强生活护理，尽量减轻疼痛对老年人日常生活的影响。

2. 减轻疼痛

(1) 减少或消除引起疼痛的原因。评估疼痛的诱发因素，指导或协助老年患者有效预防或减少疼痛的诱发因素刺激。例如，指导三叉神经痛的患者，饮食选择质软、易嚼食物，刷牙、洗脸动作轻柔，注意头、面部保暖等。

(2) 缓解或解除疼痛的方法。

① 遵医嘱给药。药物治疗是最常用、最基本的方法，但老年患者对治疗效果和毒性反应更敏感，需密切观察疗效、不良反应以及联合用药时药物之间的相互作用。

非甾体抗炎药（NSAIDs），是适用于短期治疗炎性关节疾病（如痛风）和急性风湿性疾病（如风湿性关节炎）的主要药物，也是肿瘤的早期和辅助止痛药物。其中对乙酰氨基酚是用于缓解轻、中度肌肉骨骼疼痛的首选药物，其他常用NSAIDs药物有布洛芬、阿司匹林，对老年患者会产生明显的不良反应，如胃肠道出血、肾脏损害、血小板功能障碍所致的出血倾向等。

阿片类，镇痛药适用于急性疼痛和恶性肿瘤引起的强烈持续疼痛，常用药物有曲马多、吗啡、芬太尼和哌替啶等。

抗抑郁药物，除了抗抑郁效应外还有镇痛作用，可用于治疗各种慢性疼痛综合征。此类药包括三环类抗抑郁药，如阿米替林和单胺氧化酶制剂。三环、四环类抗抑郁药不能用于青光眼、严重心脏病和前列腺增生患者。

外用药，对骨关节疼痛的老年人，可选用双氯芬酸乳胶剂（扶他林）、红花油、正骨水、吲哚美辛栓塞肛等。芬太尼透皮贴剂适用于不能口服的患者和已经适应于大剂量阿片的患者。

② 患者自控镇痛泵（PCA）。PCA泵是目前应用于临床镇痛治疗的新方法。患者疼痛时，通过计算机控制的微量泵主动向体内注射设定剂量的药物，具有效果好、用料少、血药浓度恒定、安全系数大等优点，目前已广泛应用于临床。

③ 物理止痛或者中医疗法。可根据病情选择冷、热疗法，按摩推拿，磁疗法，超声疗法，针灸等方法，可提高痛阈，缓解疼痛。

3. 心理护理

重视老年人对疼痛的主诉和表现，及时给予关心和安慰，减轻心理压力。也可采用如音乐疗法、深呼吸、指导想象、活动疗法，以及组织患者参加有兴趣的活动，如看电视、下棋、绘画等有效的非药物止痛疗法，均有助于减轻患者的疼痛、焦虑和抑郁。

4. 健康教育

教会老年患者和家属使用常用的疼痛评价方法和工具，以及居家治疗或缓解疼痛的简单措施。指导家属或患者正确使用止痛药物，了解止痛药物的不良反应，提醒老年人止痛药与其他药物合用时，应注意药物的相互作用可能带来的影响，应遵医嘱用药。鼓励老年人适当活动以缓解慢性疼痛，运动锻炼在改善全身状况的同时，可调节情绪，振奋精神，缓解抑郁症状。

（五）护理评价

患者及家属能恰当使用各种有效的止痛方法。老年人的生活未受到明显的影响，表现为睡眠良好，饮食、活动能正常进行，情绪稳定。

案例导入

> 张某，女，75岁。傍晚时分家人发现其跌倒在家中的阳台上，跌倒时老人正仰头收衣服。跌倒后老人当即不能站立，诉左髋部疼痛异常，送往医院。患者有眩晕病史10年，未予以关注，也未行任何治疗。前一次跌倒是在6个月前的如厕后，当时可站立和行走，无其他不适。
>
> 体格检查：体温37.2 ℃，脉搏70次/分，呼吸18次/分，血压130/60 mmHg，全身体检未见明显异常。X线摄片检查，显示患者股骨颈头下型骨折，完全移位。

思考题：

1. 患者发生跌倒的危险因素可能有哪些？
2. 患者出院以前，护士应该从哪几个方面指导患者和家属预防再次跌倒？

四、跌倒的护理

跌倒是一种常见的老年综合征。世界卫生组织（WHO）认为，跌倒是老年人慢性致残的第三大原因。在我国，跌倒在伤害死亡原因中居第四位，而在65岁以上的老年人中则为首位。2008年美国疾控中心的数据显示，每18 s就有一个老年人因为跌倒而进入急救室。跌倒随着年龄的增加而增加，一般年龄每增长10岁，与跌倒相关的病死率会增加1倍，且老年女性发生率高于男性。

跌倒严重威胁着老年人的日常生活质量、独立活动能力、身心健康，甚至生命安全。如跌倒后的恐惧心理，可降低老年人的活动能力，使其活动范围受限，生活质量下降。同时，因跌倒伤害花去的医疗费用可对医疗服务体系造成严重的经济冲击。

老年人跌倒的发生并不是一种意外，而是存在着潜在的危险因素，是可以预防和控制的。在西方发达国家,已经在预防老年人跌倒方面进行了积极的干预,大大降低了老年人跌倒的发生。

(一)护理评估

1. 环境评估

不良的环境因素,是诱发老年人跌倒的常见原因。

(1)地面因素。过于光滑的打蜡地板或地面潮湿、高低不平,过道有障碍物等。

(2)家具及设施因素。家具设计不合理,如床及凳子过高或过低,床窄小无床挡;浴室设施无防滑装置、呼叫器、栏杆;房间及过道、楼梯等照明不好;室内物品杂乱无章。研究表明,约有1/3的跌倒是发生在楼梯上。楼梯上是否有扶手,台阶设计是否合理,边界是否清晰也是评估跌倒的重要因素。

(3)辅助器具因素。衣裤的长短、鞋的类型与穿着情况不适合老年人,辅助用具的使用不当。

2. 躯体功能评估

(1)既往史。询问有无与跌倒有关的疾病(如白内障、青光眼、老年性耳聋、肌无力、严重关节炎、足畸形、心律失常、心力衰竭、高血压、直立性低血压、脊椎病、癫痫、阿尔茨海默病、帕金森病等),以前是否发生过跌倒,跌倒的次数及当时的情形,有无害怕跌倒的心理。

(2)现病史。①跌倒前,有无先兆,如头晕、头痛、胸闷、心悸、呼吸短促、肢体无力,有无饮酒、服用药物等。②跌倒时的具体情况不同,则表现不同。头部先着地,可引起头部外伤、颅内血肿,当即或数日后出现脑出血症状。若臀部先着地,可发生髋部股骨颈骨折,出现局部肿胀、疼痛、不能行走等。因此,体检时要全面,首先检查意识和生命体征,然后进行全身检查,尤其重点检查着地部位。③跌倒后,有无大小便失禁、受伤、神志是否清晰等。跌倒后可以出现多种症状与体征,如软组织损伤、组织撕裂、血肿、关节脱位等,严重者可发生骨折,甚至直接导致死亡。

3. 心理-社会状况

自信心过强和跌倒后的害怕情绪,是影响老年人跌倒的重要心理因素。约有50%的跌倒者惧怕再次跌倒,因这种恐惧而避免活动者占其中的25%,如此形成"跌倒—丧失信心—不敢活动—衰弱—更易跌倒"的恶性循环。跌倒引起的身心损伤,导致老年人活动受限、生活需要照料、医疗费用增加,加重了老年人自身、家庭及社会的负担。研究数据显示,经济水平低下、缺乏有效的社会支持和生活质量差的老年人更易发生跌倒。

4. 辅助检查

辅助检查主要是针对跌倒产生的病因及其继发损伤而进行。如跌倒后可疑并发骨折时，进行X线检查；可疑并发头部损伤时，行头颅断层扫描或磁共振检查；可疑跌倒系高血压引起时，可测量血压等。

5. 其他评估

跌倒风险评估工具（fall risk assessment tool，FRA）用于评估老年人有无跌倒风险，需由专门受训人员来完成，既可用于社区老年跌倒的风险筛查，也可用于医疗机构中老年跌倒风险的评估。

（二）常见护理诊断及医护合作性问题

（1）有受伤的危险：与跌倒有关。
（2）恐惧：与害怕再次跌倒有关。
（3）疼痛：与跌倒后损伤有关。

（三）护理目标

（1）老年人和照护者明确说出发生跌倒的原因和诱因，主动避免跌倒的发生。
（2）老年人对跌倒的恐惧感减轻或消失。
（3）老年人跌倒时，能够得到合适的处理和护理。

（四）护理措施

1. 一般护理

（1）正确评估并消除危险因素。定期进行体格检查，积极治疗原发性疾病。多数老年人患有各种慢性疾病需要服用各种药物，因此要密切观察药物的疗效和不良反应，防止发生跌倒。另外，应限制老年人饮酒，防止饮酒过量。

（2）环境、用具的改造。其包括房屋、厕所与浴室、床单位、衣着、楼梯等方面。

（3）适当助行。佩戴合适的眼镜与报警装置。行走不便的老年人可以使用拐杖或轮椅，拐杖的使用不当是引起跌倒的原因之一。正确选择拐杖，以行走时能直立并可使劲为标准。选择腋拐时，腋拐的长度以直立时正好卡在腋窝为宜。轮椅应高度适宜，要有良好的刹车系统。

（4）加强营养。老年人应合理膳食，确保摄取足够的钙质及维生素。多饮用高钙低脂的鲜奶、鱼类，多吃富含维生素D的食物，如木耳、香菇、禽、蛋、肝、深海鱼等。

2. 正确应对跌倒及跌倒后的处理

（1）掌握正确的跌倒方式。跌倒时尽量避开关节、头部等重要部位的损伤，需立即放松全身肌肉，屈曲关节或弓腰团身，以降低重心，尽量做到以一侧身体着地，避免头部撞击或从台阶上滚落的概率。

（2）跌倒后正确处理。① 切勿立即扶起老人，应需先检查确认伤情。其一，询问老人跌倒情况及跌倒过程，是否能够忆起，如不能忆起则提示脑血管意外或晕厥，需通过CT、MRI行进一步检查；其二，检查有无骨折，如患者肢体畸形、关节异常、感觉异常等，需按照骨折情形进行适当处理；其三，观察老人有无脑卒中表现，如是否有剧烈头痛、口角歪斜、语言不利、手脚无力等情况，避免在处理的过程中脑出血或缺血进一步加重。② 正确搬运。如有外伤、出血者先止血包扎再行进一步处理。如老年人自己能试图站立，可协助其缓慢站起，妥善安置其坐位或者卧位休息，并确定无碍后才能放手。③ 病情观察。密切观察患者的生命体征、意识、瞳孔，警惕内出血、休克征象以及颅脑损伤的情况。

3. 心理护理

重点针对跌倒后出现恐惧心理的老年人进行心理指导，让老年人正确认识自己的躯体功能状态，改变不服老、不麻烦人的心理，在力不能及时主动向他人求助，防止跌倒的发生。若老年人存在跌倒恐惧心理，与老年人一起针对原因制定克服恐惧的措施。

4. 健康教育

（1）老年人要合理评价自己的活动能力，如有需要，要及时寻求援助。

（2）对于老年人而言，跌倒是经常可能发生的事情，跌倒后容易引起各种并发症，因此要向老年人及家属讲述引起跌倒的原因，以便老年人及家属引起足够的重视。

（3）小步态或步态不稳的老年人外出，尽量有人陪伴并搀扶，动作不能过快。

（4）老年人上下床、便后起身、低头弯腰捡东西的动作应缓慢，特别要防止猛回头和急转身的动作。

（五）护理评价

老年人与照顾者都能表述跌倒的危险因素，积极防护，使老年人不发生跌倒或再次跌倒。发生跌倒的老年人能得到及时的帮助与护理。

五、营养缺乏消瘦的护理

营养缺乏消瘦（marasmus）是个体处于摄入的营养物质，不足以满足机体需要量的状态。衰老导致的生理改变及疾病、社会、心理、经济等因素的影响，使老年人容易发生营养缺乏性疾病；而消瘦可使老年人的免疫力低下，并加速衰老。国外研究报道，社区及居家老年人营养不良发生率为15%，老年住院患者营养不良发生率为62%，养老院营养不良发生率为85%。因此，对老年人进行营养监测和评估是非常重要的。

（一）护理评估

1. 健康史

应考虑所有可能导致营养不足的因素及患者自身情况，主要包括病史、用药情况、体重减轻、食欲减退、胃肠道症状、发热情况、身体功能损害等。

（1）既往史。评估是否患有消耗性疾病、代谢亢进性疾病或吸收不良性疾病，如甲状腺功能亢进、慢性肠炎、食管肿瘤、神经性厌食、躁狂症、痴呆症，是否服用过引起食欲减退、恶心或能量代谢增加的药物，如地高辛、氨茶碱、阿司匹林、甲状腺素片、糖皮质激素、类固醇、免疫抑制剂、泻药、化疗药等。

（2）膳食评估。询问患者近期的进食情况，有无厌食、腹胀、食欲缺乏等，所进食物的种类、咀嚼功能、味觉和嗅觉有无改变等。注意评估是否有不良饮食习惯，如挑食、偏食，食物加工过分精细等。老年人胃肠功能退化后，消化能力减弱，很多时候即使吃进去了，身体也不能很好地吸收。食物进肚后不是囫囵吞枣，不消化，就是穿肠而过，吃了就拉，很多营养成分根本无法吸收。

2. 身体状况

体重下降，毛发干燥稀疏，皮肤无光泽、干燥、弹性差，肌肉松弛无力，肋间隙、锁骨上窝凹陷，肩胛骨突出。严重者可有明显的低蛋白血症、营养不良性水肿。同时要注意，是否有常量和微量元素缺乏体征。WHO专家委员会建议特别注意13个方面，即头发、面色、眼、唇、舌、齿、龈、面（水肿）、皮肤、指甲、心血管系统、消化系统和神经系统等。

3. 心理-社会状况

家人团聚是老人幸福的体验。进入老年期，人际交往减少，或丧偶，给老年人带来寂寞和失落，影响食欲；离退休后经济收入下降，生活水平下降影响了营养的获得；自理能力减退，营养知识缺乏、酗酒也是重要影响因素。

4. 辅助检查

测定体重指数（BMI）是衡量机体营养状况和肥胖程度的常用指标，计算公式为：BMI=体重（kg）÷身高的平方（m^2）。体重指数被认为是反映蛋白质热量营养不良的可靠指标：BMI在17~18.4为轻度消瘦，BMI在16~16.9为中度消瘦，BMI<16为重度消瘦。体重是营养评定中最简单、直接而又可靠的指标，但体重的测定须保持时间、衣着、姿势和量具等方面的一致。

> **知识链接**

> (1) 目前多采用 Hopkins 标准作为判断体重下降的指标。
>
> Hopkins 体重下降标准：
>
> 患者1周内体重下降1%~2%为明显下降，>2%为严重下降。
>
> 2~3周体重下降2%~3%为明显下降，>3%为严重下降。
>
> 1个月体重下降4%~5%为明显下降，>5%为严重下降。
>
> 3个月体重下降7%~8%为明显下降，>8%为严重下降。
>
> 凡体重明显下降者为中度营养不良，严重下降者为严重营养不良。
>
> (2) 血清蛋白含量测定。血清蛋白水平可以反映机体蛋白质营养状况。血清蛋白(g/L) 2.9~3.5 为轻度营养不良，2.1~2.8 为中度营养不良，<2.1 为重度营养不良。

（二）常见护理诊断及医护合作性问题

(1) 营养失调，低于机体需要量：与无能力获得食物有关。

(2) 活动无耐力：与糖、脂肪和蛋白质代谢紊乱有关。

（三）护理计划与实施

治疗和护理目标：老年人了解基本的饮食、营养知识，能描述合理的饮食结构；主诉症状缓解或消失，食物的摄入量增加，体重逐渐达到正常；增进与他人的交往。

(1) 治疗原发病。对因原发病所致的营养不良，积极治疗原发病；对因药物因素导致的营养不良，在医生的指导下调整服用的药物。

(2) 补充能量。补充足够的蛋白质和热量，烹调时注意食物的色、香、味，以增加老年人的食欲。定期测体重，提供优质蛋白质，优质蛋白质应占蛋白质总量的30%以上。鼓励多食富含胡萝卜素的食品，如番茄、胡萝卜、红薯、苋菜等新鲜蔬菜；多吃水果，如每天食入香蕉或橘子1~2个；补充常量元素（钙、钠、镁等）和微量元素（铁、锌、铜、碘、硒等）。

(3) 就餐环境。提供舒适、清洁的环境，去除能引起患者不快的事情和食物。尽可能让老年人与家人一起用餐或老年人集体用餐。

(4) 心理护理。重视老年人的心理健康，创造和谐、交流的气氛，鼓励老年人参与集体活动。

(5) 提供援助。对无力自行采购或烹调食物的老年人提供相应的帮助，如送菜上门等。

(6) 健康教育。①活动能力下降会影响食欲，可根据自身的年龄和体力，适度运动，活动有助于改善情绪，增加食欲。②烹调食物时，食物的色、香、味齐全有利于刺激食欲。经常更换食物的品种和烹调方法，增加食欲。食物种类合理搭配，如动物与植物食物、粗粮与细粮搭配。餐量分配合理，食物冷热适宜。③选购的食物必须新鲜，食品在冰箱内存放的时间不宜过长。羹汤类食品能增加与味蕾的接触，有利于提高食欲。

(四) 护理评价

经过治疗与护理后，老年人的食欲正常，原发疾病得到积极控制；BMI恢复正常，血清蛋白浓度及其与球蛋白的比值在正常范围内（见附录：住院患者营养风险筛查NRS—2002评估表）。

六、便秘的护理

便秘（constipation）是指正常的排便形态改变，排便次数减少，每周排便少于3次且排出过于干硬的粪便，并伴有排便不畅、困难。老年人群发生便秘的可能性是成年人的5倍。研究发现，衰老对结直肠功能的影响并不明显，老年人的便秘常常不是衰老的结果，而是与可能促进便秘的因素增多有关，如慢性疾病、不能运动、神经和精神疾患、药物和营养不当。老年人便秘的主要并发症是粪便嵌塞，易导致肠梗阻、结肠溃疡、溢出性大便失禁等。长期便秘还可导致大肠癌、痔疮等疾病，诱发心绞痛、心肌梗死、脑血管意外等，严重危害老年人的身心健康。

(一) 护理评估

1. 健康史

(1) 询问老年人便秘的情况，便秘开始的时间，近期大便的时间、频率、性状，有无恶心、腹胀、腹痛等伴随症状。

(2) 了解既往病史、家族史，以及用药史有无肠道病变或手术、内分泌与代谢疾病、精神因素（抑郁、焦虑、紧张），是否服用易导致便秘的药物（如麻醉剂、止痛药、镇静剂、长期服用缓泻剂以及某些铁、铝、钙制剂等）等。

(3) 询问目前处理或治疗情况，并确定便秘的不良影响，有无使用口服缓泻剂、简易通便剂等，日常饮食与排便习惯（老年人牙齿多数不健全，喜吃低渣精细饮食，缺少粗纤维，饮水量不足）、活动量、有无生活规律改变、卫生间设施情况等。

2. 身体状况

其主要表现为腹胀、腹痛、食欲减退,严重的慢性便秘患者可出现舌苔变厚、口臭、食欲缺乏、恶心、乏力、精神淡漠等自体中毒的毒血症症状,触诊腹部较硬实且紧张,有时触及粪块或痉挛的肠型,肛诊可触及粪块。

3. 心理-社会状况

据统计,长期便秘可引起抑郁、恐惧心理,更加重了便秘,形成恶性循环,甚至导致焦虑、抑郁,进而影响老年人的社会生活。此外,家庭对老年人的关爱和理解程度,对老年人的生活习惯也将产生较大影响。

4. 辅助检查

通过直肠镜或钡剂灌肠,排除结肠、直肠病变及肛门狭窄。

(二)常见护理诊断及医护合作性问题

(1)便秘:与不合理饮食、液体摄入量不足、肠蠕动减少、药物不良反应有关。
(2)焦虑:与长期便秘有关。
(3)知识缺乏:缺乏便秘的相关知识。
(4)潜在并发症:心绞痛、急性心肌梗死、脑血管意外。

(三)护理目标

(1)便秘症状缓解或消失。
(2)老年人焦虑减轻以至消失。
(3)老年人能正确说出便秘的原因、危害及预防便秘的相关知识。
(4)不出现心绞痛、急性心肌梗死、脑血管意外等并发症。

(四)护理措施

1. 一般护理

(1)重建良好的排便习惯。指导老年人养成每日定时大便的习惯,指导老年人选择一个适合自身排便的时间,一般以早餐后排便为最佳。不论是否有便意,尽量按时如厕,努力排便。排便时,不要进行看书、读报等与排便无关的活动,避免太过用力或屏气,以免诱发心、脑血管意外。

(2)指导老人调整合理的饮食结构。①鼓励多饮水。每日清晨饮一杯温开水,有助于促进肠蠕动和软化大便。如病情允许,每日饮水量在 2 000~2 500 mL。②饮食规律,保证一定的摄入量。如病情允许,鼓励多食膳食纤维和润肠通便的食物,如蔬菜、水果、粗粮、蜂蜜、果仁等。适当食用油脂类的食物,禁食辛辣刺激性食品。

（3）提供安全舒适隐蔽的排便环境，采用适当的排便姿势。考虑到老年人体能及健康状况，以坐式为佳。如老年患者体质虚弱需在床上排便者，若病情允许应抬高床头，关闭门窗，用屏风遮挡，只协助其无力完成部分，不要一直在旁守候。

（4）合理增加运动。如病情允许，可指导老年人进行适量运动。散步、太极拳、广播操等，不仅可以促进肠蠕动，还可以增强体质，改善情绪。卧床老年人可进行床上活动。

2. 促进粪便排出

（1）腹部按摩，增加肠蠕动。在清晨或晚间排尿后，取屈膝仰卧位，放松腹肌，用一只手平放在右下腹部，另一只手放在其手背上，向上推至右肋下部，顺着脐上方横过腹部，至左下腹，在该处做深而慢的揉按，然后推到原处即是一圈。每日数次，每次10~15 min。为老年人做腹部热敷也可促进肠蠕动。

（2）用药护理。遵医嘱用药，密切观察药物疗效及不良反应。正确使用简易通便剂，常用的有开塞露和甘油栓剂，避免肛周损伤；或遵医嘱给予老年人使用缓泻药，必要时灌肠。但应注意长期使用缓泻剂或灌肠，肠道失去正常排便功能，且容易形成对药物的依赖，造成慢性便秘。

（3）取粪结石法。当发生粪便嵌塞时，可让患者左侧卧位，将戴有指套的食指用液状石蜡润滑后插入肛门，把粪块捣碎后抠出。

3. 心理护理

给予心理支持，鼓励和安慰患者，消除焦虑不安的情绪，使之达到身心放松的目的。排便时耐心协助，不要催促，避免加重老人的焦虑和紧张情绪。

4. 健康教育

便秘知识教育：向老年人及家属解释老年人易发生便秘的原因、预防和处理便秘的措施，强调预防的有效性和重要性。

（五）护理评价

经过治疗护理干预后，老年人便秘及便秘的伴随症状减轻或消失，日常饮食习惯和生活方式得到改善，初步建立或建立良好的排便习惯。

七、大便失禁的护理

大便失禁（fecal incontinence）是指粪便不受意识控制而不自主地排出，常同时存在便秘和尿失禁，多见于65岁以上的老年人，女性多于男性，多产老年妇女发生率最高。大便失禁与胃肠功能紊乱、神经肌肉功能障碍、肛门括约肌失去控制、结肠手术和认知障碍等有关。大便失禁是一种损害自尊的身体功能减退，已成为医疗护理亟须解决的问题。

（一）护理评估

1. 健康史

（1）既往史评估。评估是否有以下情况：① 中枢神经系统病变（如脑卒中、脊髓病变、阿尔茨海默病）使支配肛门、直肠的神经功能发生障碍而引起大便失禁；② 肛门、直肠手术或放射损伤造成肛门直肠环和括约肌的损伤而引起大便失禁；③ 虚弱、不活动的老年人，较多见原因是直肠感受力降低，不能有意识地收缩横纹肌，导致大便失禁。

（2）排便情况评估。仔细询问：① 排便的自控能力，有无便意；② 每日排便次数、饮食与排便间的关系；③ 自我护理的条件，家属对老年人的关爱理解程度；④ 厕所（卫生间）是否靠近卧室，照明及设施情况；⑤ 是否伴有排尿异常；⑥ 有无智力、神志、精神状况的异常。

2. 身体状况

大便失禁可表现为不同程度的排便和排气失控。轻症者对排气和液体性粪便难以控制，偶尔污染内裤；重症者对固体性粪便也无控制能力，表现为频繁地排出粪便。评估时，注意观察肛门周围有无粪便污染、溃疡、湿疹等；直肠指检时，注意肛门括约肌收缩力、肛门直肠环张力有无减弱或消失。

3. 心理-社会状况

大便失禁不仅对会阴部的皮肤造成直接的影响（如溃疡、湿疹、压疮），还常常造成老年人焦虑、惧怕、尴尬的心理，甚至导致老年人隐居，严重影响了老年人的活动和社会交往。评估时应了解老年人社会关系、家庭成员对老年人的关心程度、家庭经济状况、医保的使用情况。

4. 辅助检查

（1）肛门测压。肛门测压计可检出肛门压力异常低下和括约肌缺陷者。

（2）排便造影。检测耻骨直肠肌和盆底肌张力。

（3）直肠镜检。观察黏膜的颜色，有无溃疡、炎症、出血、肿瘤、狭窄。

（4）肛门部超声检测。肌厚度，评价肛门内外括约肌的完整性。

（二）常见护理诊断及医护合作性问题

（1）大便失禁：与直肠、肛门功能受损有关。

（2）有皮肤完整性受损的危险：与大便长期刺激局部皮肤及缺乏自我照料能力有关。

（3）自我形象紊乱：与窘迫、异味、不适有关。

（4）潜在并发症：压疮。

(三)护理计划与实施

治疗和护理目标:老年人心理压力减轻,能配合治疗和护理;老年人学会盆底肌肉的收缩运动,排便的异常形态逐渐改善;老年人会阴部皮肤清洁干燥无破损;参与社交活动增多。

1. 心理护理

大便失禁的患者心情紧张而窘迫。护理人员应尊重理解患者,给予心理安慰与支持。鼓励患者树立信心,让老年人积极参与,积极配合治疗和护理。定时开窗通风,除去不良气味,保持室内空气清新。

2. 皮肤护理

保持床褥、衣服清洁,及时更换污湿的衣裤被单,床上铺橡胶单和中单或一次性尿布,每次便后用温水洗净肛门周围及臀部皮肤,保持皮肤清洁干燥,必要时涂氧化锌软膏保护,并注意观察骶尾部皮肤变化,防止压疮发生。

3. 重建良好的排便习惯

在固定的时间解便,防止粪便硬结,有粪便嵌顿时及时解除。对固体性大便失禁者,每天餐后甘油灌肠并鼓励老年人增加活动时间。

4. 饮食护理

了解老年人的饮食习惯、排便时间及其规律。对排便能力降低的老年人,应限制富含膳食纤维食物的摄入,避免进食产气食物,如牛奶、白薯等,避免进食有腹泻作用的食物。

5. 协助进行其他治疗

如针灸、生物反馈治疗等。

6. 传染性腹泻护理

如疑为传染性腹泻的老年人,应进行消化道隔离。

7. 健康指导

(1)教会老年人进行肛门括约肌及盆底部肌肉的收缩锻炼。帮助老年人取立、坐或卧位,试做排便动作,先慢慢收缩肛门,每次10 s,然后再慢慢放松10 s,连续15~30 min,每日数次,以患者感觉不疲劳为宜。

(2)鼓励老年人重新建立起正常、规律的肠蠕动,尽量少使用治疗便秘药物和定时灌肠排便的方式。

(3)指导老年人保持床褥、衣服清洁。指导老年人及家属及时更换污湿的衣裤、被单,定时开窗通风,保持室内空气清新。

(四)护理评价

适当的治疗与护理干预,使老年人能坚持盆底肌肉锻炼,建立良好的排便习惯,饮食、饮水的品种和量恰当，无皮肤破溃发生。

八、尿失禁的护理

尿失禁（urinary incontinence）是指由于膀胱括约肌损伤或神经功能障碍，排尿失去控制，尿液不自主地流出。老年人尿失禁发生率高达30%，并以女性多见，这与女性尿道短、盆底肌肉较薄、雌激素水平下降有关。尿失禁按照症状可分为充溢性尿失禁、无阻力性尿失禁、反射性尿失禁、急迫性尿失禁和压力性尿失禁五类。尿失禁可造成皮肤糜烂、反复尿路感染，还因身体异味和自尊心降低影响老年人的社会交往，导致老年人孤僻、抑郁，被称为"社交癌"。

（一）护理评估

1. 健康史

询问老年人是否患有泌尿系统感染、糖尿病、脊髓疾患、阿尔茨海默病、脑卒中等疾病；询问有无尿道手术史、分娩史及外伤史、饮酒和服药情况；询问有无诱发尿失禁的原因，如咳嗽、打喷嚏等，失禁时有无尿意、失禁持续时间及流出的尿量。评估老年人的居住环境及自我护理能力，如卫生间是否靠近卧室、照明及设施情况。

2. 身体状况

（1）尿失禁的临床分类。临床上尿失禁分为急性尿失禁和慢性尿失禁两类。

① 急性尿失禁：常见于急性意识障碍、急性泌尿系统感染、阴道感染、心理异常以及粪便嵌塞或使用某些镇静剂、利尿剂等，病因祛除尿失禁即可消失。

② 慢性尿失禁：是由多种原因导致的膀胱功能障碍而出现持久性尿失禁，可分为三种类型。其一，压力性尿失禁，是指短暂的腹内压增高而引起的反射性尿液流出，表现为咳嗽、打喷嚏、大哭、开怀大笑或运动时出现不自主的尿液流出。其与老年人组织松弛，膀胱尿道括约肌张力减低有关，老年女性症状明显。其二，急迫性尿失禁，患者有强烈尿意，并迫不及待地排出大量尿液。尿失禁往往突然发生，几乎没有或完全没有先兆。其三，充盈性尿失禁，是由于膀胱过度充盈，在膀胱逼尿肌没有收缩的情况下尿液不自主地溢出。

（2）评估尿失禁的方法。

① 直肠指诊。了解肛门括约肌张力、球海绵体肌反射、前列腺大小和质地、有无粪便嵌顿。

② 女性外生殖器检查。了解有无阴道前后壁膨出、子宫下垂、萎缩性阴道炎等。

③ 尿道压力测试。在老年人膀胱充盈情况下，于站立位时咳嗽或举重物，观察是否有漏尿情况，用于确定压力性尿失禁。

④尿垫试验。在老人内裤里放置一块已称重的卫生垫后让其运动，运动后再次称重卫生垫，以了解漏尿程度。

3. 辅助检查

进行尿常规、尿培养检查，了解有无泌尿系统感染。有多尿现象时，应做血糖等检测。

4. 心理-社会状况

尿失禁对老年人的影响包括躯体、心理、社会和生活质量。尿失禁老年人容易患会阴部湿疹、压疮、反复尿路感染，影响睡眠和性生活；因害怕漏尿或身体有异味而不愿与人交往，常害怕被别人嫌弃，易造成家庭关系紧张；老年人极易产生苦恼、自卑、耻辱、沮丧、退缩、孤独等心理问题，甚至出现绝望感。用于治疗和护理的费用增加，使老年人及家庭的经济负担加重，生活质量下降。

（二）常见护理诊断与医护合作性问题

（1）尿失禁：与骨盆肌肉和支持结构退行性改变有关。

（2）有皮肤完整性受损的危险：与尿液长期刺激皮肤有关。

（3）社交障碍：不愿与人交往与窘迫、异味、不适有关。

（4）潜在并发症：尿路感染、压疮。

（三）护理计划与实施

治疗和护理目标：①增强老年人自信心，能主动配合，积极治疗；②能合理饮食和活动锻炼，并坚持行为训练；③正确使用外引流和护垫，不发生会阴部皮肤损伤；④定期参与社交活动。

1. 一般护理

在病情允许的情况下，鼓励老年尿失禁者适当参加活动，生活自理或部分自理，避免疲劳。保证营养的供应，合理补充水分，如无禁忌，嘱患者每日摄入液体量2 000 mL。入睡前限制饮水，以减少夜间尿量。指导老年人保持会阴部皮肤的干燥、清洁，尿湿后及时用温水清洗会阴部，更换被污染的衣裤和被褥，以防局部皮肤因尿液刺激造成糜烂、破溃。生活不能自理的老年人，可使用尿片或尿不湿，每日2次用温水清洗会阴部，并保持会阴部干燥，减轻造成尿失禁的诱因。

2. 心理及家庭支持

尊重老年人的人格自尊，注意保护其隐私，做好家庭工作，共同配合给予老年人安慰、鼓励和心理支持，减轻老年人的窘迫感和自卑感。全面评估老年人的现状，及时发现造成尿失禁的原因，与老年人及家属共同制定护理措施。

3. 行为训练

教会老年人功能锻炼的方法。

(1) 训练间断排尿。即在每次排尿时停顿或减缓尿流,以及在咳嗽、弯腰等尿失禁诱发动作之前收缩盆底肌,达到抑制不稳定的膀胱收缩,减轻排尿紧迫感程度、频率和溢尿量。

(2) 锻炼骨盆底部肌肉,以增强控制排尿的能力。具体方法是:患者取立位、坐位或卧位,试做排尿动作;先慢慢收缩肛门,再收缩阴道、尿道,产生盆底肌上提的感觉;在肛门、阴道、尿道收缩时,大腿和腹部肌肉保持放松,每次缩紧不少于3 s;然后缓慢放松,每次10 s左右,连续10遍,以不觉疲乏为宜。每日进行5~10次。

(3) 教会老年人每日早晚进行自我按摩。用手掌揉小腹20~30次,可增加腹肌紧张度,刺激盆腔肌肉和膀胱肌肉的收缩,加强排尿的自控能力。若病情许可,鼓励患者做抬腿运动或下床走动,以增强腹部肌肉张力。

(4) 向患者和家属说明膀胱功能训练的目的、方法和所需时间,以取得患者和家属的配合。安排排尿时间,定时使用便器,建立规则的排尿习惯,促进排尿功能的恢复。初始白天每隔1~2 h使用便器1次,夜间每隔4 h使用便器1次。以后逐渐延长间隔时间,以促进排尿功能恢复。使用便器时,用手按压膀胱,协助排尿。

(5) 必要时可用一次性外用接尿装置引流尿液,避免尿失禁而影响睡眠或引起皮肤损伤。老年男性尿失禁者可以使用一次性尿套外接引流袋,老年女性尿失禁者可以使用外用接尿器,外接引流袋。长期尿失禁患者应实施无菌留置导尿术,避免尿液浸渍皮肤。

4. 用药护理

对女性压力性尿失禁者多采用雌激素与α受体拮抗剂联合应用。积极去除诱发因素,及时发现尿路感染的症状,并按医嘱给予抗感染治疗。

5. 健康教育

(1) 向老年人及家属讲解可能引起尿失禁的生理和心理因素,强调对老年尿失禁应重视预防,积极控制相关疾病。告知老年人有尿意应及时排尿,避免长时间憋尿,并告知家属提醒老年人不要忘记按时上厕所。

(2) 指导和帮助改善老年人的居住环境,居室应光线良好,座椅应高矮适宜。因为老年人从低矮的椅子上站起来比从高的椅子上站起来更困难、紧张和费时。卫生间应靠近老年人的卧室,坐便器和走道应有扶手。合理布局尤其是厕所的位置,有助于减少尿失禁的发生。

(3) 指导老年人建立良好的生活习惯。①穿宽松、柔软、舒适且易解易系的衣裤,减轻对腹部的压力;②夜间便器放在伸手容易拿到的地方,以利于老年人及时排尿;③定时开门窗,通风换气,保持室内空气清新,使患者舒适;④合理安排饮水,一般晚餐后应适当控制水的摄入,保证充分的睡眠时间,也可避免夜尿增多而引起尿失禁;⑤忌食刺激性饮食,如咖啡、茶、碳酸饮料等。

(4) 坚持盆底肌、腹肌锻炼,积极训练膀胱平滑肌功能。

(5) 提醒老年人注意药物对尿失禁的影响。利尿剂应避免夜间使用;镇痛剂和酒精会降低括约肌对排尿反应的敏感性,尽量减少使用。

(6) 鼓励老年人参加各种社交活动和适当运动。

(四) 护理评价

老年人能主诉尿失禁的次数减少,能主动参与治疗护理活动,局部皮肤清洁、干燥,愿意参与社交活动(见附录:国际尿失禁咨询委员会尿失禁问卷表简表)。

九、压疮的护理

压疮(pressure sores)又称褥疮或压力性溃疡,是指身体局部组织长期受压,血液循环障碍,造成皮肤及皮下组织持续缺血、缺氧,营养不良而导致组织溃烂坏死,常见于昏迷及瘫痪患者,长期卧床、体质衰弱的患者,骨折后长期固定或卧床的老年人。压疮常出现在70岁以上的患病老年人。

老年人压疮的特点为:① 比较隐蔽。由于感觉减退、反应迟钝、痴呆等原因,常不能早期发现老年人压疮。② 易继发感染。由于机体免疫力下降,老年人压疮局部及其周围组织易继发感染,严重者可并发全身感染而危及生命。③ 全身反应不明显。因感觉迟钝、身体虚弱及机体免疫力低下,即使继发全身感染时,中毒表现也常不典型、不明显,易贻误治疗时机。④ 愈合困难。由于营养不良、皮肤老化、组织修复能力差、合并慢性病等原因,一旦发生压疮,很难愈合。

(一) 护理评估

1. 危险因素

老年人发生压疮的原因复杂多样,一般可概括为以下两大类。

(1) 外源性因素。① 力学因素。对局部组织的持续性垂直压力是引起压疮的最主要原因,也可由摩擦力和剪切力引起,通常是2~3种力联合作用所致。压疮的形成与压力大小和持续时间有密切关系,压力越大,持续时间越长,发生压疮的概率就越高。② 潮湿。汗液、尿液、大小便、伤口渗液及引流液等的浸渍、刺激,导致皮肤抵抗能力下降,局部皮肤易破损而发生压疮。③ 矫形器具使用不当。使用石膏绷带、夹板或牵引固定时,放置不当或松紧不适宜,致使局部血液循环不良,组织缺血性坏死。

(2) 内源性因素。① 老化。随着年龄增长,皮肤变得松弛干燥、缺乏弹性、出现皱褶，皮下脂肪萎缩变薄，血流缓慢，对压迫的耐受力下降，而发生压疮。② 营养不良。老年人常因摄入及吸收不足、低蛋白血症、患慢性疾病、恶性肿瘤等原因出现消瘦、全身营养不良，造成皮下脂肪减少、肌萎缩，对压迫的缓冲力降低发生压疮。③ 感觉、运动功能减退。老年人常因年龄大，合并瘫痪、阿尔茨海默病、意识障碍及关节炎等，出现感觉、运动功能减退，对压迫的感受性和躲避能力降低，发生压疮。

压疮危险因素评分：美国临床研究显示，使用压疮危险因素评估量表（risk assessment scale，RAs）以及采取相对应的预防护理措施可以使压疮发生率下降50%～60%。压疮RAS具有简便、易行、经济、无侵袭性的特点，国内外很多医疗机构已将其常规应用。最常用的是Braden量表、Norton量表和Waterlow评估表（见附录）。

2. 健康史

仔细询问有无可能影响愈合的因素（如灌注减少、感觉缺失和全身性感染），有无伴发与长期卧床相关的疾病或因素，平素的饮食营养状况、活动情况和精神状态，姿势、体位及其更换的频率和方法；居室的温湿度，衣被的面料和质地、皮肤及床单的清洁度，护理用具的完好程度；家属对老年人的关心照顾情况，以及掌握压疮形成和愈合相关知识和认识的程度等。

询问有无皮肤受损及其特点（如出现的时间、部位、病灶数目、创面大小、分期），有无寒战、发热、疼痛、意识模糊等伴随症状，特别是有无形成更多压疮的风险。

3. 身体状况

压疮多发生在受压和缺乏脂肪组织保护、无肌肉包裹或肌肉较薄的骨隆突及受压部位。95%以上的压疮发生于下半身骨隆突上。压疮好发部位有骶尾部、股骨大转子、坐骨粗隆、足跟及外踝。压疮一般仅表现局部症状和体征，严重者可因继发感染而出现发热、寒战、食欲缺乏、意识障碍、皮肤黏膜瘀点等全身反应。评估时要准确记录压疮的特征，如位置、分类（分期）、大小、组织类型、伤口床、伤口周围情况、伤口边缘、窦道、深部损伤、潜行、分泌物、坏疽、气味、有（无）肉芽和上皮形成。

国际上一般把压疮分为四期：Ⅰ期，非苍白性发红（皮肤完整无破损，但局部区域出现按压后不变白的红斑）；Ⅱ期，部分皮层受损（部分真皮受损，溃疡呈表浅性，伤口床为红、粉色且没有腐肉）；Ⅲ期，全层皮肤缺失（全层皮肤损伤缺失，可见皮下脂肪层，但骨组织、筋膜及肌肉未暴露）；Ⅳ期，全层组织缺失（全层组织的缺失累及骨组织、筋膜或肌肉的外露，可能伴有腐肉及焦痂）。

4. 辅助检查

根据压疮的局部及全身症状和体征选择相应检查方法，重度压疮进行血管评估（如体检、跛行史和踝肱指数或足趾压力），若有需要，应包含实验室检查和X线检查。如可疑压疮合并感染时，可行创面和血液的细菌学培养及药敏试验；压疮浸润过深时，要评估骨质有无受损。

5. 心理-社会状况

老年人发生压疮后，除增加老年人新的痛苦外，同时可因其创面难以愈合、分泌物产生的异味，出现焦虑、自卑自责、不愿与人交往、悲观、绝望，强化患者角色的被动性心理、情感和行为的改变。

（二）常见护理诊断及医护合作性问题

（1）皮肤完整性受损：与局部组织长期受压、营养不良等有关。

（2）有感染的危险：与局部组织破损、老年人机体抵抗力下降、营养不良等因素有关。

（三）护理计划与实施

治疗和护理目标：消除产生压疮的因素，患者在住院期间能保持皮肤的完整性，未发生压疮或经过精心护理后压疮愈合未发生感染等并发症；患者及家属掌握预防压疮的有关知识与护理技能，能参与压疮的自我护理。

压疮的发生可以预防，预防的关键是消除其发生的原因。护士需将预防压疮的有关知识与技能教给老年人及其家属，使之配合护士加强对老年患者的护理，做到勤观察、勤翻身、勤按摩、勤整理、勤更换和营养好。同时，应做好交接班工作，严格细致交接老年人局部皮肤情况及护理措施落实情况。对已发生压疮的老年人，应立即给予治疗和护理。具体的护理措施如下。

1. 去除危险因素

如采取措施解除局部压迫，积极治疗原发病等。

2. 改善全身营养，促进压疮愈合

良好的营养是压疮愈合的重要条件。应加强老年人的营养，增加优质蛋白质和热能的摄入，纠正负氮平衡，补充富含维生素和微量元素的食物。遵医嘱使用药物，促进创面的愈合。对于水肿患者，应根据水肿的程度限制水、钠摄入。

3. 压疮局部的护理

（1）瘀血红肿期。此期护理原则是去除危险因素，加强预防，避免压疮继续发展。如增加翻身次数，防止局部继续受压、受潮；采用湿热敷、红外线或紫外线照射等方法促进局部的血液循环。局部可涂润滑剂和使用保护性敷料。

（2）炎性浸润期。此期护理原则是保护皮肤，预防感染。对未破的小水疱要减少摩擦，防破溃感染，促进水疱自行吸收；大水疱在不剪去表皮的情况下，用无菌注射器抽出疱内液体，涂以消毒液，用无菌敷料包扎，并可继续采用红外线或紫外线照射。

（3）溃疡期。此期护理原则是清洁创面，促进愈合。避免局部组织继续受压，保持创面清洁干燥，创面感染较轻者，用无菌生理盐水、0.02%呋喃西林、0.1%～0.3%依沙吖啶清洁创面，再用凡士林纱布及敷料包扎，1～2 d更换敷料1次；对于溃疡较深、引流不畅者，先清洁创面，去除坏死组织，用3%过氧化氢溶液冲洗，防止厌氧菌的生长，促进愈合。感染的创面应每周采集分泌物做细菌培养及药敏试验，按结果选用药物。另外，可用红外线灯照射或局部高压氧辅助治疗，达到促进创面愈合的目的。

4. 积极防治并发症

压疮若处理不及时或处理不当均可并发全身感染，引起败血症。护士应协助医生在全面提高老年人抵抗力的基础上，正确处理创面，加强外源性感染的预防，密切观察压疮局部，动态监测生命体征的变化。一旦发生感染，遵医嘱给予抗生素治疗。

5. 健康指导

向老年人、家属讲解有关压疮的发生、发展、预防及治疗、护理的一般知识，使老年患者及家属能积极参与自我护理。

（四）护理评价

（1）有效地消除了产生压疮的因素，老年人未发生压疮，或经过积极有效的处理，压疮愈合，老年人感觉舒适，皮肤保持完好状态。

（2）老年人及家属学会预防压疮的相关知识和技能，并能参与压疮的自我护理。

（钟艳辉）

项目测评

一、选择题

1. 听觉老化表现描述不正确的是　　　　　　　　　　　　　　　　　　　　（　　）
A. 65岁以上的老年人中约有1/3的人有不同程度的听力障碍
B. 外耳分泌物减少，腔道变宽，鼓膜可变得混浊、增厚、弹性丧失
C. 老年人耳聋的特点是对高频率，即＞1 000 Hz的声音听力下降最为明显
D. 老化对内耳及耳蜗影响较大，致老年人对低频声音最先失去辨识的能力
E. 60岁以后耳蜗的螺旋器呈进行性变性，听觉传导通路出现退行性变化

2. 对老年人味觉老化描述不正确的是　　　　　　　　　　　　　　　　　　（　　）
A. 味觉功能逐渐减退　　　　　　B. 老年人的味蕾减少了2/3

C. 老年人味阈值降低　　　　　　　　D. 对酸、甜、苦、辣的敏感性均降低

E. 老年人常因食无味而增加盐和糖的摄入量

3. 下列关于老年人呼吸系统的特点，错误的是　　　　　　　　　　　　　　　　（　　）

A. 肺组织弹性减少　　　　　　　　　B. 肺组织胶原纤维增多

C. 胸廓呈桶状　　　　　　　　　　　D. 呼吸运动减弱

E. 小气道管腔缩小或阻塞，气道阻力下降

4. 下列关于老年人循环系统老化的描述，正确的是　　　　　　　　　　　　　　（　　）

A. 心率减慢、心肌收缩力下降、心排血量减少、血压升高

B. 心率增快、心肌收缩力下降、心排血量减少、血压升高

C. 心率减慢、心肌收缩力下降、心排血量减少、血压降低

D. 心率增快、心肌收缩力下降、心排血量减少、血压不变

E. 心率增快、心肌收缩力下降、心排血量减少、血压降低

5. 老年人唾液腺活动降低，唾液的分泌量减少至一般成年人的　　　　　　　　　（　　）

A. 1/2 左右　　　　　　B. 1/3 左右　　　　　　C. 1/4 左右

D. 1/5 左右　　　　　　E. 1/5 ~ 1/4

6. 老年人胰腺分泌减少，胰脂肪酶尤其明显，大约减少　　　　　　　　　　　　（　　）

A. 10%　　　　　　　　B. 15%　　　　　　　　C. 20%

D. 30%　　　　　　　　E. 35%

7. 老年人膀胱肌肉萎缩，膀胱缩小，容积为　　　　　　　　　　　　　　　　　（　　）

A. 250 ~ 300 mL　　　　B. 350 ~ 450 mL　　　　C. 300 ~ 500 mL

D. 400 ~ 500 mL　　　　E. 350 ~ 500 mL

8. 老年人泌尿系统感染的发生率增加的原因不包括　　　　　　　　　　　　　　（　　）

A. 残余尿增多、膀胱抵抗细菌的能力减弱

B. 女性的膀胱下垂

C. 男性的前列腺增生

D. 水分摄入不足、尿量减少

E. 尿液酸性增加

9. 下列关于老年人内分泌系统老化的描述，错误的是　　　　　　　　　　　　　（　　）

A. 甲状腺素生成减少，基础代谢率降低

B. 蛋白质合成减少

C. 胰岛素分泌相对增加

D. 胰腺组织萎缩

E. 性激素水平下降

10. 以下哪种疾病不属于老年人易感性疾病　　　　　　　　　　　　　　　(　　)

A. 急性化脓性扁桃体炎　　B. 癌症　　　　　　　C. 糖尿病

D. 痛风　　　　　　　　　E. 变形性骨关节炎

11. 下列老年患者的护理目标哪一项欠妥　　　　　　　　　　　　　　　　(　　)

A. 调动老年患者的自我健康负责的意识和能力

B. 使老年人所患慢性疾病治愈和完全康复

C. 延缓病情恶化及功能衰退

D. 提高生活质量

E. 支持濒死的老人保持其舒适和尊严

12. 老年人可以"老年病五联征"为首发症状，不包括哪一项　　　　　　　　(　　)

A. 跌倒　　　　　　　　　B. 失眠　　　　　　　C. 不想活动

D. 精神恍惚　　　　　　　E. 大小便失禁

13. 老年人视觉功能的减退描述不正确的是　　　　　　　　　　　　　　　(　　)

A. 老视，无法看清近距离物体

B. 不能忍受强光刺激

C. 对光线明暗的适应力降低，夜间视力较差

D. 对颜色的分辨力较差

E. 深度视觉明显下降，有时无法判断距离和深度，易摔跤

14. 下列哪项不符合老年性耳聋的特点　　　　　　　　　　　　　　　　　(　　)

A. 双侧对称性听力下降，以低频听力下降为主

B. 听人说话，喜慢怕快，喜安静怕嘈杂

C. 常有听觉重振现象

D. 能听见但听不清楚别人说话

E. 常伴有高频性耳鸣，开始为间歇性，渐渐发展呈持续性

15. 老年性耳聋的发生与下列哪项原因无关　　　　　　　　　　　　　　　(　　)

A. 长期高脂肪饮食　　　　B. 接触噪声　　　　　C. 多年吸烟饮酒

D. 高脂血症和糖尿病　　　E. 缺乏体格锻炼

16. 下列与老年人沟通方式正确的是　　　　　　　　　　　　　　　　　　(　　)

A. 与老年人说话速度要快

B. 可采用高声呐喊的方式

C. 老年人不理解所讲意思时可反复重复原话

D. 使用短句，避免用单个字回答

E. 不使用语言而仅仅使用书面交谈的方式

17. 下列老年人疼痛的表现特点不正确的是 （   ）

A. 急性疼痛的发生率高　　　　　　B. 骨骼肌疼痛的发生率增高

C. 功能障碍症状明显增加　　　　　D. 老年人疼痛经常被忽视

E. 生活行为受限症状明显增加

18. 在我国，跌倒在伤害死亡原因中居第几位 （   ）

A. 第一位　　　　　B. 第二位　　　　　C. 第三位

D. 第四位　　　　　E. 第五位

19. 有关跌倒后的处置，不正确的是 （   ）

A. 观察神志　　　　B. 询问老年人跌倒情况　　　C. 赶快扶起老人

D. 对受伤部位做重点检查　　　　　E. 检测生命体征

20. 老年人便秘的主要并发症是 （   ）

A. 粪便嵌塞　　　　B. 肠梗阻　　　　　C. 结肠溃疡

D. 溢出性大便失禁　　E. 肠穿孔

二、思考题

1. 简述老年人听力障碍的几种类型。
2. 试述老年肺组织老化的特点。
3. 简述老年人消化系统老化特点。
4. 简述正确使用滴眼剂的方法。
5. 简述老年人正确使用助听器的方法。
6. 老年人疼痛的临床表现特点有哪些？
7. 如何计算老年人体重指数（BMI）？
8. 如何为老年便秘患者行腹部按摩？
9. 简述老年人大便失禁的健康指导。
10. 简述老年人压疮的临床特点。

项目七 老年期常见疾病患者的护理

知识目标

掌握老年期常见疾病患者的临床特点。

技能目标

1. 能护理老年肺炎患者。
2. 能护理老年高血压病和低血压患者。
3. 能护理老年消化性溃疡患者。
4. 能护理老年糖尿病患者。
5. 能护理老年脑梗死患者。
6. 能护理老年抑郁症患者。
7. 能护理老年期各种特有疾病患者。

案例导入

> 张某,男,80岁,丧偶,儿女在国外工作,长期居住在老年护理院,搀扶下尚能行走,日常生活需他人协助,有高血压病、2型糖尿病、胃溃疡、骨质疏松症等病史。

问题:

1. 张某所患各种慢性疾病的老年期特点有哪些?护理评估的要点是什么?

2. 2022年11月6日张某因"进食减少，精神萎靡3天"送当地医院急诊，经检查确诊为"肺炎"。请做出护理评估，并制定护理措施。

3. 2023年6月10日张某晨起后出现头痛、言语含糊、右上肢无力，再次急诊，诊断为"急性脑梗死"。请做出护理评估，并制定护理措施。

4. 对张某心理护理应注意哪些情况？健康教育的要点有哪些？

任务一　老年肺炎患者的护理

肺炎是指包括终末气道、肺泡腔及肺间质等在内的肺实质的炎症，可由多种病原体引起，是老年人最常见的呼吸系统疾病，也是住院老年人、高龄老年人和长期卧床老年人最常见的并发症。由于老年人肺结构和生理功能的退行性变，免疫防御功能低下，且常患慢性疾病，因而老年人肺炎具有一定的特点：①发病率高，肺炎是60岁以上老年人的常见病，且随年龄增加而增高；②缺乏发热、咳嗽、咳痰等肺炎的典型症状；③常以非呼吸道症状为首发表现。这些特点决定了老年肺炎易误诊或漏诊。另外，老年患者反应差、病程长，常常延误就诊，且炎症消散较慢，易合并水电解质及酸碱平衡紊乱、呼吸衰竭、心血管疾病等。老年肺炎的患病率、疾病严重程度及死亡率等情况都提醒应高度重视老年肺炎的护理。

（一）护理评估

1. 健康史

询问老年人是否有发热、咳嗽、呼吸困难、胸闷、胸痛、食欲减退、消化功能紊乱、意识障碍、休克等症状，询问老年人既往是否有呼吸系统疾病、心脑血管疾病、糖尿病等病史，了解老年人的患病用药情况及营养状况。

（1）易感因素。①老年人支气管和肺组织的老化；②免疫功能下降；③多种基础疾病，如心肺疾病、脑血管疾病、糖尿病、恶性肿瘤；④长期卧床，呼吸运动受限，咳嗽反射减弱，呼吸道分泌物随重力流向肺底所致容易发生坠积性肺炎；⑤消化功能紊乱，易反流误吸，以及各种原因导致的长期进食呛咳引起吸入性肺炎；⑥口咽部定植菌增加；⑦医源性因素，如药物使用及留置导管；⑧全身营养不良致抗病能力减弱。

（2）外在因素。老年肺炎引起感染的病原微生物多种多样，以细菌性肺炎占多数。其特点是：① 因院内和院外感染有所不同，健康老年人院外感染的病原体以肺炎链球菌、混合菌为多见。呼吸道感染（流感）后肺炎病原体以肺炎链球菌、流感嗜血杆菌、葡萄球菌多见。患慢性阻塞性肺病（COPD）或严重吸烟者，以流感嗜血杆菌、革兰阴性杆菌多见；医院内获得性肺炎以铜绿假单胞菌、不动杆菌、金黄色葡萄球菌、厌氧菌为多见。② 呼吸道条件致病菌感染增多，抵抗力低下时，老年人口咽部的常存菌如真菌、厌氧菌及革兰阴性杆菌比例增高，均可引起肺炎。③ 混合感染多见，如细菌合并病毒、真菌、支原体感染，需氧菌合并厌氧菌感染等多见。④ 耐药菌增多，如耐甲氧西林金黄色葡萄球菌（MRSA）和产超广谱β内酰胺酶（ESBLS）的革兰阴性杆菌检出率逐年升高，已成为老年肺部感染的重要死因之一。⑤ 军团菌已成为新的致病菌。

2. 身体评估

（1）临床分类特点。

① 革兰阴性杆菌肺炎多见，含厌氧菌的肺部混合感染亦不少见。

患有慢性基础疾病的年老体弱的老年社区获得性肺炎及院内获得性肺炎患者较多，病原菌多为肺炎球菌、流感嗜血杆菌、大肠埃希菌、铜绿假单胞菌、沙雷杆菌、枸橼酸杆菌等革兰阴性杆菌。因免疫功能低下，其肺实质病变易融合，组织坏死后容易形成多发性脓肿。一般双侧肺下叶多受累，若波及胸膜可引起胸膜渗出形成脓胸。多数咳嗽不剧烈，脓痰、高热不多见，常有呼吸困难，易并发意识障碍、休克、电解质紊乱等并发症。

口咽部分泌物中有需氧菌和厌氧菌，老年人因神经反射迟钝或其他病理状态，易发生口腔分泌物误吸，而使肺部发生包含厌氧菌的混合菌感染。肺部厌氧菌感染多呈坏死性炎症，可形成脓肿或合并脓胸。其临床表现以患者反复发生感染、乏力、消瘦、贫血、杵状指、痰奇臭为特点。

社区获得性肺炎（community acquired pneumonia，CAP）是指入院前发生或住院48 h内发生的肺炎，多见于社区健康老年人，往往在受凉、感冒、疲劳等机体抵抗力下降时发病，病情较轻。

医院获得性肺炎（hospital acquired pneumonia，HAP）是指患者在住院48 h之后，由各种病原菌引起的肺部感染，多见于有慢性疾病的老年人，由于多病共存，抵抗力低，且病原学复杂，耐药性强，故病情重、疗效差、病死率高，此型肺炎老年人多见。积极防治医院内感染性肺炎是降低老年肺炎发病率和病死率的关键。

② 支气管肺炎占大多数，间质性肺炎和大叶性肺炎少见。坠积性肺炎、吸入性肺炎和局限性肺不张性肺炎老年人常见。

（2）临床表现特点。

① 肺炎表现不典型。老年肺炎起病隐匿，发病早期常无寒战、发热、咳嗽、咳痰、

胸痛等症状，或呼吸道症状轻微，咳嗽轻微而无力、痰少。同时缺乏典型的体征，肺实变体征少见，呼吸音较低，可有啰音，但易与并存的慢性支气管炎、心衰相混淆。若老年人突然出现心率和呼吸增快，应高度怀疑肺炎。

②非呼吸道症状突出。老年肺炎可首先表现为食欲缺乏、恶心、呕吐、腹胀、腹泻等消化道症状，或心悸、胸闷、气促等循环系统症状，或疲乏、无力、表情淡漠、嗜睡、精神恍惚等神经精神症状，也可突然发生难以解释的败血症、休克，或无肺炎征象却出现呼吸衰竭。高龄老年人常以典型的老年病五联征之一或几项表现而发病。呼吸道以外症状往往掩盖了肺炎的表现。

③合并慢性基础疾病多见。在重症老年肺炎患者中，大多数合并一种或多种基础疾病，常见病有脑血管病、心脏病、慢性阻塞性肺疾病、恶性肿瘤和感染性疾病。

④并发症多而预后差。其一，老年人应用广谱抗生素后，容易发生真菌等二重感染；其二，易引起水、电解质及酸碱平衡紊乱，出现脱水、低钾、低钙、代谢性酸中毒等表现；其三，易造成多器官功能衰竭，以肺、心、脑、肾最为常见，首发者以呼吸衰竭居首位。预后差，病死率高。

3. 辅助检查

老年肺炎辅助检查结果可以不典型。

（1）半数老年人白细胞正常，贫血多见，血沉增快。

（2）痰培养不仅能明确病因，而且对选择抗生素有重要意义。但老年患者排痰能力减弱，或是意识障碍，难以获得痰标本。因而病原菌不明者明显多于一般成年人。

（3）老年人常因病情严重、呼吸障碍和基础疾病的干扰，及时接受胸部放射线检查率相对低。病灶以下叶多见，呈斑片状、网状、条索状阴影，严重者可有多叶性病变。由于肺组织老化，病灶吸收缓慢，多数需要4~6周才能完全吸收。

4. 心理-社会状况

老年肺炎患者因呼吸困难、并发症多、病情严重，而造成精神和躯体的压力，治疗和较长的护理时间会给家庭和社会带来一定的负担。

（二）常见护理诊断与医护合作性问题

（1）清理呼吸道无效：与黏性分泌物过多、痰液黏稠、年老体弱、咳嗽无力或无效咳嗽有关。

（2）气体交换受损：与肺部感染、气道痉挛，肺功能不全、肺组织弹性降低，肺膨胀不全，残气量增加有关。

（3）活动耐力减低：与咳嗽频繁、营养摄入不足、合并慢性阻塞性肺病时气短有关。

（4）睡眠形态紊乱：与夜间咳嗽频繁、不能平卧有关。

（5）存在窒息的危险：与意识障碍、无力咳嗽，或痰液多且黏稠、血液滞留大气道有关。

（6）焦虑：与担心病情严重（如担心肺癌），对进一步检查及其结果感到不安和害怕有关。

（三）护理目标

（1）控制炎症，改善呼吸和保持呼吸道通畅；呼吸困难的程度减轻，避免痰液潴留或咯血引起窒息。

（2）进行呼吸功能训练，能理解促进康复的作用。

（3）焦虑感明显减轻，保持良好的情绪，配合进一步的诊断与治疗。

（4）老年人及家属了解老年肺炎的知识，能采取主动预防的措施。① 了解咳痰的重要性，学会促进排痰的方法；② 学会呼吸技巧，了解呼吸困难急性发作时应采取的措施；③ 了解预防发生感染的注意事项，减少感染再发。

（四）护理计划与实施

1. 一般护理

（1）保持病室空气新鲜、阳光充足，室内通风每日2次，每次15~30 min。室温保持18~22 ℃，室内相对湿度在50%~60%为宜。

（2）协助患者取半坐卧位，以增强肺通气量，减轻呼吸困难。危重患者头侧向一边，防止误吸。吸入性肺炎患者平卧位时头部抬高60°，侧卧位时抬高头部15°，以防止再次误吸。

（3）保证营养，选择高热量、高蛋白、高维生素易消化的饮食，鼓励老年患者多饮水，少量多餐，保持大便通畅。饮水呛咳的患者应禁流质，进食糊状食物，避免食物误吸。

（4）加强口腔护理，减少二重感染和口咽部定植菌。老年人咳嗽反射功能减弱，易引起咽喉及气管内分泌物积聚，产生臭味。口腔护理使患者感到舒适，促进食欲，预防感染。

2. 保持呼吸道通畅，改善呼吸功能的护理

（1）指导排痰技巧。有效的咳嗽，协助翻身拍背，必要时吸痰，遵医嘱给予化痰剂、雾化吸入和理疗。痰量较多的可于空腹时施体位引流排痰，老年人常咳嗽无力，痰液黏稠，补充水分是稀化痰液的最有效方法。

① 有效咳嗽。嘱老年人咳嗽前先做深呼吸5~6次，然后上身稍前弯，双手按腹部，吸气后屏气，继而轻咳数次使痰到咽部附近，再用力咳嗽将痰排出（张口咳嗽至少2次，

第一次咳嗽使贴在气管壁的痰液松动,第二次咳嗽使痰液易于咳出)。将痰吐出后休息片刻,再进行第二轮咳痰。

②协助翻身拍背。长期卧床、咳嗽无力的老年人,护理者每次协助更换体位后,用两手掌交替叩击患者背部,使黏附在气管壁的痰液移动而咳出。叩击时护理者的肩、肘、腕放松,手背隆起中空,手掌心与患者背部之间保留空隙以增强压力向深部传导。叩击要有节奏,按支气管解剖位置自边缘向中间,自下向上,边叩边鼓励患者咳嗽,以咳出痰液。注意不要叩在脊椎及肾区。

(2) 合理纠正缺氧。合并心肺基础疾病的老年肺炎患者常常需要吸氧辅助治疗,氧气疗法是缓解呼吸困难最有效的方法。通过氧疗至少应使 PaO_2 保持在 60 mmHg 以上,或 SaO_2 保持在 90% 以上。在给氧过程中,要密切观察病情变化,定期进行血气分析,以便更好地调节氧流量和浓度。如果患者存在低氧血症合并高碳酸血症,通常使用低流量(1~2 L/min)、低浓度(24%~30%)持续鼻导管给氧;若高浓度给氧,会造成因缺氧反射性刺激呼吸作用的消失,致使呼吸暂停或变浅,反而加重二氧化碳潴留和呼吸性酸中毒。

3. 密切观察病情,重视并发症和并存症的护理

护理中应密切观察患者呼吸频率、节律、深度、有无呼吸困难,观察意识状态、皮肤黏膜,从全身营养状况了解有无缺氧情况。注意咳痰颜色,如合并咯血,应密切关注咯血量及颜色。老年人易发生心力衰竭,应注意控制输液速度和输液量。并发症和并存症是导致老年肺炎患者死亡的重要因素,老年人发生肺炎后,原有慢性疾病可能恶化,应密切监测生命体征,严密观察是否有呼吸,呼吸的频率、节律是否发生突然改变,并及时联系医生,做好抢救准备。

4. 用药护理

老年肺炎使用抗生素的原则是早期、适量、联合和长疗程。社区获得性肺炎可选用第二代头孢菌素、β内酰胺类/β内酰胺酶抑制剂复方制剂,或联合大环内酯、新喹诺酮类药物。老年医院获得性肺炎可选用第三代头孢菌素,或广谱青霉素和β内酰胺酶抑制剂,或头孢菌素和β内酰胺酶抑制剂,或喹诺酮类药物。耐甲氧西林金黄色葡萄球菌感染者可选用万古霉素。老年肺炎用药时间较长,一般在体温正常5~7 d后停药,轻症用药7~10 d,重症用药14~21 d。治疗期间应严格遵医嘱给药,密切注意药物的不良反应。注意观察腹泻等菌群失调的症状,以及口腔真菌等二次感染。在治疗中注意支持疗法,如应用多种维生素、白蛋白、免疫球蛋白提高抵抗力,调节水盐代谢,纠正酸碱失衡。

5. 心理护理

在老年肺部感染整个过程中,心理护理非常重要。应正确评估老年人的心理状态,关心、安慰老年人,多与老年患者交流,减轻患者焦虑。尤其对合并明显呼吸困难的患者,

往往因呼吸困难时常有明显的焦虑与恐惧，且不恰当地用力呼吸会使耗氧量增加，二氧化碳产生增多而加重呼吸困难。护士应给予心理上的支持，增强信心，在与患者交流时倾听患者的倾诉，并要格外注意语言的表达，理解患者的需要，及时提供支持与帮助。应让患者了解和接受自己的病情并能配合治疗，这样可以减轻焦虑和恐惧心理，有利于呼吸困难的缓解。

6. 健康教育

（1）讲解肺炎的基本知识，告知老年患者和家属避免受凉和感冒，减少吸烟或戒烟，防治口腔和牙齿疾病是预防老年人肺部感染的重要措施。在呼吸道感染流行时，尽量少去公共场所。

（2）对长期卧床的老年人，应指导进食、进水避免呛咳的护理方法，减少吸入性肺炎的发生，多翻身拍背，刺激排痰，预防坠积性肺炎。对坐轮椅的老年人要鼓励其做腹式呼吸运动。

（3）鼓励老年人锻炼身体，增强体质，积极控制慢性疾病。对体弱不能坚持耐寒训练的老年人，应适时戴上围巾，穿上背心，减少寒冷对敏感区域皮肤的刺激，从而减少寒冷刺激引起呼吸道的反应，进而减少呼吸道感染。

（4）提倡接种肺炎球菌疫苗和流感疫苗。

（5）呼吸道感染发生需及时就诊，应合理应用抗生素，适当选用祛痰剂、支气管扩张剂，慎用或不用镇咳剂，以免咳痰困难。

知识拓展

腹式呼吸是主要靠腹肌和膈肌收缩而进行的一种呼吸，这种呼吸有助于改善血液氧和二氧化碳的气体交换。

腹式呼吸训练方法：

（1）体位。可取立位、坐位或仰卧位，最好在仰卧位下进行。

（2）呼吸道通畅。训练前要放松，如有呼吸不畅，可先吸入支气管扩张剂。

（3）准备姿势。将两手放于腹部，有意识做腹式深呼吸。吸气时，腹部隆起；呼气时，腹部下凹。

（4）训练要求。①吸与呼之比为1:2或1:3。②用鼻吸气，用嘴呼气，要求缓呼深吸，不可用力。呼吸速度保持在8~12次/分，每日训练2~3次，每次10~15 min。

（五）护理评价

护理评价重点是对照护理目标评估老年人的呼吸系统健康状况是否达标。老年人学会咳嗽、排痰技巧；气道通畅，呼吸平稳，保持口腔清洁，遵医嘱用药，睡眠质量改善；合理摄水及饮食，主动采取有效措施预防老年肺炎及并发症。

（钟艳辉）

任务二　老年高血压与低血压患者的护理

老年高血压（hypertension）是指年龄大于60岁的老年人，在未使用抗高血压药物的情况下，血压持续或3次以上非同日坐位血压收缩压≥140 mmHg和（或）舒张压≥90 mmHg。若收缩压≥140 mmHg，舒张压＜90 mmHg，则称为老年单纯收缩期高血压（isolated systolic hypertension，ISH）。而老年高血压病则是指血压升高伴有心、脑、肾损害，且排除假性高血压和继发性高血压的全身性疾病。老年高血压病是引起脑卒中、冠心病、心力衰竭、肾衰竭发病率和死亡率升高的主要危险因素之一，其患病率随着年龄增长而逐年增加。2002年调查资料显示，60岁及以上人群高血压的患病率为49%，而ISH占老年高血压的60%。

老年低血压（hypotension）则是指收缩压＜90 mmHg和（或）舒张压＜60 mmHg，多继发于老年常见疾病（如慢性心力衰竭、陈旧性心肌梗死、贫血、低血钾、内分泌疾病、营养不良等）。此外，老年人血压波动大，可出现高血压合并低血压的情况。老年低血压可出现心、脑供血不足症状，常发生于体位改变时，如坐位到站立位时出现头重脚轻、眩晕、黑蒙，甚至晕厥。其患病率随年龄增加而增加，65～75岁者占16%，75岁以上者占30%。

老年餐后低血压（postprandial hypotension，PPH）是指老年人进餐后引起的低血压，即餐后2 h每15 min测量血压，与餐前比较收缩压下降＞20 mmHg，或餐前收缩压≥100 mmHg，餐后＜90 mmHg，或餐后血压下降轻但出现心脑缺血症状。老年人餐后低血压比直立性低血压更常见，其危害不亚于高血压，需引起重视。

> **知识拓展**
>
> 高血压患者一经确诊，应坚持常测血压，并要规范测量，应早晚各1次，一次测量2~3遍，取平均值，持续5~7 d来观察血压情况。早上应在早饭前、服药前来进行血压测量，晚上应在晚饭前、服药后测量，测量期间，忌咖啡、茶叶和碳酸饮料。一般来说，早上血压会高一些，晚上会低一些，这样，患者便可以对一天当中的血压状况有个全面的了解。

（一）护理评估

1. 健康史

（1）老年高血压病。详细询问老年人平时的血压水平，有无诱发因素如精神紧张、劳累、情绪激动等，起病缓急，平时有无服用降压药、药物的种类及剂量，评估有无头痛、头晕、糖尿病、心慌、胸闷、胸痛、视物模糊、夜尿增多等靶器官损害情况。评估有无饮酒、高盐饮食、吸烟等不良的生活方式。评估有无高血压家族史、糖尿病、冠心病等病史。

（2）老年低血压。详细询问老年人平时的血压水平，何种情况下发生低血压，用药情况如是否服用降压药物，有无头晕、黑蒙、心悸等心脑脏器缺血的表现，是否有高血压、糖尿病、心衰等病史。

2. 身体状况

（1）老年高血压病与中青年高血压病的表现有所不同，主要特点如下。

① 收缩压增高，脉压增大。半数以上的老年高血压病患者表现为单纯收缩期高血压，可能与主动脉硬化或大血管弹性减退、主动脉瓣钙化有关。单纯收缩压持续增高则与脑卒中的患病率增高有密切关系。老年人脉压与总死亡率和心血管事件呈显著正相关。

② 血压波动性大。老年高血压患者的收缩压、舒张压和脉压的波动均明显增大。尤其是收缩压，1天内波动可达40 mmHg，1年内波动可达110 mmHg，表现为冬季高，夏季低。血压波动较大，影响治疗效果，且血压急剧波动时，可显著增加心血管事件的发生率。

③ 常见血压昼夜节律异常。老年高血压患者表现为夜间血压下降幅度＜10%或超过20%，导致心、脑、肾等脏器损害的危险增加。

④ 症状少，并发症多。在靶器官明显受损前，半数以上老年高血压患者无症状，从而导致并发症的发生和病情进展。长期高血压加重了对靶器官的损害，所以老年患者的并发症发生率高达40%。其并发症分为与血压升高有关和与加速动脉硬化有关两类，前者包括心力衰竭、脑出血、主动脉夹层分离，后者包括冠心病、脑血栓形成、肾动脉硬化等。

⑤假性高血压增多。假性高血压是指袖带法所测血压值高于动脉内测血压值的现象,与老年动脉硬化血管壁僵硬度增加及血压调节中枢功能减退有关。

(2)老年低血压分为无症状性低血压、有症状性低血压和直立性低血压。

①无症状性低血压：可能是老年人健康良好的反应,也可见于血管张力减弱、有效循环血容量减少或长时间不活动的体质瘦弱的老年人,一般血压降低幅度不大。

②有症状性低血压：常由其他老年常见疾病引起,主要表现为心、脑供血不足症状,如心悸、心绞痛、头晕、头痛、嗜睡、乏力、视物模糊,甚至晕厥等。

③直立性低血压：又称为直立性低血压,常发生在老年人由卧位转为坐位或站立位时,出现头重脚轻、眩晕、黑蒙,甚至晕厥等情况,与老年人血管调节功能减弱、降压药应用不当有关。

3. 辅助检查

(1)常规检查的项目：血尿常规、血糖、血胆固醇、血甘油三酯、肾功能、血尿酸和心电图,部分患者根据需要进一步检查眼底、超声心动图、头颅CT、运动试验等。

(2)动态血压监测(ABPM)：24 h动态血压监测有助于了解血压昼夜节律,判断血压升高的严重程度,指导降压药物的使用以及评价降压药物的疗效。

(3)其他检查：如颈动脉内膜中层厚度(IMT)、脉搏波传导速度(PWV)、踝/臂血压指数(ABI)、经颅多普勒超声。

4. 心理-社会状况

评估老年人的性格、职业、家庭关系中是否有引起血压波动的因素,评估患者有无焦虑、紧张等心理状态；评估患者及家属对疾病的认识程度和是否经过正规的治疗,是否了解高血压的危害；评估老年人及其家属是否知晓自我保健知识。

(二)治疗要点

老年低血压患者以治疗原发病为主,纠正引起低血压的原因,如调整降压治疗方案、改变体位时动作应缓慢等,由于心排血量不足引起的症状性低血压患者可根据病情使用血管活性药物治疗。老年高血压目前无根治方法,降压治疗的目的是减少老年人心、脑血管病的发生率和死亡率。老年高血压患者的血压应降至150/90 mmHg以下,如能耐受可进一步下降至140/90 mmHg以下,80岁以上的高龄老人血压下降至150/90 mmHg以下。避免过度降低血压。治疗方法包括非药物治疗和药物治疗两大类。

1. 非药物治疗

非药物治疗适用于所有老年高血压患者,包括减少钠盐摄入、补充钙和钾盐、减少脂肪、戒烟限酒、减轻体重、适当运动、减少精神压力、保持心理平衡等。

2. 药物治疗

（1）常用降压药物。目前常用降压药物可归纳为五类，即利尿剂、β受体阻滞剂、钙通道阻滞剂（CCB）、血管紧张素转换酶抑制剂（ACEI）、血管紧张素Ⅱ受体阻滞剂（ARB），以及由上述药物组成的固定配比复方制剂。

（2）降压药物用药原则。从小剂量开始，逐步递增剂量，尽量应用长效制剂平稳控制血压，治疗方案应个体化，必要时联合用药。对于合并前列腺增生或使用上述降压药物治疗血压控制不佳的老年患者，可使用α受体阻滞剂，注意防止直立性低血压。

（三）常见护理诊断及医护合作性问题

（1）有受损的危险：与血压增高导致头晕和视力模糊，或与低血压有关。
（2）焦虑：与血压波动使躯体不适有关。
（3）疼痛：头痛与血压升高有关。
（4）知识缺乏：缺乏改善生活行为及服用降压药的相关知识。
（5）潜在并发症：高血压急症、急性脑血管病。

（四）护理计划与实施

老年高血压病的治疗和护理目标：降低因血压升高引起的心脑血管疾病的死亡率和致残的总危险，提高老年人的生活质量。

老年低血压的治疗和护理目标：减少引起低血压的各类因素，控制或减缓因血压偏低引起的各种并发症状。

1. 一般护理

（1）膳食指导：① 对老年高血压病的患者，膳食上应控制热量的摄入，脂肪量不超过总热量的20%。控制高热量食物（高脂肪食物、含糖饮料及酒类）的摄入，适当控制主食（碳水化合物）用量。限制钠盐摄入量，每日食盐摄入量以不超过6 g为宜，并增加食物中钾盐的摄入量，除了减少烹饪用盐外，还应少食咸菜、腌制食品、罐头食品及酱油等各类含盐量较高的食品。同时，应戒烟限酒，即绝对不吸烟，饮酒量越少越好。老年人乙醇每日限制量为：男性 < 20 g，女性 < 15 g。② 老年低血压患者膳食中钠盐摄入量可适量放宽至每日10 g左右。

（2）适度运动。根据老年患者的身体状况，指导其做适量的运动，如散步、打太极拳、慢跑、做健美操等，但不宜登高、提取重物、剧烈运动，防止突然改变体位。运动量以运动后自我感觉良好，体重保持理想为标准，一般每周3～5次，每次30 min左右为宜。

2. 病情观察

定期监测血压，发现血压骤升、剧烈头痛、呼吸困难、意识障碍等症状立即通知医生；观察电解质、肝肾功能、尿量等指标，避免出现药物不良反应。

3. 用药护理

（1）选择安全、不良反应少、服药简便、平稳有效的降压药物。降压药物使用应从小剂量开始，不可自行增减剂量或突然撤换药物，须遵医嘱调整剂量，多数患者需长期服用维持量。服药后如有晕厥、恶心、乏力应立即平卧，取头低脚高位以增加脑部血流量。对舒张压不高的ISH患者，在用药过程中需密切观察血压变化。

（2）老年低血压患者应以病因治疗为主，治疗心血管、内分泌、营养不良等方面疾病，减少或停用某些降压药、镇静药及利尿剂等；不宜用升压药，有促发高血压的危险，强调针对症状的对症处理。尤其注意夜间起床时，不宜立即起身下床，应醒后继续平卧1~2 min后缓慢起床，避免直立性低血压的发生。

4. 心理护理

老年高血压患者或老年低血压患者的情绪波动都可能进一步加重病情，尤其是负性情绪（愤怒、焦虑和抑郁等）均可造成血压调节机制障碍。因此，鼓励老年人使用正向的调适方法，减轻压力，保持心理平衡，可通过了解老年患者的人格特征及有关社会家庭心理因素进行心理疏导；对于易激动的老年患者做好其家属工作，避免不良刺激，保证老年患者有安静舒适的休养环境。鼓励老年患者与家人、朋友间建立良好的关系得到情绪支持，从而获得愉悦的感受。指导老年患者使用心理放松技术，如心理训练、音乐治疗和缓慢呼吸等，使得病情稳定并趋向正常。

5. 健康指导

（1）疾病知识指导。向患者及家属解释引起老年高血压的原因及高血压对健康的危害。教会患者及家属正确测量血压的方法，每次就诊时携带记录，作为医生调整药量或选择用药的依据。

（2）休息和活动指导。劳逸结合，保证充分的睡眠。指导患者根据年龄及病情选择适宜的运动方式。

（3）饮食指导。戒烟限酒，低盐、低脂饮食，多吃新鲜蔬菜、水果及含粗纤维多的食物，肥胖者控制体重。

（4）用药指导。强调长期药物治疗的重要性，告诉患者及家属有关降压药的名称、剂量、用法、作用与不良反应，并提供书面资料；教育患者服药剂量必须遵医嘱执行，不可随意增减药量或突然撤换药物。

（5）心理指导。学会自我心理调节，保持乐观情绪。家属也应给患者以理解、关心与支持。

（6）定期复诊。根据患者的心血管危险分层及血压水平决定复诊时间。危险分层属低危或中危者,可安排患者每1~3个月随诊1次;若为高危者,则应至少每1个月随诊1次。

(钟艳辉)

任务三 老年消化性溃疡患者的护理

消化性溃疡(peptic ulcer,PU)是指发生在胃和十二指肠黏膜的慢性溃疡,其形成与胃酸和胃蛋白酶的消化作用有关。消化性溃疡可分为胃溃疡(gastric ulcer,GU)和十二指肠溃疡(duodenal ulcer,DU)。老年人以胃溃疡多见,约占60%;十二指肠溃疡约占35%,余为复合性溃疡。消化性溃疡好发于秋冬和冬春之交。

(一)护理评估

1. 健康史

(1)现病史。询问老年人此次发病的时间,有无诱因,与进食有无关系,腹痛的特点,有无消瘦、贫血、恶心、呕吐、反酸、食欲减退,有无呕血和黑便,缓解方式,疾病诊疗情况。

(2)既往史。了解老年人有无急慢性胃炎、十二指肠炎,幽门螺杆菌(Helicobacter pylori,简称Hp)感染、营养不良等病史,首次发病的时间、治疗过程和效果如何;有无暴饮暴食、喜食酸辣及冷凉食物的习惯;是否有嗜烟、酒、咖啡、浓茶等不良嗜好;家族中有无溃疡病患者。

(3)用药史。有无服用阿司匹林、糖皮质激素等对消化道有刺激的药物史。

2. 身体评估

(1)病因。消化性溃疡的基本病因是由于损害胃十二指肠黏膜的侵袭因素的作用及黏膜自身防御因素之间失去平衡的结果。胃溃疡(GU)主要是防御因素减弱,而十二指肠溃疡(DU)主要是侵袭及损害因素增强所致,具体病因有幽门螺杆菌感染、药物、胃酸和胃蛋白酶的自身消化、胃十二指肠运动异常、遗传、精神因素及吸烟等。

(2)老年消化性溃疡的临床特点。典型的消化性溃疡具有慢性过程、周期性发作和节律性疼痛三大临床特点。老年人消化性溃疡还具有以下特点:

① 发病率有随年龄递增而增加的趋势。国内报道,65岁以上胃溃疡患病率为5.2%,70岁以上则增至8.5%。

② 症状不典型。部分患者无腹痛，表现为腹胀、胃灼热、嗳气等，可因食欲减退而引起体重减轻。部分患者无规律性疼痛，与饮食关系不密切。据报道，无规律性疼痛和无疼痛者占41.4%。疼痛可轻可重，轻时仅有隐痛，疼痛剧烈时可放射至背部、右腰部、剑突上区。高位胃溃疡多见，有时胸骨后疼痛酷似心绞痛或心肌梗死，常被误诊。

③ 易发于胃体部。胃溃疡发生的部位越高，胃酸的分泌量就越少。

④ 溃疡病灶较大。老年人胃溃疡病灶直径>1 cm者占64.3%，甚至有3~5 cm以上者。

⑤ 并发症多。常见并发症有出血、穿孔、幽门梗阻和癌变。老年人消化性溃疡合并出血者比青壮年多2~3倍；老年人消化性溃疡合并幽门梗阻者可高达10%；老年人胃穿孔者比青壮年多2~3倍，急性穿孔时症状往往不典型，可在突然发生上腹痛后很快发生休克；老年胃溃疡病患者的癌变率可高达4%~5%。

⑥ 易迁延复发。老年人消化性溃疡80%以上起病于年轻时，60岁以后新发病者较少，因此病程长，治疗难度大，容易复发。

3. 辅助检查

（1）内镜检查：是首选的检查，对消化性溃疡有确诊价值。常规取黏膜活检，以区别良恶性。

（2）X线钡餐检查：直接征象有壁龛或龛影。

（3）幽门螺杆菌检查：十二指肠溃疡病患者幽门螺杆菌感染的阳性率为90%，胃溃疡病患者幽门螺杆菌感染的阳性率为60%。

（4）粪便隐血试验：隐血试验阳性表示溃疡有活动性，胃溃疡患者若粪便隐血试验持续阳性提示有癌变可能。

（5）胃酸测定：老年胃溃疡患者胃酸分泌正常或低于正常。

4. 心理-社会状况

老年人消化性溃疡病程长，患者因反复发作而焦虑，或因担心癌变而出现恐惧心理反应。此外，情绪紧张、精神刺激也是溃疡复发和加重的常见原因，应充分评估老年人的心理状况，消除其焦虑、恐惧的情绪。另外，还应评估患者和家属对疾病的认识程度和疾病的自我保健知识。

（二）治疗要点

消化性溃疡治疗的目的是消除病因，控制症状，促进溃疡愈合，防止和避免并发症，预防溃疡复发，常用的药物有：① 制酸剂，氢氧化铝、H_2受体拮抗剂、质子泵抑制剂等；② 胃黏膜保护剂，硫糖铝、铝碳酸镁、米索前列醇等。根除幽门螺杆菌，采用三联疗法。发生穿孔、癌变等严重并发症时，可外科手术治疗。

（三）常见护理诊断与医护合作性问题

（1）疼痛：腹痛与胃酸对溃疡面的刺激或溃疡受到牵拉有关。

（2）营养失调，低于机体需要量：与进食少、消化及吸收不良有关。

（3）焦虑：与疾病反复发作、担心癌变等有关。

（4）潜在并发症：出血、穿孔、幽门梗阻、癌变。

（四）护理计划与实施

治疗和护理目标：患者腹痛减轻或消失；患者能根据实际情况，制定合理的饮食，体重增加；患者能运用有效的应对方法，缓解疼痛，减少心理压力；患者不发生并发症。其具体的护理措施如下。

1. 一般护理

（1）休息与活动。老年消化性溃疡患者生活要有规律，注意劳逸结合，保证充足的睡眠，避免精神高度紧张，保持良好的心态。当腹痛症状较重或隐血试验阳性时，应卧床休息，缓解症状。

（2）膳食指导。营养均衡，给予高营养、易消化的食物，少量多餐、规律进餐；可选择稀饭、面条等偏碱性食物，两餐之间可适量饮牛奶，脂肪摄入也应适量；避免辛辣、刺激的食物及饮料，戒烟酒。少量出血者，可选用温凉、清淡、无刺激性食物；大量出血者，应禁食、禁水，出血停止后，可逐渐恢复流质、半流质饮食等。

2. 用药护理

（1）抗酸药如氢氧化铝、氧化镁等一般在饭后和睡前服用。十二指肠溃疡夜间分泌胃酸多，片剂宜咬碎后吞服，以提高中和胃酸的效果。如需要服用其他药物时，应在服用抗酸药 1～2 h 后再用为宜。因氢氧化铝可引起便秘，为防止老年人出现便秘可与氧化镁交替使用，肾功能不全者忌用或慎用。老年人长期服用应警惕骨质疏松。

（2）H_2 受体拮抗剂常用药物有雷尼替丁、法莫替丁等。应餐前用药，也可每日的剂量于夜间顿服，同时注意药物的不良反应，如乏力、腹泻、粒细胞减少、皮疹等。长期大量服用者，不可突然停药，以防反跳，治疗期间应定期检查白细胞计数和肝肾功能。

（3）质子泵阻滞剂常用奥美拉唑（OME），吞服时不可咀嚼，不可倾出胶囊中的内容物，药物保管于避光、阴凉干燥的密封瓶中，开启后 4 周内服完。

（4）胃黏膜保护剂常用的药物有胶态次枸橼酸铋（CBS）、硫糖铝、前列腺素 E 等。应指导老年人分早餐、晚餐前半小时服用胶态次枸橼酸铋，且不宜长期服用。硫糖铝常引起便秘，口感较甜，糖尿病患者或糖耐量异常者避免使用。胶体铋剂服用后会引起舌苔和粪便发黑，长期服用有神经毒性。

3. 心理护理

应耐心、细致地了解老年人及家属对疾病的认知程度,以及文化程度、家庭经济情况等;让老年患者了解,过度精神紧张、生活压力过重,以及情绪急躁、焦虑、恐惧等,都会对溃疡病的发生、发展产生影响;鼓励老年人保持乐观的情绪,树立战胜疾病的信心,使其尽可能地避免危险因素或逐渐改善心理状态,正确对待疾病,积极配合治疗和护理。

4. 健康教育

向老年患者及家属讲解引起溃疡病的主要病因,以及加重和诱发溃疡病的有关因素,鼓励老年人戒除烟酒,养成有规律的生活习惯,并保持心理健康。

(1)饮食指导。帮助老年消化性溃疡患者建立良好的饮食习惯,少量多餐,避免摄入过冷、过热、粗糙的食物及刺激性食物,戒烟酒。

(2)用药及复诊指导。嘱患者按时服药,指导患者正确服用药物,学会观察药效及不良反应,克服用药依从性差的原因,不随意停药,季节转换时更应注意。嘱老年人定期复诊,如上腹疼痛加剧或出现呕血、黑便时应立即就医。

(刘 畅)

任务四 老年糖尿病患者的护理

老年糖尿病(diabetes mellitus,DM)是指年龄≥60岁的老年人,由于体内胰岛素分泌不足、胰岛素作用障碍或两者同时存在缺陷,导致代谢紊乱,出现血糖、血脂及蛋白质、水与电解质等紊乱的代谢病。

糖尿病已成为老年人的常见病、多发病,患病率随年龄增长而上升。我国老年人糖尿病的患病率约为16%,占糖尿病患者总数的40%以上。慢性长期高血糖为老年人糖尿病的主要共同特征,长期糖尿病可引起多个系统器官的慢性并发症,导致功能衰竭,是致残、病死的主要原因。

糖尿病诊断标准:如果具有临床症状,且血糖升高达到下列两条标准中的任意一项时,就可诊断患有糖尿病。空腹血糖大于7.0 mmol/L和(或)餐后2 h血糖大于11.1 mmol/L(餐后2 h,常常是以进餐100 g馒头为标准,因为进餐的多少也会影响血糖的高低)。如血糖结果可疑,则应做葡萄糖耐量试验,以明确诊断。由于老年人糖耐量生理性降低,其餐后2 h血糖比空腹血糖更能及时反映血糖升高情况。老年人并发肾小球硬化症时,肾小球滤过率降低，肾糖阈升高，尿糖与血糖往往不成正比。

老年人糖尿病的治疗原则：早期治疗、长期治疗、综合治疗、具体措施治疗。国际糖尿病联盟提出了糖尿病现代治疗的五个要点：饮食控制、运动疗法、血糖监测、药物治疗、糖尿病教育。糖尿病虽不能治愈，但病情控制良好可预防和延缓慢性并发症的发生和发展。

知识拓展

> 糖尿病患者饮食治疗很重要，要学会适当地吃，科学地吃。少吃油炸、油酥及猪皮、鸡皮、鸭皮等含油脂高的食物，多食用苦瓜或苦瓜茶，苦瓜降糖安全、无不良反应。加餐可以吃点水果，以补充维生素。血糖不理想时，可以吃黄瓜、西红柿，并适当减少主食量，烹调多采用清蒸、水煮、凉拌、涮、烤、烧、炖、卤等方式。同时，还要做到营养平衡，不偏食，不挑食，维生素、纤维素、矿物质都要适量摄入。
>
> 经常保持适当运动对于糖尿病患者很有好处，如散步、快走、扭秧歌、打太极等，运动时间控制在半个小时左右，同时要注意个人安全的防护。
>
> 另外，糖尿病患者泡脚一定要注意水温，烫伤对糖尿病患者不容易愈合，容易形成糖尿病足，所以在泡脚的时候，家人应替其试试水温。

（一）护理评估

1. 健康史

（1）现病史。询问老年人有无糖尿病代谢紊乱症状群的表现，如"是否经常口干""每日要饮多少水""有无食欲缺乏或多食""尿量多少""可有体重减轻"等；询问有无心脑血管疾病、糖尿病肾病、视力下降、周围神经病变、糖尿病足、皮肤瘙痒或皮肤破损久不愈合等并发症的相应症状，本次发病后是否使用过降糖药，效果如何；了解老年人的体重、营养状况。

（2）既往史。询问老年人有无糖尿病、高血压、心脑血管疾病等病史及首次发现时间、治疗护理经过和转归情况；了解日常休息、活动量及活动方式；询问既往的饮食习惯、饮食结构及患病后的饮食情况，以及每日的摄入量和排出量。

（3）用药史。了解老年糖尿病患者本次发病前曾用药物的名称、剂量、效果及不良反应，尤其注意使用降糖药、胰岛素的情况，老年人及家属对药物知识的掌握情况。

（4）家族健康史。了解是否有家族性糖尿病、心脑血管疾病等病史。

2. 身体评估

（1）分型。糖尿病分四种类型：1型糖尿病（T_1DM）、2型糖尿病（T_2DM）、其他特殊型糖尿病和妊娠糖尿病（GDM）。老年糖尿病患者中90%以上为2型糖尿病（T_2DM）。

（2）老年人2型糖尿病的主要病因：① 有明显的遗传基础；② 有潜在的危险因素，如老龄化、高热能饮食、体力活动减少、肥胖、糖耐量降低（IGT）和空腹血糖调节受损（IFG）。

（3）老年人糖尿病的临床特点。

① 起病隐匿且症状不典型。仅有1/4或1/5的老年糖尿病患者有多饮、多尿、多食及体重减轻的症状，多数在查体或治疗其他疾病时才发现血糖增高。

② 并发症多。常有皮肤、呼吸、消化、泌尿生殖等系统的感染，且感染可作为疾病的首发症状出现；老年糖尿病患者更易发生高渗性非酮症糖尿病昏迷和乳酸酸中毒；老年糖尿病患者易并发各种大血管或微血管病变的症状，如高血压、冠心病、脑卒中、糖尿病性肾脏病变、糖尿病视网膜病变等。

③ 病死率、致残率高。据统计，约70%的老年糖尿病患者死于心脑血管并发症。病史超过3年的老年糖尿病患者，约有60%合并周围神经病变，主要表现糖尿病足。病史超过10~15年的老年糖尿病患者，50%以上出现视网膜病变、白内障或青光眼等，导致视力下降，甚至失明。

④ 多种老年病并存。易并存各种慢性非感染性疾病，如心脑血管病、糖尿病性肾病、白内障等。

⑤ 易发生低血糖。因老年糖尿病患者的自我保健能力及依从性差，可导致血糖控制不良，引起低血糖的发生。

⑥ 尿糖和血糖常不成正比。老年人并发肾小球硬化时，肾小球滤过率下降，肾糖阈升高，尿糖与血糖常不成正比。

3. 辅助检查

尿糖测定、血糖测定、口服葡萄糖耐量试验、血浆胰岛素和C肽测定、糖化血红蛋白、血脂等相关检查。

4. 心理-社会状况

长期控制饮食是老年糖尿病治疗的重点，老年人常感到被剥夺了生活的权利与自由，部分患者因治疗效果不明显、病情易波动反复、出现并发症等产生悲观情绪。因缺乏有关糖尿病治疗和自我护理知识、需长期治疗而增加老年人及家庭的经济负担等，易使老年糖尿病患者产生无助、焦虑、恐惧。

（二）常见护理诊断与医护合作性问题

（1）营养失调，高于机体需要量：与机体处于分解代谢为主的高代谢状态有关，与体内糖、蛋白质、脂肪物质代谢异常、活动减少有关。

（2）有感染的危险：与血糖增高、末梢循环障碍、营养不良和免疫功能低下有关。

（3）有受伤的危险：与低血糖反应、末梢感觉功能障碍有关。

（4）焦虑：与担心糖尿病不能治愈、需要终身服药、缺乏糖尿病治疗和自我护理知识有关。

（5）潜在并发症：高渗性非酮症糖尿病昏迷。

（三）护理计划与实施

治疗和护理目标：患者能保持良好的情绪，消除焦虑，愿意接受糖尿病的饮食治疗计划，体重可保持在正常范围以内；控制血糖，减少及延缓各种并发症的发生，提高老年糖尿病患者的生活质量。

1. 一般护理

（1）运动与休息。老年人糖尿病除严重并发症需卧床休息外，一般可适当活动，以此增加肌肉组织对血糖的利用率，从而降低血糖。每日活动开始时间以餐后 1~1.5 h 为宜，有利于降低餐后血糖。运动要循序渐进、劳逸结合，避免过度紧张，可选择散步、保健操、太极拳等运动方式。

（2）皮肤护理。保持皮肤清洁，避免皮肤抓伤、刺伤和其他伤害；每天观察老年人皮肤有无发红、肿胀、发热、疼痛等感染迹象，一旦皮肤受伤或出现感染立即给予诊治。

（3）口腔护理。早晚刷牙，选择软毛牙刷，饭后温开水漱口，保持口腔清洁，预防牙周病，控制因口腔相关感染引起的疾病。

（4）外阴护理。勿用太烫的热水浸泡和清洁外阴，勤换衣裤，防止外阴与尿路感染。

（5）足部护理。

① 选择合适的鞋袜，不宜过紧，以免影响下肢血液循环。

② 坚持每天用温水洗脚，水温不宜超过 40 ℃，浸泡时间一般为 5~10 min，洗净后用洁净柔软的毛巾轻轻擦干足部皮肤，特别注意保持足趾间皮肤的清洁干燥。

③ 教会患者足部自查的方法，检查双足有无皮肤发红、肿胀、破裂、水疱、小伤口等，尤其要注意足趾间有无红肿等异常，发现问题勿自行处理。

④ 避免损伤。足部禁用强烈刺激性药水（如碘酊）；剪趾甲时注意剪平，不宜过短；不可使用热水袋、电热毯，以防烫伤。

⑤ 每日从趾尖向上轻按足部多次。

⑥ 积极治疗鸡眼、胼胝和足癣等足部疾患。

⑦ 禁烟，尼古丁刺激血管收缩，加重肢体末端缺血。

2. 饮食护理

糖尿病患者可以通过饮食控制，促使高血糖降低，达到治疗的目的。在医生的指导下，安排进食低糖、低脂、富含维生素、富有蛋白质和纤维素的饮食。

饮食调理是治疗糖尿病的基本措施，尤其是老年2型糖尿病患者存在肥胖或超重时，饮食疗法有利于减轻体重，改善高血糖、脂代谢紊乱等症状，减少降糖药物的剂量。因此，应使老年糖尿病患者长期、严格地执行饮食治疗方案。

（1）首先使老年患者了解饮食治疗的意义，自觉遵守饮食规定，不吃超量食物。

（2）每天总热能控制同一般正常人，给予低糖、低脂、富含蛋白质和膳食纤维的饮食，饮食应定量、按一日四餐或五餐分配，这对预防低血糖十分有效。每日主食量：卧床患者200～250 g，轻体力活动者250～350 g，中等体力活动者300～400 g，三餐主食分配量按1/5、2/5、2/5或1/3、1/3、1/3的比例均可。病情重者，可将每日主食分为5～6次。

3. 运动指导

运动能增强机体对胰岛素的敏感性，有利于葡萄糖的利用，使血糖水平下降。应根据老年糖尿病患者具体情况设计运动计划，宜选择散步、打太极拳、做健身操、干家务等活动方式，餐后1 h进行，并随身携带糖块、饼干等，以身体微汗、不疲劳为度。有严重糖尿病并发症者，不宜剧烈活动。

4. 用药护理

老年糖尿病患者应避免使用大剂量、长效降糖药，避免使用经肾脏排泄、半衰期长的降糖药。加用胰岛素时，应从小剂量开始，逐步增加。血糖控制不可过分严格，空腹血糖宜控制在9 mmol/L以下，餐后2 h血糖控制在12.2 mmol/L以下即可。

老年糖尿病患者在饮食控制、配合运动治疗3～4周后，血糖控制仍不满意时，应在医生的指导下使用降糖药物，不能随便增加和减少，以免引起血糖的大幅度波动。有心肺功能不全及肝肾损害者，禁用口服降糖药。若口服药控制糖尿病的效果不满意，或并发感染、发热，肝肾功能进一步恶化，眼底出血加重等，应用胰岛素治疗。

5. 心理护理

老年糖尿病患者常存在焦虑及悲观等不良心理，护士应重视患者的情绪反应，向患者说明积极的生活态度对疾病康复的重要性。鼓励老年人参加糖尿病教育活动，运用疏导、分散和转移等方法，克服消极情绪，积极配合治疗与护理。

6. 健康指导

糖尿病作为一种慢性病，增强老年人的自我护理能力是提高生活质量的关键。因老年人有理解力差、记忆力减退等特点，应注意使用通俗易懂的语言，配合录像等电教手段，耐心细致地讲解、演示，教会老年人及家属正确使用血糖仪等进行血糖测试，必要时教会他们自我注射胰岛素等糖尿病的自我护理技术；教会老年人及家属识别常见糖代谢紊乱的表现及预防、处理方法，并发症的防治及护理等。

7. 低血糖的预防和处理

低血糖症状经常出现在老年糖尿病患者治疗过程中,与剂量过大、饮食不配合、使用长效制剂、肝肾功能不全等有关。低血糖比高血糖对老年糖尿病患者的危害更大。低血糖时可出现虚汗、面色苍白、眩晕、心慌、颤抖、饥饿、视物模糊或复视、烦躁焦虑、嗜睡、反应迟钝、行为改变等。每个人的低血糖症状不尽相同,要密切注意老年糖尿病患者的症状,及时发现并处理低血糖症状。出现低血糖时,可口服10～20 g糖、1～2块糖果、200 mL果汁或一杯饮料,必要时可静脉补充糖。

(四)护理评价

患者是否能合理控制饮食,将体重维持在理想范围;患者是否能描述诱发感染的危险因素,感染已控制或住院期间未发生感染;患者是否了解自我护理知识,是否学会了血糖的自我监测;患者是否能描述预防急、慢性并发症的护理措施,并发症已控制或住院期间未发生并发症。

(刘 畅)

任务五 老年脑梗死患者的护理

脑梗死(cerebral infarction)是指局部脑组织因血液灌注障碍而发生的缺血、软化、坏死和相应的脑功能障碍,主要包括脑血栓形成和脑栓塞两大类。脑动脉有丰富的侧支循环,管腔狭窄需达80%以上才能影响脑血流量,逐渐发生的动脉硬化斑块一般不出现症状,当内膜损伤破裂形成溃疡后,血小板及纤维素等血中有形成分将聚集、沉着形成血栓。血栓逐渐扩大,最终使动脉完全闭塞而致脑梗死,出现急性脑缺血症状。脑梗死的发生率占脑血管病的60%～70%,且发生率随着年龄的增长而增加,是导致老年人致残、致死的主要疾病之一,已成为严重威胁老年人健康的社会问题。

脑卒中预警标志FAST,是"Face Arm Speech Time"的四个字首缩写,主要包括了三个预警体征和一个急救行为:F指面部麻木或力弱,尤其是单侧;A指上肢麻木或力弱,尤其是单侧;S指言语含糊,或者言语困难,或者不能被理解;T指如果突然出现了上述症状,或者伴随有视野缺损、眩晕并平衡失调;剧烈的不明原因的头痛,应立即呼救"120"。

短暂脑缺血(TIA)则是指因脑血管病变引起的短暂性、局限性脑功能缺失、局限性脑功能缺失或视网膜功能障碍，临床症状一般持续10~20 min，多在1 h内缓解，最长不超过24 h，不遗留神经功能缺损症状。

> **知识链接**
>
> 　　脑血管病的一级预防系指发病前的预防，即通过早期改变不健康的生活方式，积极主动地控制各种危险因素，从而达到使脑血管病不发生或推迟发病年龄的目的。针对未发生过脑梗死但有脑梗死危险因素的人群，改变危险因素是一级预防的主要策略，使其发生脑梗死的危险性降低。
>
> 　　脑梗死发病后应尽早明确致病因素，早期积极干预以预防卒中再发，即脑梗死二级预防。二级预防的主要目的是预防或降低再次发生卒中的危险，减轻残疾程度。针对发生过一次或多次脑血管意外的患者，通过寻找意外事件发生的原因，治疗可逆性病因，纠正所有可干预的危险因素，在中青年（<50岁）患者中显得尤为重要。

（一）护理评估

1. 健康史

（1）既往史。应询问老年人有无短暂脑缺血（TIA）发作史，高血压病、糖尿病、心脏病等病史。①脑血栓形成常见于动脉粥样硬化、高血压、糖尿病、高脂血症以及血液成分的改变和血流动力学异常，如红细胞增多症、血液黏度增加、凝血性增高和血流速度过缓等患者；②脑栓塞常见于风湿性心脏病伴有心房颤动、心肌梗死、心脏手术后以及非心源性栓子栓塞（脂肪栓子、癌性栓子）等。

（2）家族史。家族中有无罹患心脑血管疾病者，其预后或死亡原因。

（3）生活史。了解患者的生活环境和地理位置、饮食习惯和饮食结构，如有无盐分、脂肪摄入过多等；了解老年人有无生活压力增加和久坐、吸烟、酗酒等不健康的行为和生活方式。

2. 身体评估

（1）病因。老年人脑梗死是多种危险因素共同作用的结果，主要包括以下几个方面。

①动脉粥样硬化加重。动脉粥样硬化加重是老年人脑梗死的根本原因，如脑动脉粥样硬化是脑血栓的首发病因，脑栓塞最常见病因是主动脉弓及其分支动脉的粥样硬化斑块及血栓的脱落。动脉粥样硬化好发于大血管的分叉处及弯曲处，故脑血栓的部位为大脑中动脉、颈内动脉的虹吸部及起始部、椎动脉及基底动脉中下段等。

②疾病因素。有些疾病是老年人脑梗死的危险因素，如短暂脑缺血发作（TIA），尤其是椎基底动脉系统短暂脑缺血发作史是老年人脑梗死的最重要的危险因素。

③ 其他因素。其他因素包括高血压、糖尿病、高脂血症、冠心病、吸烟、精神状态异常等。血液黏度增加，血流变慢（安静和睡眠时）、血压降低或心动过速、心功能不全等都易促进血栓形成。

（2）老年脑梗死的临床特点。

① 脑血栓表现为：约25%老年人发病前有短暂脑缺血（TIA）发作史，多在睡眠或安静状态下起病，发病时一般神志清楚，局灶性神经系统损伤的表现多在数小时或2~3 d达到高峰，且因不同动脉阻塞而表现各异。常见的有颈内动脉、大脑中动脉、椎基底动脉以及小脑后下动脉血栓形成。

颈内动脉血栓形成的临床表现：若颅底动脉环血液运行正常，颈内动脉闭塞可不出现任何症状；若突然发生闭塞，则可出现一侧视力丧失，同侧霍纳（Horner）综合征和对侧肢体瘫痪，对侧感觉障碍及对侧同向偏盲；优势半球病变时可有运动性失语；少数可表现进展型卒中。

大脑中动脉血栓形成的临床表现：大脑中动脉及其分支是最易发生闭塞的血管。主干闭塞时，引起对侧偏瘫、偏身感觉障碍和偏盲（三偏征），优势半球病变可有失语、失写、失读；大脑中动脉深穿支或豆纹动脉闭塞可引起对侧偏瘫，上、下肢瘫痪程度一致，一般无偏身感觉障碍或同向偏盲；皮层支闭塞，对侧偏瘫、偏身感觉障碍，以面部及上肢为重，优势半球受累可有失语，非优势半球受累可出现偏侧忽视症等体象障碍。

椎基底动脉血栓形成的临床表现：常出现眩晕、眼震、复视、构音障碍、吞咽困难、共济失调、交叉瘫等症状。基底动脉主干闭塞时出现四肢瘫、延髓麻痹、意识障碍，常迅速死亡。脑桥基底部梗死可出现闭锁综合征，患者意识清醒；因四肢瘫、双侧面瘫、延髓麻痹，不能言语，不能进食，不能做各种动作，只能以眼球上下运动来表达自己的意愿。

小脑后下动脉血栓形成的临床表现：此处梗死又称延髓背外侧综合征或Wallenberg综合征，临床表现为突然眩晕、恶心呕吐、眼球震颤、吞咽困难、病灶侧软腭及声带麻痹（吞咽、迷走神经受损），共济失调（前庭小脑纤维受损），面部痛觉、温度觉障碍（三叉神经脊髓束核受损），对侧半身痛觉、温度觉障碍（脊髓丘脑束受损）。

② 脑栓塞表现为：发作急骤，意识障碍和癫痫的发病率高，且神经系统的体征不典型。脑栓塞2/3在动态下突然起病，1/3在夜间睡眠中发病，栓塞可仅发生于单一动脉，也可广泛多发，绝大多数脑栓塞发生在颈动脉系统。如较大动脉被栓塞致大块脑梗死或多发栓塞者，病情严重，发病后3~5 d病情加重，甚至因高颅压引起脑疝致死。

③ 无症状脑梗死多见：在65岁以上的人群中，无症状脑梗死的发病率可达28%。

④ 并发症多：老年人因多种疾病同时存在，心、肺、肾功能减退，发生脑梗死后常易引发多种并发症，如肺部感染、心力衰竭、肾衰竭、应激性溃疡等，使脑梗死病情

加重。

(3) 神经系统护理体检。该体检包括以下项目。

① 意识状态、瞳孔：包括意识清晰、嗜睡、意识模糊、谵妄、昏睡、浅昏迷、深昏迷的确定，瞳孔大小的变化，估计颅内有无继续出血等。

② 言语：要求患者说出周围环境的物体的名称和用途，了解口语表达及辨认能力；回答简单问题，了解听觉、理解能力；阅读短文并说出大意，了解阅读能力等。

③ 生命体征的变化：包括体温、呼吸、脉搏、血压的变化，有无血压突然升高或突然降低。

④ 面肌及舌肌：观察眼睛闭合是否对称、有力，鼻唇沟是否对称，口角有无歪斜，伸舌有无歪斜，有无舌肌萎缩、肌束颤动等。

⑤ 四肢肌力检查：肌力分 0~5 级，了解瘫痪肢体的肌力，判断瘫痪程度及预后。

⑥ 感觉：包括浅感觉、深感觉和皮层觉，检查时应左右、远近端对照比较。

⑦ 反射：包括浅反射、深反射和病理反射，脑卒中最常见病理反射，如巴宾斯基征、霍夫曼氏征等。

⑧ 共济运动：包括闭目难立征、指鼻试验、跟膝胫试验等，以了解小脑和锥体外系等情况。

对各项体检结果应结合病史、症状等情况综合考虑，以便提出有关的护理诊断。

3. 辅助检查

应常规进行血尿常规、血糖、血脂、血流变学、心电图检查。血液流变学检查约 3/4 脑梗死患者全血黏度增高。

磁共振成像（MRI）检查可较早期发现脑梗死，特别是对脑干和小脑病灶。

CT 检查可确定梗死的部位、范围，是单发还是多发，对脑干梗死显示不佳。

经颅多普勒（TCD）检查可辨别颈内、外动脉有无阻塞或狭窄，动脉壁有无钙化与粥样硬化；测定脑局部血流量，有助于诊断。

脑血栓形成诊断要点：① 多发于中老年，多有动脉硬化及高血压；② 发病前可有 TIA；③ 静态下发病，病后几小时或几天内达高峰，其表现多数患者意识清醒，而偏瘫、失语等神经系统局灶体征明显；④ CT、MRI 检查可协助诊断。

4. 心理-社会状况

(1) 因脑梗死出现言语、感觉、运动障碍，老年人可表现悲观、自卑等不良情绪，同时老年脑梗死患者常对疾病治疗、生活无信心，怕自己会成为一个残废的人给家庭和社会造成负担，顾虑自己今后的衣食住行，担心子女将怎样对待自己。

(2) 了解老年患者家属对患者所患疾病的了解，家庭、社会对患者的理解和支持程度。

（二）常见护理诊断与医护合作性问题

（1）意识障碍：与脑功能受损有关。

（2）言语沟通障碍：与意识障碍或相应的言语功能区域受损有关。

（3）躯体移动障碍：与意识障碍、肢体瘫痪有关。

（4）生活自理缺陷：与意识障碍、肢体瘫痪或感觉障碍有关。

（5）恐惧：与脑梗死、起病突然、失语、缺乏自理能力等有关。

（6）潜在并发症：有受伤害危险、皮肤完整性受损。

（三）护理计划与实施

治疗和护理目标：改善梗死区的血液循环，尽可能恢复神经系统功能，预防急性期并发症及脑卒中复发。患者部分或完全恢复生活自理，能参与自我护理，最大限度恢复活动功能；能够有效地表达基本需要，能与外界有效沟通，与护理人员、家属有良好的关系；皮肤完整，不发生受伤等意外；能正确应对不良的情绪并表现出自尊和自强；患者及家属掌握该病的有关知识及康复训练的技巧。其具体措施如下。

1. 一般护理

（1）卧位与环境。为老年患者提供安静舒适的环境，有利于患者的休息与康复；对卧床患者，应根据病情安排适当卧位。如意识障碍者宜采取侧卧位，头稍前倾，以利于口腔分泌物的流出；颅内压增高时，头部抬高15°～30°。

（2）饮食。保证足够的热能、蛋白质、维生素和水的摄入以支持机体的消耗和康复的需要。重视脑细胞营养，保证供应脂质、蛋白质、糖，服用维生素E、维生素C、维生素A及一些微量元素。对吞咽困难者，可进食半流质，速度宜缓慢；因意识不清不能自行进食者，可通过鼻饲或静脉供给营养。

（3）防止并发症。对于卧床患者，经常协助患者翻身，鼓励患者咳嗽，做深呼吸训练。尽量避免导尿，同时鼓励、指导老年人尽量早期下床活动，以防止肺炎、尿路感染、肺栓塞、压疮等并发症的发生。

2. 疾病护理

（1）躯体功能障碍护理。

① 指导患者正确面对疾病，克服急躁心理和悲观情绪，避免过分依赖他人，增强自我照顾的信心和能力。

② 协助患者洗漱、进食、穿衣等，定时为患者翻身、拍背；教会患者使用大小便器的方法。

③ 与患者及家属共同制订康复训练计划，协助患者进行被动和主动肢体功能锻炼。

④ 遵医嘱应用溶栓、抗凝和脑代谢活化剂等药物，注意观察药物疗效和不良反应。

⑤ 加强安全防护，防止跌倒损伤。

（2）语言沟通障碍护理。

① 采用语言和非语言方式多与患者沟通，耐心、缓慢和清楚地解释每一个问题。

② 鼓励家属多与患者交谈。

③ 鼓励患者克服不好意思的心理，主动大声说话。

④ 依据患者情况制订语言康复训练计划，并选择适当的训练方法。

3. 监护

急性脑梗死的老年人应进入单元重点监护，密切观察意识、瞳孔、生命体征、肌力、肌张力的变化，做好血气分析、心电图、血压的监测，警惕心律失常、低氧血症及高血压的发生。

4. 用药护理

老年脑梗死的治疗主要包括溶栓、抗凝、抗血小板凝集和降低颅内压。应密切观察药物疗效及有无不良反应的发生。使用抗凝药、溶栓剂时，应重点监测患者出凝血时间，观察患者皮肤、黏膜有无出血倾向，有无黑便；使用甘露醇时，注意防止药液的外渗，同时选择较粗血管，以保证药液的快速输入。

5. 康复训练

康复训练包括语言、运动及协调能力的训练。

（1）语言能力的训练。

① 早期可鼓励患病老年人采取任何方式向工作人员表达自己的需要，可利用卡片、笔、纸、手势、图片等进行简单而满意的双向交流。

② 尽量提一些简单的问题，让老年人可以用"是""不是"或"点头""摇头"来回答，以利于获得患者要表达的信息。

③ 根据患者的不同情况，选用不同的沟通方法，可以使用身体语言给患者清楚简单的指导；可使用一些相应的提示物，如说床时指一下床等。

④ 交谈时耐心、态度和蔼，给患者提供自由交谈的机会及足够的时间做出反应，及时指出患者取得的进步，并鼓励其持之以恒。

⑤ 创造一切语言环境，家属与患者接触时间长，应动员家属、朋友多与患者交流，促进语言功能的恢复。

（2）运动功能的训练。

① 对肢体瘫痪的患者在康复早期即开始做关节的被动运动。保持关节功能位，防止

关节变形而失去正常功能。用枕头维持手臂外展姿势，肘部稍微屈曲。仰卧位时，肩关节高于肩部水平，膝下放枕头，防止骨突关节外旋，用毛巾卷曲放在髋关节外侧，用脚托板使脚与床呈直角，预防足下垂。

② 至少每2h改变1次体位。由于患者肢体感觉运动功能障碍，应鼓励患者使用健侧手臂从事自我照顾活动，并协助患者手臂进行主动或被动活动。每日做3次四肢活动锻炼，以促进功能恢复。

③ 随着病情的稳定和肌张力增加，逐渐增加肢体活动量，教会患者及家属锻炼和翻身的技巧。鼓励并协助患者做渐进性的活动，先在床上慢慢做起，后坐在床沿摆动腿部数分钟。下床时使用辅助器具，或由人搀扶，活动时间逐渐延长。

④ 鼓励和促进患者早期下床，练习行走。护士及家属要有极大的耐心，教会患者注意力集中，在步行的各个阶段尽量保持身体平衡，逐渐增加活动量，反复强调锻炼时注意安全，在可能且安全的情况下独立进行活动，并加强对患者的保护，预防跌倒及摔伤。

（3）协调能力的训练。此训练主要是训练肢体活动的协调性，根据患者的肢体活动的能力鼓励患者从轻微的活动开始练起，逐渐增加活动量。先集中训练近端肌肉的控制能力，后训练远端肌肉的控制能力。训练患者保持平衡的能力，教会患者及家属锻炼的技巧。

6. 心理护理

老年脑梗死患者存在明显的心理障碍，表现为感知觉障碍、记忆力减退或错误、思维联想障碍（思维迟钝、贫乏、概念混乱等）、语言障碍、情感障碍、意志减退、智力障碍等，常因功能障碍、治疗效果不佳等原因表现出焦虑、生活无信心甚至绝望的心理问题。因此，做好对老人的心理护理非常重要。

护士要同情和理解老年人，鼓励老年人表达其内心的感受，指导并帮助老年人正确处理面临的各种困难，进行力所能及的个人生活照顾。创造一个良好的医院环境，满足老人的合理需要，消除自卑、焦虑、恐惧心理，帮助其保持健康而稳定的情绪。鼓励老人参加家庭和社会活动，通过问题的解决证实老年人的能力和价值，保持和恢复老人的社会适应能力，提高其生活的乐趣，分散他们对疾病的注意力，增强战胜疾病的信心。

7. 健康教育

（1）预防脑梗死再发。

① 患者往往存在疾病再次复发的可能，应告知老年人戒烟限酒，积极治疗高血压、动脉粥样硬化、糖尿病、高脂血症等全身性疾病。应将血压控制在一个合理水平，高血压患者不论有无不适症状，都应该坚持长期、有规律地服用降压药。动脉硬化与糖尿病有密切关系，反复发生脑卒中的患者有10%~30%患有糖尿病。心肺疾病也常是脑栓塞时栓子

的重要来源，特别是房颤需得到恰当治疗，以预防脑栓塞。

②生活有规律，建立科学的饮食习惯，以清淡为主，多吃蔬菜、水果，正确控制食量，避免肥胖，每天有适度的活动，注意劳逸结合，老年人工作或干家务时应多休息几次，不要做力不从心的事；对于老年知识分子，要注意科学用脑，切忌长时间紧张从事脑力劳动而导致用脑过度，学会控制不良情绪。

③定期复查，一旦出现前驱症状，应及早处理。需长期服用抗血小板凝集或抗凝药物时，应注意观察有无出血倾向，定期检测出血时间（BT）、凝血时间（CT）和血黏度等指标。

（2）让患者及家属了解康复训练的意义。掌握康复训练的有关知识和技术，坚持康复训练，以最大限度地恢复患者的躯体功能。

（3）适度地进行体育锻炼。体育锻炼要坚持"长期、循序渐进、适度和个别化"的原则。选择适合运动方式，掌握适合的运动量（运动时心率不超过195-年龄），运动持之以恒，坚持每周不少于3次，每次30~40 min。注意锻炼过程中自我检查，注意自我感觉、运动量和身体状况是否正常。

（四）护理评价

经有效治疗和精心护理后，应对以下项目做出评价：①患者意识是否恢复清醒，能否与外界有效沟通、参与社会交往；②患者活动能力是否增强，是否已经恢复部分或完全生活自理；③无各种并发症发生或发生后及时得到控制；④能及时开始对后遗症的护理治疗，并取得一定的进展；⑤脑血管意外的病因得到有效控制，无再次脑卒中的发生；⑥患者能否正确应对不良的情绪并表现出自尊和自强；⑦患者及家属是否已经掌握了该病的有关知识及康复训练的技巧。

（刘　畅）

任务六　老年期抑郁症患者的护理

老年期抑郁症泛指存在于老年期，以显著的情感障碍为临床特征，并伴有相应思维和行为改变的疾病，包括原发性抑郁症（起病于青年期或成年期）和老年期出现的各种继发性抑郁症。

抑郁症是老年人最常见的精神疾病之一。大多数的老年抑郁症发生在55~65岁的男性，年龄超过80岁时，罹患老年抑郁症的比例会快速地上升。我国老年人抑郁症患病率，北京约为1.57%、上海约为5.28%，且随着老龄化社会的进展日趋上升。患有多种内科慢性疾病的老年人中抑郁症的发生率更高，美国12%～16%患有内科疾病的老年人患有抑郁症。抑郁症会使住院天数延长，可以加速老年人的死亡，严重地影响老年人和整个家庭的生活质量。相关研究发现，老年人的自杀或自杀企图50%～70%继发于抑郁症，自杀是美国年满65岁以上老年人的十大死因之一。因此，老年期抑郁症已成为影响老年人精神卫生的重要疾病。

（一）护理评估

护士在老年抑郁症患者诊疗护理中起着重要作用。护士若能有正确的认知，可以协助早期诊断出老年抑郁症，使其获得适当治疗。

评估患有抑郁症的老年人，应系统地分析认识患者的整体健康状况，进行全面完整的评估。不仅要进行个人史、既往病史、精神科病史、相关家族史、用药史、全身检查、相关的实验检查以及心智功能评估，同时包括对老年人家庭、生活环境、可利用的社会支持系统等情况的评估。其中对患者精神障碍可能导致的危险行为如自杀、伤人等需重点评估。因为许多疾病会导致老年人外观看起来很抑郁，可能因疾病的并发症引起抑郁症，这些患者只需对疾病进行矫正，抑郁症就会改善。

1. 健康史

（1）生活状况。了解老年抑郁症患者的个人成长史、生活方式、特殊嗜好、家族史等。

（2）既往史及用药史。老年人常伴有各种躯体疾病，如脑血管系统疾病（阿尔茨海默病、帕金森病和中风）、心肺疾病（感染、充血性心衰竭、心肌梗死）、内分泌疾病（甲状腺功能亢进或低下）、肿瘤、贫血、维生素缺乏症等可引起抑郁症状。因躯体疾病服用某些药物，如利血平、普萘洛尔（心得安）、利尿药、β受体阻滞剂、类固醇、抗肿瘤药物、镇静药（包括安眠和抗焦虑症）以及乙醇也可诱发抑郁症状。

2. 身体评估

（1）老年抑郁症的病因。老年抑郁症的病因错综复杂，迄今尚不能确定，可能病因有：

① 遗传因素。早年发病的抑郁症患者，具有明显的遗传倾向，血缘关系越近，患病率越高。但遗传因素在发病中的作用随年龄增大而减小。

② 生化异常。年龄增大老化引起中枢神经递质改变，如5-羟色胺（5-HT）和去甲肾上腺素（NE）功能不足，单胺氧化酶（MAO）活性升高，影响情绪调节。生化异常是重要易感因素之一，对于老年人产生抑郁症，具有举足轻重的作用。

③ 神经内分泌功能失调。下丘脑垂体肾上腺皮质轴功能失调导致昼夜周期波动规律紊乱。

④ 心理社会因素。一方面老年阶段，患病及遭遇各种生活负性事件的机会明显增加，如疾病缠身、社交减少、亡偶丧子、经济窘迫、记忆力的减退和丧失，认知功能的缺损（如痴呆），丧失自理能力等；另一方面老年人承受及缓冲这些变化的能力下降，因而更易出现情感性障碍。例如，失落是老年人时常遇到的问题，尤其是丧偶或是失去亲人，短期间的哀伤是正常的过程，不应该被误解为抑郁症的发作；但是若出现延长性的哀伤过程（通常超过6个月），此时抑郁症的发作应该列入考虑，而且应给予适当的医疗措施。

（2）老年抑郁症的临床特点。老年抑郁症患者可以出现与一般成年患者基本相似的症状，有三大主要症状，即心境低落、思维迟缓和行为抑制的"三低"症状。值得注意的是，老年群体的特殊性使得老年抑郁症更易被误诊或过度诊断。其一，老化的生理改变和老年人常患多种内科疾病，会使老年人的外观看起来像是患有抑郁症，造成老年抑郁症过度诊断。其二，老年人所患的多种内科疾病的本身也会误导诊断。帕金森病的典型症状（面具脸、动作迟缓和姿势前趋），可能会被误以为是抑郁症的症状；甲状腺功能减退也会造成动作迟缓，末期的甲状腺亢进会造成冷漠和退缩，这些都是会出现和抑郁症症状相近的内科疾病，只要这些内科疾病控制住，这些假性抑郁症状自然就消失。其三，有些老年人抑郁症的症状不明显，不容易被医护人员发现。老年人常出现较多的身体不适的抱怨，或是情绪上的焦虑不安，有一些甚至产生疑病症，但是却很少表现典型的抑郁症症状。所以，老年抑郁症具有以下几个特点。

① 疑病性。老年人常从一种不太严重的躯体疾病开始，继而出现焦虑、紧张、抑郁等情绪，由此反复去医院就诊，如要求得不到满足则抑郁症状更加严重。疑病性抑郁症患者疑病内容常涉及消化系统症状，胃肠不适、便秘是最常见也是最早出现的症状。

② 激越性。激越性表现为焦虑、恐惧，担心自己和家庭将遭遇不幸，捶胸顿足、坐立不安、惶惶不可终日，夜不能寐，或反复追忆过去不愉快的事，责备自己做错了事而导致家人或其他人的不幸，或对环境中的一切事物均无兴趣，可出现冲动性的自杀行为。

③ 隐匿性。抑郁症的核心症状是心境低落，但老年抑郁症的患者大多以躯体症状为主要表现形式。常见的躯体症状有睡眠障碍、头痛、乏力、胃肠道不适、食欲下降、体重减轻、便秘、颈背部疼痛、心血管症状等。情绪低落不明显，因而极易造成误诊。

④ 迟滞性。迟滞性表现为行为阻滞，以随意运动缺乏和缓慢为特点，肢体活动减少，面无表情，思维迟缓、内容贫乏、言语阻滞。患者大部分时间处于缄默状态，主动言语减少，重则双目凝视，情感淡漠。

⑤ 妄想性。大约有15%的老年抑郁症患者可以出现妄想或幻觉，看见或听见不存在

的东西；认为自己犯下了不可饶恕的罪行，听见有声音在控诉或谴责自己，让自己去死。这类妄想一般以老年人的心理状态为前提，如缺少安全感、无价值感，与他们的生活环境和对生活的态度有关。

⑥ 自杀倾向。自杀倾向是抑郁症最危险的症状。自杀行为在老年期患者中很常见，且很坚决，部分患者在决定自杀后，表现出镇定自若，不再有痛苦的表情，进行各种安排，如会见亲人等，寻找自杀的方法及时间等。因此，常由于患者所表现出的这种假象，使家人疏于防范，很容易让自杀成为无法挽回的事实。

⑦ 抑郁症性假性痴呆。认知功能障碍也是老年抑郁期的常见症状，约有80%的患者有记忆减退的主诉，存在比较明显的认知障碍，多为可逆性。抑郁症衍生的痴呆症状称为"假性痴呆"。老年抑郁症患者类似痴呆表现的占10%～15%，而且25%～50%痴呆的患者出现抑郁症的症状。用简易智能精神状态检查量表（MMSE）筛选可呈假阳性。

⑧ 季节性。有些老年抑郁症具有季节性情感障碍的特点。抑郁常在冬季发作，春季或夏季缓解。

知识链接

> 根据美国精神科疾病诊断和统计手册第4版修订版，至少要出现下列症状方可诊断抑郁症：每天大部分的时间，心情都是沮丧、低调、哀伤的；和（或）对事情丧失兴趣，过去觉得很有兴趣的事情，现在都不感到有兴趣的情况，而且症状要符合下列情形至少4项或4项以上，且持续2周以上；内容包括：① 食欲增加或减少，体重在1个月内，明显地增加或减少了原来体重的5%以上；② 变得特别嗜睡，或是睡得很少或失眠；③ 出现精神症状，如躁动不安，或有退化行为、畏缩等情形；④ 对刺激反应差，觉得没有元气或疲倦；⑤ 出现不适当的罪恶感，或是觉得没有价值；⑥ 思考能力变差，注意力不能够集中；⑦ 有自杀的想法或企图（可以是有计划或没有计划的）。

3. 辅助检查

在排除明显的躯体疾病后，可采用标准化评定量表对抑郁的程度进行评估。临床上也已经有许多标准化的量表或是工具，来协助老年抑郁症的筛检和诊断。如简易智能精神状态量表（MMSE）、老年抑郁症量表（GDS）、别克抑郁症量表（BDI）、流行病调查中心用抑郁量表（CESD）、汉密尔顿抑郁量表（HAMD）、Zung抑郁自评量表（SDS），每一个量表所需花的时间都不超过15 min。CT、磁共振成像（MRI）检查显示脑室扩大和皮质萎缩。

4. 心理-社会状况

老年期遭遇的负性生活事件对老年人构成心理刺激，影响其情绪，当达到一定程度时，常引起心因性抑郁。但随着心因的消除，抑郁趋向好转，且较少复发。老年抑郁症也使得老年人变得退缩，与外界隔离，对自己的生活满意度下降。加上收入减少和医疗负担，这些都会造成老年人极大的负担。老年人因为视力、听力、触觉等感官功能的退化，使得对于外来刺激无法正确反应，而且误解刺激的意义，使得老年人变得担心和抑郁。老年人若是无法正向地看待老化的过程，每日只将焦点放在自己功能退化的部分，而不将注意力放在自己的优点上，终日面对自己的功能缺失，也会产生抑郁症。功能性评估有助于了解老年人功能缺损情形，对于老年抑郁症的侦测或评估是非常有帮助的，一位老年人不明原因地出现功能退化、变得退缩、容易疲劳，应该审慎地考虑是否抑郁症发作。所以，功能性评估在老年评估中扮演重要角色。

（二）常见护理诊断与医护合作性问题

（1）个人应对无效：与情绪抑郁、无助感、精力不足、疑病等有关。

（2）思维过程紊乱：与消极的认知态度有关。

（3）睡眠形态紊乱：与抑郁、精神压力有关。

（4）潜在危险性暴力行为：对自己或他人，与有严重的悲观情绪、忧伤、寂寞、自责自罪观念等有关。

（5）营养状况差：与食欲减低有关。

（三）护理计划与实施

治疗和护理目标：老年抑郁症患者愿意接受或寻求专家协助，能积极配合治疗，睡眠紊乱等症状改善或消失；能采取积极有效的应对措施，促进身心健康状态，提高生活质量，减少复发的危险；老年抑郁症患者能说出心中感受，未发生伤人、自伤、自杀等意外。

1. 心理护理

（1）减轻心理压力。正确评估导致老年人抑郁的原因，调动老年人社会支持系统，增加社会交往；帮助老年人认识生存的价值，协助其改善消极被动的生活方式。

（2）阻断负性思考。抑郁症患者常会不自觉地对自己或事情持有负向的看法。首先，护士应协助老年患者确认这些负向的想法并加以取代和减少，同时可诱导患者回忆自己的优点和成就来增加正向的看法；其次，应协助老年患者检查其认知、逻辑与结论的正确性，修正不合实际的要求、目标，协助他们完成某些建设性的工作，参与利他等社交活动，减少患者的负向评价，提供增强自尊的机会。

（3）建立有效的护患沟通。严重的老年抑郁症患者思维过程缓慢，言语减少。护士应以耐心、缓慢以及非语言的方式表达对老年人的关心和支持，鼓励其抒发自己的内心感受，允许老年患者有足够反应和思考的时间。交谈时，应避免简单、生硬的语言，尽量不使用"你不要"或"你不应该"等直接训斥性语言，以免加重自卑感。

2. 严防自杀

自杀是抑郁症患者最严重而危险的症状，患者往往事先计划周密，行为隐蔽，甚至以假象逃避医务人员及家属的注意，达到自杀的目的。故护士应加强责任心，严防患者出现自杀。

（1）识别自杀先兆。首先，尽量安排固定的护士护理；其次，护士应与患者建立良好的护患关系，密切观察有无自杀先兆（如在近期内曾经有过自我伤害或自杀未遂的行为，或焦虑的情绪突然"好转"，在危险处徘徊、拒餐、卧床不起等）。定期使用老年抑郁症量表，了解患者抑郁的情况。

（2）提供安全的环境。病房光线明亮，陈设安全，墙壁使用明快色彩并配以壁画，摆放适量鲜花，调动老年患者积极良好的情绪，焕发对生活的热爱；移去一切危险品，如刀剪、玻璃等锐器，药物和各种绳索等，杜绝不安全因素的存在。

（3）专人守护。对有强烈自杀企图的抑郁症患者，24 h专人看护，必要时给予约束，尤其注意深夜、午间休息、节假日、开饭、交接班时间等人少情况下的防范。

3. 一般护理

（1）保证合理的休息和睡眠。生活要有规律，鼓励患者白天参加适当的体育锻炼和娱乐性活动；睡前不议论病情，不做剧烈运动，不看紧张刺激的书籍和电视节目，用热水泡脚，喝些温热的饮料；为患者创造舒适安静的睡眠环境，保证患者获得充足的睡眠时间。

（2）加强营养。抑郁症患者常有食欲下降，或因厌食、自罪观念而拒绝进食，可创造集体进食的环境，了解患者饮食方面的好恶，选择其喜爱的食物；在病情允许情况下，鼓励老年人多下床活动以增加食欲，必要时行鼻饲或静脉营养，以保证营养的摄入。

4. 用药护理

（1）密切观察药效和不良反应。老年人对于药物不良反应的敏感度很高（特别是心血管方面的不良反应），对药物的代谢能力较慢，而且使用抗抑郁症药物的同时，又常常使用其他类的药物，药物之间会相互作用，因此使用抗抑郁症药物，要严格掌握其适应证和禁忌证，应该从小剂量开始，通常是成人的一半左右，然后根据情况进行药物调整。密切注意药物不良反应，如三环类抗抑郁药的禁忌证为严重的心、肝、肾疾病，同时观察各种药物的相互作用、不良反应和毒性反应。如服用抗抑郁症药物后出现头晕、乏力、恶心、双手颤动、视物模糊、腹痛呕吐、嗜睡或昏迷等，应警惕发生药物中毒，并立即汇报医生及时处理。

（2）坚持服药。因抗抑郁药用药时间长，有些药物有不良反应，患者往往不愿坚持，甚至拒药、藏药或随意增减药物；要耐心说服老年人，严格遵医嘱服药，不可随意增减药物，更不可因药物反应而中途停药。

5. 健康指导

（1）培养兴趣，积极参与社会活动。老年人要面对现实，合理安排生活，与社会保持联系，多用脑，根据自己的兴趣培养爱好，如养花、书法、打牌、下棋等，或参加力所能及的劳作。

（2）鼓励子女与老年人同住。子女在关心老年人物质生活的同时更应关心老年人的精神生活，经常与父母聊天，主动慰藉老年人，可避免老年人产生孤独；观察老年人的心理变化，及早发现老年人的心理问题，防止抑郁症的出现。

（3）社会重视。社会和老年护理机构等应创造条件让老年人进行相互交往和参加一些集体活动，对每一个住院或居住长期养老机构的老年人，都应接受初步认知功能及心理健康评估，并开展一些预防老年期抑郁症和增进心理健康的讲座，以提高老年人的心理健康水平。

（四）护理评价

经过治疗和护理后，老年抑郁症患者的症状是否改善或消失；是否未发生伤人、自伤、自杀等意外；老年人的基本生理需求是否得到满足；老年人及家属是否对疾病的知识及应对技巧有所了解，并能加以运用。

老年抑郁症常常被社会所忽略，而积极的治疗对于老年抑郁症患者的效果是非常好的，并不亚于年轻抑郁症患者的疗效。护理人员在医疗机构的工作中，应该要有能力发现老年抑郁症发作的高危险群，使抑郁症不致影响老年人的生活质量。在老年人口日益增加的情况下，不仅老年人的疾病受到重视，其心理卫生问题亦不该被忽视。其中，痴呆和抑郁症是影响最大也是最常见的健康问题。许多老年人因为这些疾病而造成认知功能及日常生活能力的缺损，进而影响其本身及家属的生活质量。

护理人员应该对老年人的心理卫生问题有所认识，早期发现问题，协助诊断与治疗，如此才能使老年人在生理和心理皆健康下享受美好的余生。

（刘　畅）

任务七 老年期特有疾病患者的护理

一、老年骨质疏松症患者的护理

骨质疏松症（osteoporosis，OP）是一种以低骨量、骨组织细微结构衰退为特征，骨质脆性增加和易于骨折的一种全身性代谢性骨病。骨质疏松症分为原发性和继发性两类，继发性骨质疏松症主要由内分泌疾病或全身性疾病所致，原发性骨质疏松症可分为Ⅰ型和Ⅱ型两种亚型，Ⅰ型即绝经后骨质疏松症，Ⅱ型即老年性骨质疏松，老年骨质疏松症属于原发性骨质疏松症（POP）。据统计，我国老年人骨质疏松症的发生率约为24%，65岁以上老年人骨质疏松症的发生率可达80%，男女之比约1∶2。患骨质疏松症的老年人较易发生骨折，尤以髋部骨折及其并发症对老年人的威胁最严重，一年内可有15%死亡，致残率达50%。

（一）护理评估

1. 健康史

仔细询问患者有无导致骨质疏松的危险因素，如活动过少或长期卧床、雌激素减少、饮食中钙和维生素D摄入不足、光照不足、吸烟、酗酒，使用某些药物如糖皮质激素等；询问有无骨折，骨痛的部位、程度；询问既往诊疗经过。

2. 身体评估

（1）骨痛和肌无力。骨质疏松症较早出现的症状是骨痛，以腰背部疼痛为主，由脊柱向两侧扩散，久坐或久立疼痛加重，仰卧或坐位疼痛减轻，负重能力下降或不能负重。

（2）身高缩短和脊柱变形（驼背）。骨质疏松严重时，可因椎体骨密度减少导致脊椎椎体压缩变形。每个椎体缩短约2 mm，身高平均缩短3~6 cm。严重者因椎体压缩呈前、后高度不等的楔形，形成驼背。

（3）骨折。骨折是导致老年骨质疏松症患者活动受限，甚至引起寿命缩短的最常见、最严重的并发症。骨折的好发部位是脊椎的胸腰段、髋部和桡骨远端，常因轻微活动或创伤诱发，如打喷嚏、弯腰、负重、挤压或摔倒等。老年前期以桡骨远端骨折常见，老年期以后以腰椎和股骨上端多见。脊柱压缩性骨折可引起胸廓畸形，使肺功能受损、心血管功能障碍，引起胸闷、气促、呼吸困难等表现。

3. 辅助检查

（1）骨生化检查：①尿羟赖氨酸糖苷（HOLG）是骨吸收的敏感指标，可升高；②骨钙素（BGP）是骨更新的敏感指标，可出现轻度升高。

（2）X线检查：主要表现为皮质变薄、骨小梁减少变细、骨密度降低、透明度增大。当骨量丢失超过30%时，X线摄片上才能显示出骨质疏松，因此不利于早期诊断。晚期出现骨变形及骨折。

（3）骨密度测定：对骨质疏松早期诊断、评估治疗效果有重要意义。

4. 心理-社会因素

身体外形的改变会引起老年人的心理负担，不愿进入公共场所，也会因身体活动不便或担心骨折给患者带来精神压力，而治疗周期长使患者产生焦虑、烦躁、悲观的情绪，不利于身体功能的改善，因此评估时应予以重视。

（二）治疗要点

骨质疏松重在预防。老年人应合理膳食，摄入足够的钙质和维生素D，戒烟酒，适量运动，加强自我保健意识，防止跌倒，不滥用药物。药物治疗包括使用钙剂和维生素D。绝经后女性可使用少量雌激素替代治疗，男性原发性骨质疏松患者可用双膦酸盐或降钙素治疗。

（三）常见护理诊断与医护合作性问题

（1）慢性疼痛：与骨质疏松、肌肉疲劳、骨折等有关。

（2）躯体活动障碍：与疼痛、骨折引起的活动受限有关。

（3）潜在并发症：骨折与骨质疏松、过度运动有关。

（4）情境性自尊低下：与身长缩短或驼背有关。

（四）护理计划与实施

治疗和护理目标：① 老年患者能正确使用药物或非药物的方法减轻或解除疼痛增加舒适感；② 按照饮食与运动原则，合理进餐和运动，维持机体的功能；③ 骨折老年人在限制活动期间未发生有关的并发症；④ 老年人能正视自身形象的改变，情绪稳定，无社交障碍。

1. 一般护理

（1）营养与饮食。鼓励老年人多摄入含钙和维生素D丰富的食物。含钙高的食品有牛奶、豆制品、海带、虾米等，富含维生素D的食品有禽、蛋、肝、鱼肝油等。摄入足够的蛋白质和维生素，戒烟酒，少喝咖啡。

（2）活动与休息。根据自身的身体情况制定不同的活动计划。对于能运动的老年人，每天进行30 min左右的体育活动以增加和保持骨量。对于因疼痛而活动受限的老年人，指导老年人维持关节的功能位，每天进行关节的活动训练。对于因为骨折而固定或牵引的老年人，要求每小时尽可能活动身体数分钟，如甩动臂膀、扭动足趾等。

2. 减轻或缓解疼痛

嘱患者动作宜缓慢，骨痛时多休息。通过卧床休息，使腰部软组织和脊柱肌群得到松弛可减轻疼痛，也可通过洗热水浴、按摩、擦背以促进肌肉放松。对疼痛严重者，可遵医嘱使用止痛药、肌肉松弛剂等药物。

3. 安全护理

为老年人提供安全的生活环境或装束，防止跌倒和损伤。地面保持平整干燥，避免潮湿，无障碍物；房间光线充足；卫生间、浴室和楼道安装扶手，浴室地面铺防滑垫。老年人选择平底防滑鞋，裙子或裤子避免过长，必要时可佩戴眼镜。对已发生骨折的老年人，关节保持功能位，每2 h翻身1次，保护和按摩受压部位，指导老年人进行呼吸和咳嗽训练，做被动和主动的关节活动训练，定期检查，防止并发症的发生。

4. 用药护理

（1）钙制剂注意不可同绿叶蔬菜一起服用，以免形成钙螯合物而降低钙的吸收，使用过程中应增加饮水量，以减少泌尿系统结石的形成，并防止便秘。

（2）钙调节剂包括降钙素、维生素D和雌激素。使用降钙素时要观察有无低血钙和甲状腺功能亢进的表现。服用维生素D的过程中，要监测血清钙和肌酐的变化。对使用雌激素的老年女性患者，应详细了解是否有乳腺癌等家族史和心血管方面的病史，注意阴道出血情况，定期做乳房检查。

（3）双膦酸盐包括依替膦酸二钠、阿仑膦酸钠等，应空腹服用，同时饮水200～300 mL，至少半小时内不能进食或喝饮料，也不宜平卧，忌与牛奶、奶制品、含矿物质的维生素、抗酸药同服。静脉注射要注意血栓性疾病的发生。

5. 心理护理

通过与老年人倾心交谈，鼓励其表达内心的感受，明确忧虑的根源。指导老年人穿宽松的上衣掩饰形体的改变，强调老年人资历、学识或人格方面的优势，增强其自信心，逐渐适应形象的改变。

6. 健康指导

（1）基础知识指导。通过书籍、图片和影像资料，讲解骨质疏松发生的原因、表现、辅助检查结果的解释及治疗方法。

（2）日常生活指导。坚持适度的运动（每次半小时，每周3～5次）和户外日光照晒，对预防骨质疏松有重要意义。在日常活动中，防止跌倒，避免用力过度，也可通过辅助工具协助完成各种活动。

(3）饮食指导。提供老年人每天的饮食计划单，学会各种营养素的合理搭配，尤其是多摄入含钙及维生素D丰富的食物。

（4）用药指导。指导老年人服用可咀嚼的片状钙剂，应在饭前1 h及睡前服用，应与维生素D同时服用；教会老年人观察各种药物的不良反应，明确各种不同药物的使用方法及疗程。

二、老年性痴呆患者的护理

老年期痴呆是指发生在老年期由多种病因引起的以痴呆为主要临床表现的一组疾病，主要包括阿尔茨海默病（Alzheimer disease，AD，又称为老年性痴呆）和血管性痴呆（vascular dementia，VD）、混合性痴呆和其他类型痴呆，其中以阿尔茨海默病（AD）和血管性痴呆（VD）为主，占全部痴呆的70%~80%。

老年性痴呆是一种病因不明的原发性大脑皮质退行性疾病，病理改变以大脑弥散性萎缩和神经细胞变性为主。神经纤维缠结（NFT）、老年斑是其组织病理学特征。本病起病隐匿，病情发展缓慢，无明确的起病期，病程呈进行性发展，多在65岁以后发病。据欧美国家统计，60岁以上老年人痴呆的患病率为6%~12%，85岁以上的老年人为20%~40%，其中半数以上为阿尔茨海默病（AD）。我国流行病学调查显示，65岁以上人群中，阿尔茨海默病约4.2%；调查还显示，大约每增5.1岁，患病率增加1倍。老年性痴呆造成老年人生活质量下降，给家庭带来困难，给社会带来负担，已引起广泛关注。

拓展阅读

老年性痴呆以预防为主，而预防老年性痴呆其中一个非常有效的方法就是坚持适当的锻炼。建议老年人坚持散步、打太极等有益身体的运动，同时还可以培养一门兴趣爱好，如毛笔字、剪纸、制作手工艺品等，这类用到手指的动作，能延缓脑神经细胞的退变，预防痴呆。老年性痴呆造成的并发症有：

（1）饮食过度或不足，引起的肠胃道不适、出血，甚至穿孔。

（2）吞咽困难，易并发吸入性肺炎或窒息。

（3）长期卧床，易发生褥疮、便秘、血栓、栓塞性疾病。

(一)护理评估

1. 健康史

评估患者认知功能有无改变,包括患者的记忆力、思维、理解力、注意力、定向力和分析问题能力。评估患者有无行为、人格改变。了解老年人有无AD发病相关的可能因素:家族中有类似疾病、糖尿病、脑血管疾病、长期接触铅、脑外伤、高龄等。

2. 身体评估

老年性痴呆起病隐匿,从早期出现记忆障碍,逐渐发展为皮层高级功能障碍、人格改变等,大致可分为以下三个阶段。

(1)早期(遗忘期)。首发症状为记忆减退,尤其是近期记忆,记不住新近发生的事,对原有工作不能胜任。空间定位能力下降,易于迷路。抽象思维能力、概括力、综合分析力、判断力等受累。情绪不稳定,情感可幼稚化,情绪易激惹,易怒。人格发生改变,主动性减少,活动减少,孤僻、自私,对周围环境不感兴趣,对人缺乏热情,敏感多疑。病程可持续1~3年。

(2)中期(混乱期)。患者完全不能学习,远期记忆受损或大部分丧失。定向力进一步丧失,常去向不明或迷路,并逐渐出现失语、失用、失认、失写。日常生活能力下降,如洗漱、梳头、进食、穿衣及大小便等需别人帮助。人格进一步改变,对人冷漠,甚至对亲人漠不关心,无故打骂家人。缺乏羞耻感和伦理感,行为不顾社会规范,将他人之物据为己有,甚至随地大小便。行为紊乱,如无目的性地翻箱倒柜,收藏废物,可发生攻击行为等。本期是护理照管中最困难的时期,该期常在起病后2~10年。

(3)晚期(极度痴呆期)。患者生活完全不能自理,大小便失禁,无自主运动,缄默不语,成为植物人状态,智能趋向丧失,常因压疮、吸入性肺炎、泌尿系统感染等并发症而死亡。此期多发生在起病后8~12年。

3. 辅助检查

(1)心理测验。长谷川痴呆量表、MMSE可用于测评痴呆程度,韦氏成人智力量表可进行智力测定,韦氏记忆量表和临床记忆量表可测查记忆。

(2)影像学检查。CT或MRI显示脑萎缩,且呈进行性加重;PET(正电子发射体层摄影)可显示大脑的葡萄糖利用和灌注在某些区域降低(疾病早期阶段表现为顶叶和颞叶,后期阶段表现为额前区皮层)。

4. 心理-社会状况

(1)心理状态。老年性痴呆患者多数时间限制在家中,常感到孤独、寂寞、抑郁;常因迷路引起焦虑,长期的负性情绪影响甚至有自杀行为。

(2)社会方面。老年性痴呆患者患病时间长、人格出现障碍、自理能力缺陷,需要家庭付出大量时间和精力进行照顾，给家人带来很大的烦恼，也给社会增添了负担。

（二）治疗要点

目前无特效治疗方法。早期干预、采取综合治疗和护理可以延缓病情进展。早中期患者可使用乙酰胆碱酯酶抑制剂，长期使用可延缓病程发展。对于中晚期有精神症状的患者可使用兴奋性氨基酸拮抗剂。此外，积极治疗脑血管疾病，改善脑血流灌注及脑细胞代谢，对改善认知功能，延缓病程进展有一定作用。

（三）常见护理诊断与医护合作性问题

（1）记忆受损：与记忆进行性减退有关。

（2）自理缺陷：与认知行为障碍有关。

（3）思维过程紊乱：与思维障碍有关。

（4）照顾者角色紧张：与老年性痴呆患者病情逐渐加重和病程的不可预测及照顾者相关知识欠缺、身心疲惫有关。

（四）护理计划与实施

治疗和护理目标：最大限度地保持患者的记忆力和沟通能力，提高日常生活自理能力，较好地发挥残存功能，以提高生活质量。

1. 一般护理

指导患者穿衣、进食、睡眠。衣物避免太多纽扣，以拉链取代纽扣，以弹性裤腰取代皮带，选用宽松的内裤，女性胸罩选用前扣式，衣服按穿着的先后顺序叠放。定时进餐，最好与其他人一起进食，食物要简单、软滑，最好切成小块，将固体食物与液体食物分开；可使用一些特别设计的碗筷，或允许患者用手抓取食物，进餐前协助清洁双手。减少白天睡眠时间，睡觉前让患者上厕所，避免半夜醒来。如果患者以为是日间，切勿与之争执，可陪伴患者一段时间，再劝说患者入睡。早期痴呆患者，鼓励参加社交活动。长期卧床者，注意定时翻身和营养的补充，防止感染等并发症的发生。

2. 用药护理

（1）全程陪伴。老年性痴呆患者服药时必须有人在旁陪伴，帮助患者将药全部服下，以免遗忘或错服。对拒绝服药的老年人，需要耐心说服，细心解释，可以将药研碎拌在饭中服下，防止患者在无人看管时将药吐掉。

（2）有吞咽困难的患者不宜吞服药片，应研碎后溶于水中服用；昏迷的患者可由胃管注入药物。

（3）观察不良反应。痴呆患者服药后常不能诉说不适反应，要细心观察患者可能发生的不良反应，及时报告，调整给药方案。

（4）尽量减少使用镇静药物。对兴奋躁动者，反复使用镇静药物会引起肌肉松弛导致患者跌倒、受伤，脑功能退变加速，病情加重。此外，使用镇静药物会抑制患者的咳嗽反射，长期卧床者易发生肺炎。

（5）药品管理。对伴有自杀倾向的痴呆老年人，一定要将药品管理好，放置在患者拿不到或找不到的地方。

3. 安全护理

（1）将老年人的日常生活用品放在其看得见、找得到的地方，减少室内物品位置的变动，地面防滑，以防跌伤骨折。

（2）生活用水温度不能太高，以防烫伤，不要让患者单独承担家务，以免发生煤气中毒，或因缺乏应急能力而导致烧伤、火灾等意外。

（3）有毒、有害物品应放入加锁的柜中，以免误服中毒。锐器、利器应放在隐蔽处，以防痴呆老年人自我伤害或伤人。

（4）患者外出应有人陪伴，或佩戴写有患者姓名、家庭住址及联系方式的卡片。

4. 心理护理

（1）陪伴关爱老年人。鼓励家人多陪伴老年人，如陪老年人外出散步，或参加一些力所能及的家庭、社会活动，使之去除孤独、寂寞感。

（2）维护老年人的自尊。注意尊重老年人的人格，对话时要语气和蔼，专心倾听；回答询问时语速要缓慢，多鼓励、赞赏、肯定患者在自理和适应方面做出的任何努力。切忌使用刺激性语言，避免使用呆傻、愚笨等词语。

（3）照顾者的支持。指导教会照顾者和家属自我放松方法，合理休息。组织有痴呆患者的家庭进行相互交流，相互联系与支持。适当利用家政服务机构和社区卫生服务机构的资源，寻求社会支持。

5. 健康指导

（1）早期预防。积极用脑，劳逸结合，保证充足睡眠，注意脑力活动多样化，培养广泛的兴趣爱好和开朗性格，多吃富含锌、硒、锗类的健脑食品，如海产品（贝壳类、鱼类）、乳类、豆类、坚果类等，戒烟限酒。避免铅制炊具。尽可能避免使用镇静剂，如苯二氮䓬类药物、抗胆碱能药物等。

（2）早期发现。大力普及有关老年性痴呆的预防知识和痴呆早期的表现，即记忆障碍和轻度认知障碍等知识。重视对痴呆前期的及时发现，鼓励凡有记忆减退主诉的老年人应及早就医，以利于及时发现介于正常老化和早期痴呆之间的轻度认知损伤，达到真正意义上的早期诊断和干预。

三、老年钙化性瓣膜病患者的护理

老年钙化性瓣膜病（calcified valvular disease）是指由于瓣膜老化、退行性变和钙质沉积引起单个或多个瓣膜的结构异常，导致瓣膜狭窄和（或）关闭不全，亦称为老年退行性瓣膜病。其最常累及的是主动脉瓣，其次是左房室瓣，是引起老年人充血性心力衰竭、心律失常、晕厥和猝死的重要原因之一。随着人类平均寿命延长，老年钙化性心脏病发病率亦日益增多，仅次于冠心病和高血压。60岁以上老年人瓣膜钙化占67%以上，90岁以上占100%。

（一）护理评估

1. 健康史

详细询问患者有无高血压、高血脂、糖尿病及冠心病病史；询问病情发生发展的经过，有无心律失常、胸闷、胸痛、呼吸困难，有无晕厥史，既往检查治疗的情况，使用药物的种类、剂量、效果等。

2. 身体状况

老年钙化性瓣膜病进展缓慢，相当长时期内可无明显症状；瓣膜累及严重时，出现主动脉瓣狭窄或少数左房室瓣关闭不全的表现。

（1）主动脉瓣狭窄：症状出现较晚，当主动脉瓣口面积≤1.0 cm^2时，常引起心功能不全、心绞痛和晕厥。开始时出现活动后心绞痛和晕厥，左心功能不全时早期出现劳力性呼吸困难，进而可发生夜间阵发性呼吸困难、端坐呼吸或急性肺水肿。体格检查可在胸骨左缘第3肋间闻及喷射性、粗糙的收缩期杂音，向颈部传导，常伴有震颤。

（2）钙化性左房室瓣病变：多数患者可终身无症状，少数严重的二尖瓣关闭不全者首先出现疲乏，晚期可出现呼吸困难等肺瘀血症状。心尖冲动向左下移位，心尖区可闻及吹风样收缩期杂音，向左腋下和左肩胛下区传导。

3. 辅助检查

（1）心电图可出现左室高电压，P波增宽或切迹，或出现房室传导阻滞、心房纤颤等。

（2）超声心动图特征性改变是钙化，可观察瓣膜钙化的部位、程度及瓣叶的形态、运动，为评价瓣膜功能、指导治疗、判断预后、选择手术方式提供准确的依据。

（3）X线胸片可显示斑片状、线状或带状钙化阴影，左心房或左心室增大。CT可清楚地显示心脏内结构的钙化征象。

（4）心导管检查可评估瓣膜反流程度及主动脉内压力。

4. 心理-社会状况

严重的老年钙化性瓣膜病出现晕厥、心绞痛、心功能不全时,可有焦虑、恐惧等情绪反应。评估患者有无紧张、焦虑等情绪,评估患者及家属对疾病的认识程度,是否知晓自我保健知识。

(二) 治疗要点

老年人应控制老年退行性心脏瓣膜病的危险因素,如高血压、糖尿病、吸烟等。无症状的老年钙化性瓣膜病患者定期复查超声心动图。出现心律失常、心力衰竭或心绞痛等情况时,以对症治疗为主,主动脉瓣狭窄患者慎用洋地黄类药物及利尿剂,不宜使用扩血管药物,以防血压过低。瓣膜钙化严重者也可进行人工瓣膜置换术,不适合外科手术的患者也可进行介入治疗,如经皮主动脉瓣置换术、经皮二尖瓣介入手术。

(三) 常见护理诊断与医护合作性问题

(1) 疼痛:胸痛与冠状动脉供血相对不足有关。
(2) 活动无耐力:与心排出量减少有关。
(3) 焦虑:与治疗效果不显著、病情日益加重有关。
(4) 潜在并发症:心力衰竭、心律失常等。

(四) 护理计划与实施

治疗和护理目标:去除易患因素,延缓瓣膜钙化的进展,减少严重症状的发生,提高生活质量。

1. 一般护理

防止诱因;根据老年人的心功能状态,合理安排活动,避免过度劳累,保持乐观、稳定的情绪;给予高热量、高蛋白、高维生素、清淡饮食,少食多餐,出现心力衰竭时应限制钠盐摄入;多吃蔬菜、水果,保持大便通畅。

2. 监测病情

监测生命体征,尤其是心率、心律、血压、呼吸频率,注意患者的精神状态及意识变化。观察有无呼吸困难、乏力、尿少等心力衰竭的征象。密切观察有无晕厥、心绞痛的表现,一旦发生,立即报告医生并给予相应的处理。

3. 用药护理

口服硝酸甘油前应先湿润口腔,这样有利于药物快速溶化生效。心衰患者使用利尿剂时注意记录尿量,监测电解质,避免水、电解质平衡紊乱;使用洋地黄类药物注意洋地黄中毒等情况。

4. 心理护理

加强与老年患者的沟通，耐心向患者解释病情，消除患者的焦虑紧张情绪。向患者和家属详细介绍治疗的方法和目的，缓解患者或家属因不了解手术治疗的效果和顾虑费用而产生的压力。

5. 健康指导

（1）疾病知识指导。告知老年患者及家属本病的病程进展特点，鼓励患者树立信心，克服严重症状带来的焦虑、恐惧心情。向患者及家属介绍相关的手术及介入治疗方法和适应证，建议患者选择有效的治疗方法，以免失去有效治疗的机会。

（2）休息和活动指导。帮助老年患者根据心功能状况调整好活动与休息，避免剧烈运动。

（3）坚持服药与定期复查。告知患者及家属要遵医嘱服药，不可随意增减药物剂量或自行停药，定期门诊复查。

四、老年性白内障患者的护理

老年性白内障（senile cataract）是指晶状体混浊引起的眼部疾病，是老年人失明的最主要原因，多见于50岁以后，其发病率随着年龄增大而增加。一般认为晶状体的生理性老化、紫外线照射、遗传因素、全身疾病（如糖尿病、高血压等）影响以及晶状体营养和代谢障碍等与其发生有关。老年性白内障早期无任何症状，随着晶状体混浊程度的加重，老年患者自觉眼前有固定不动的黑点，呈渐进性、无痛性视力减退。

老年期的视觉障碍，使老年人的应对调节感到困难，影响了日常生活维持、外界信息获取，生活圈子变得十分狭窄。老年人由于孤独、生理性隔离，可能产生抑郁、自信心降低、自理能力下降和自我保护能力受损等问题。老年性白内障的治疗以手术治疗为主，近年来随着显微手术技术的提高和人工晶体植入技术的应用，使得绝大多数老年性白内障患者术后恢复了良好的视力。

（一）护理评估

1. 健康史

询问老年人近年来视力有无改变或无痛性视力减弱，是否自觉眼前有黑点固定不动。了解老年人有无全身性疾病如糖尿病、高血压病史，家族中有无白内障病史。

2. 身体评估

老年性白内障多为双眼发病，但双眼发病时间可有先后，病变程度可有不同。

根据晶状体混浊开始形成的部位，分为皮质性、核性和囊下性三类。皮质性白内障是老年性白内障的主要类型。

（1）老年性皮质性白内障（senile cortical cataract）：是指从晶状体的前后及赤道部的皮质开始混浊的一类白内障，约占老年性白内障的70%，病程分为以下四期。

① 初发期。晶状体前后皮质周边部出现楔形混浊，基底在赤道部，尖端指向中心。混浊未达瞳孔区时一般不影响视力，可经数年甚至数十年发展混浊达瞳孔区后视力受到影响。

② 肿胀期。晶状体混浊向周围及深层发展的同时，晶状体体积增大，呈不均匀的灰白色混浊，视力明显减退。

③ 成熟期。晶状体内的水分开始减少，晶状体全部变混浊，视力下降至光感或手动。

④ 过熟期。成熟期白内障持续时间过长，晶状体内水分逐渐减少，导致晶状体体积缩小，晶状体纤维分解液化呈乳糜状。因晶状体韧带的退行性变，可引起晶状体脱位。

（2）老年性核性白内障（senile nuclear cataract）：是指混浊从晶状体的核心部位开始形成白内障，发病一般起于40岁左右，进展缓慢。因早期晶状体混浊局限于中央部，故近视程度迅速增加，但远视力则减退较慢。随着病情进展，视力极度减退。

（3）囊下性白内障（subcapsular cataract）：混浊发生在前囊下和后囊下的浅层皮质，以后囊下白内障多见；进展缓慢，但因影响视轴压，故早期即影响视力。

3. 辅助检查

（1）检眼镜检查。用微照法在红光反射中可见车辐状暗影，见于初发期皮质性白内障，肿胀期时用斜照法检查，虹膜阴影可通过前囊下透明皮质落在深层混浊皮质上，在该侧瞳孔内出现新月形投影，称虹膜投影，为肿胀期的特点。

（2）裂隙灯检查。散瞳后裂隙灯检查可见初发期楔形混浊。

4. 心理-社会状况

老年性白内障逐渐引起视力减退，影响老年人阅读、看电视，继而影响了饮食起居以及外出、社会交际等，严重妨碍了日常生活，导致老年人自信心降低，容易出现消极悲观情绪。

（二）治疗要点

本病以手术治疗为主。老年性白内障早期可遵医嘱服用维生素C、维生素E，使用吡诺克辛等眼药水滴眼；中后期患者以手术治疗为最有效的治疗方法，包括白内障囊内摘除术、白内障超声乳化吸出术等。

（三）常见护理诊断与医护合作性问题

（1）视觉改变：视力下降与白内障有关。

(2) 有受伤的危险：与视觉下降有关。

(3) 自理缺陷：与视力减退有关。

（四）护理计划与实施

积极治疗2型糖尿病、心血管疾病，保持良好的情绪，健康的饮食和良好的生活方式对降低老年性白内障的发病和延缓病程进展十分重要。治疗与护理的总体目标：①老年人能够描述视觉改变的表现，并采取有效的措施，减少视力减退对日常生活的影响；②老年患者积极治疗本病和相关的慢性疾病；③老年人能采取有助于保持眼健康的生活方式。

1. 饮食护理

(1) 维生素。维生素对老年人的视力保健起着十分重要的作用。经常食用酵母、麦芽、花生、牛奶、鱼类食品，每日食用新鲜蔬菜水果500 g左右，将能满足老年人多种维生素的需要。

(2) 水分。每日的饮水量包括食物中所含的水达到2 500 mL，相当于8杯水，有助于眼的血液供给，同时也帮助稀释血液。

(3) 健康饮食。低脂饮食，控制饮酒量，戒除吸烟，减少含咖啡因食物的摄入。

2. 视觉减退的护理

(1) 定期接受眼科检查。对于无糖尿病、心血管疾病病史和白内障家族史，近期无自觉视力减退，年龄>65岁的老年人，应每年1次接受眼科检查，包括屈光介质、视敏度、视野和眼底。患糖尿病、心血管疾病的老年人，应每半年检查1次；近期自觉视力减退的老年人，应立即做相关视力检查。

(2) 阅读避免用眼过度。精细的用眼活动最好安排在上午进行，看书报、电视时间不宜过长。阅读材料要印刷清晰，字体较大。

(3) 外出活动。在光线强烈的户外活动时，宜佩戴抗紫外线的UV太阳镜。从暗处转到亮处时，要停留片刻，待适应后再行走。

3. 积极治疗白内障及相关慢性疾病

老年性白内障应积极采取手术治疗。手术后近期内避免做弯腰及搬重物类体力活动，保持大便通畅，术后佩戴硬质眼罩，晚上睡眠时要戴在眼上。控制血糖和血压可防止或减缓部分老年性白内障的发生或进展。

4. 健康指导

(1) 配镜指导。配镜前先要验光，确定有无近视、远视和散光，然后按年龄和视力程度增减屈光度；同时还应考虑平时所习惯的视物距离，适当增减镜片的度数。如长时间进行近距离精细工作，应适当增加老花镜的度数，反之亦然。

(2) 滴眼药的正确使用与保存。用滴眼剂前清洗双手，用食指和拇指分开眼睑，眼睛向上看，将滴眼剂滴在下穹隆内，闭眼，再用食指和拇指提起上眼睑，使滴眼药均匀地分布在整个结膜腔内。每种滴眼药使用前均要了解其性能、作用时间、适应证和禁忌证，检查有无混浊、沉淀、超过有效期。使用周期较长的滴眼药应放入冰箱冷藏保存。

（刘　畅）

项目测评

一、选择题

1. 老年人易患肺炎的因素不包括　　　　　　　　　　　　　　　　　　　　（　）
   A. 长期卧床　　　　　　　　　　B. 吞咽动作不协调
   C. 口咽部细菌寄生增加　　　　　　D. 免疫功能亢进
   E. 上呼吸道保护性反射减弱

2. 下列老年肺炎患者的护理措施哪些欠妥当　　　　　　　　　　　　　　　（　）
   A. 评估呼吸状况，注意呼吸的性质、频率、节律、形态、深度
   B. 评估意识状态、定向力，有无烦躁不安等脑缺氧改变
   C. 监测生命体征，观察体温变化和降温效果
   D. 给易消化的饮食，发热患者多饮水
   E. 限制活动，尽量卧床休息

3. 护士向患者解释服用降压药物的注意事项哪项不妥　　　　　　　　　　（　）
   A. 遵医嘱用药，不可自行增减药物剂量
   B. 服药时出现头晕应立即平卧
   C. 血压正常后可自行停药
   D. 睡前不宜使用降压药
   E. 老年高血压可单独药物治疗，不需其他非药物治疗

4. 患者，男性，65岁，高血压药物治疗，服药后起床时晕倒，片刻后清醒，首先考虑发生了哪种情况　　　　　　　　　　　　　　　　　　　　　　　　　　（　）
   A. 心源性休克　　　　B. 高血压脑病　　　　C. 急性左心衰竭
   D. 直立性低血压　　　E. 脑卒中

5. 患者，女性，68岁，诊断为高血压病，病情加重入院。查体：BP 180/100 mmHg，下肢凹陷性水肿。该患者的饮食应采取　　　　　　　　　　　　　　　　（　）

A. 低脂饮食 B. 低蛋白饮食 C. 低盐饮食
D. 高维生素、高热量饮食 E. 低渣饮食

6. 方某，男性，60岁，"胃溃疡"病史10年，近1个月来反复出现上腹隐痛，无明显节律性，伴腹胀、厌食、乏力，体重减轻约5 kg，大便隐血试验阳性。该患者可能的诊断是 （ ）

A. 慢性胃炎 B. 胃癌 C. 胃溃疡活动期
D. 功能性消化不良 E. 急性胃炎

7. 下列关于老年糖尿病的饮食护理说法错误的是 （ ）

A. 糖尿病患者有可能通过饮食控制，达到治疗的目的
B. 饮食调理是治疗糖尿病的基本措施，尤其是老年2型糖尿病患者存在肥胖或超重时
C. 给予低糖、低脂饮食，总热量越低越好
D. 应教育老年患者自觉遵守饮食规定，不吃超量食物
E. 饮食应定量、按一日四餐或五餐分配，这对预防低血糖十分有效

8. 老年人脑栓塞栓子最常见的来源是 （ ）

A. 心肌梗死及心肌病附壁血栓脱落
B. 动脉硬化性心脏病伴心房纤颤时栓子脱落
C. 脂肪栓塞 D. 细菌性栓子 E. 空气栓子

9. 哪个不是临床上常用的协助老年抑郁症的筛检和诊断标准化的量表 （ ）

A. 简易智能精神状态量表（MMSE） B. 老年抑郁量表（GDS）
C. 别克抑郁症量表（BDI） D. 汉密尔顿抑郁量表（HAMD）
E. 焦虑自评量表（SAS）

10. 骨质疏松症最常见的临床表现是 （ ）

A. 骨折 B. 身材缩短 C. 驼背
D. 腰背痛 E. 肌无力

11. 下列关于骨质疏松症的健康指导不正确的是 （ ）

A. 坚持适量运动 B. 戒烟酒
C. 摄入足够钙质和维生素D D. 服用钙制剂要多饮水
E. 使用大剂量钙剂和维生素D

12. 阿尔茨海默病的首发症状是 （ ）

A. 人格障碍 B. 思维障碍 C. 记忆障碍
D. 睡眠障碍 E. 情感障碍

13. 下列对老年性痴呆的护理哪项是正确的　　　　　　　　　　　　　　　（　　）
    A. 尽可能提供单间住房　　　　　B. 保证足够睡眠
    C. 环境绝对安静,避免刺激　　　　D. 不易发生并发症,无须注意
    E. 经常进行CT或MIR检查了解病情进展
14. 老年钙化性瓣膜病最常受累的瓣膜是　　　　　　　　　　　　　　　　（　　）
    A. 二尖瓣　　　　　B. 主动脉瓣　　　　　C. 肺动脉瓣
    D. 三尖瓣　　　　　E. 左房室瓣
15. 老年,男性,70岁,诊断为老年性白内障。护士对其进行生活指导,下列哪项说法不妥　　　　　　　　　　　　　　　　　　　　　　　　　　　　　　　（　　）
    A. 避免过度疲劳、情绪激动、用眼过度
    B. 避免直接的灯光及刺眼的强光
    C. 戒除烟酒
    D. 室内装修应选用色彩反差大的颜色
    E. 生活环境中的物品位置相对固定

二、问答题

1. 简述老年肺炎的临床特点。
2. 试述老年性骨质疏松的健康指导内容。
3. 试述与老年抑郁症相关的病因。
4. 试述如何对老年性痴呆的患者健康指导。
5. 试述老年性白内障患者护理要点。
6. 简述老年人使用胰岛素治疗的注意事项。

项目八 老年人的家庭护理

知识目标

1. 熟悉老年人家庭护理的重要性。
2. 掌握老年人家庭护理指标和内容。
3. 了解家庭照料者与照料者压力。

技能目标

1. 能够全面评估居家老年人护理问题。
2. 能帮助家庭照料者促进老年人保持身心健康。

案例导入

王教授，85岁，和张会计是一对老夫妻，退休多年，儿女双双定居国外。王教授年轻时爱喝些酒，有高血压病史。一次中风后偏瘫，由张会计照顾多年。近年来，张会计明显觉得体力不支、小病不断、健忘、丢三落四，生活自理能力明显下降。王教授夫妇请过多位家庭保姆，但保姆水平参差不齐，同时照顾两位老人力不从心，常常待不了3个月就离开了。儿女建议老人住养老院，但王教授坚决不同意。老夫妻和儿女都在为现状发愁。

问题：

1. 如何让老年人在家庭中得到有效护理？
2. 家庭照料者会出现哪些工作问题，如何解决？

老年人的家庭护理是指在老年人的居所内对其所实施的健康护理和援助性服务。在社会老龄化问题日趋突出的今天，家庭护理是解决老年保健问题的有效手段和主要途径。护士在老年人的家庭护理中扮演着重要角色，她们不仅是护理工作的直接实施者，同时也是健康教育者、咨询者、协调者，甚至是老年人的代言人。因此，护士不但要对老年人家庭护理有正确的认识和态度，具有丰富的护理专业知识和娴熟的护理技术，而且还要有帮助和指导家庭照料者提高照护能力和技巧。

任务一　概　述

一、老年人家庭护理的重要性

（一）家庭护理的重要性

人口老龄化对社会影响最大的是卫生保健事业。老年人由于老化带来身体形态结构、生理功能及代谢改变，易患各种疾病，同时行为能力、自理能力降低，因而对医疗护理的需求增加。面对数量庞大需要护理照顾的老年人，即使有更多的医疗保健机构，也难以完成老年保健这项繁重任务。此外，受传统观念影响、经济条件限制等，相当多的老年人宁愿和家人生活在一起，而不愿离开家庭到医疗保健机构中去。因此，老年人的家庭护理仍然是我国现阶段老年保健的主要形式。

（二）家庭护理的优越性

老年人常患多种慢性病，这些慢性病多数不可能痊愈，所以只有在急性发作期应短期住院，在疾病相对稳定期主要在家中疗养。这些患者在出院后仍需经常服用各种药物，定期检查随访。有些患者年老体衰、记忆力减退、生活自理能力减弱，需要有人给予照顾护理。老年患者的护理除了生活护理外，还要注意心理护理与合理调制饮食。这些大量工作都需要亲属或陪伴人员进行，需要有医师指导。

建立家庭病房，由家庭医师定期上门服务，送医送药，进行体格检查，可避免老年患者往返医院之不便。家庭病房建立有完整的病史档案资料，家庭医师对病情较熟悉，优于一般门诊。家庭病房吃住都在家中，比较自由，饮食可尽量照顾患者平时嗜好，休息不受他人干扰，也优于一般住院治疗。

（三）家庭护理的意义

我国是一个文明古国，历来有赡养和照顾老年人的优良传统。家庭护理是社会养老的一部分，要求人们发扬敬老、爱老的精神，这种精神和社会风气对维持家庭和社会的和谐、促进精神文明建设十分重要，重视和加强老年人的家庭护理，是社会文明和进步的一项标志。

二、老年人的家庭护理对象及原则

（一）老年人的家庭护理对象

老年人的家庭护理对象包括健康老年人、慢性老年病患者、康复期老年病患者、老年精神病患者和卧床老年人。

适于家庭护理的疾病有：

（1）慢性心、肺疾病。高血压，冠心病稳定型心绞痛，急性心肌梗死康复出院后的各种心脏病慢性心力衰竭，气管炎、慢性支气管炎、肺气肿、慢性肺源性心脏病稳定期，浸润型肺结核痰菌阴性者等。

（2）慢性肝、肾疾病。慢性肝炎、肝硬化、慢性肾炎、慢性肾功能不全等。

（3）骨伤科疾病。骨折复位石膏固定后，腰椎间盘突出症，慢性骨关节炎等。

（4）神经科疾病。急性中风康复出院后，中风后偏瘫，帕金森病行动不便，坐骨神经痛，阿尔茨海默病等。

（5）外科疾病。各种大型手术康复出院后，经久不愈创口，下肢深部皮肤溃疡（"老烂脚"），小面积浅度烫伤，软组织挫伤、创伤、痔疮等。

（6）恶性肿瘤癌肿手术治疗康复出院后，癌肿间歇化疗、放疗期，晚期癌肿患者等。

（二）老年人的家庭护理原则

家庭护理以增进、恢复老年人的健康为目标，应遵循以下几项原则。

（1）全方位、多视角原则。老年健康包括躯体、心理和社会等方面，每一方面又有诸多层次。因此，老年护理要兼顾多层次、多侧面。

（2）普遍性和个别性相结合原则。为适应以人的健康为中心的护理要求，需贯彻普遍性和个别性相结合的原则。普遍性是指老年护理的对象既包括患病的老年人也包括健康老年人，护理的内容既包括治疗护理，还包括预防与康复的护理。而个别性则是指不同的老年人，家庭环境、健康水平、文化程度有很大的差异，要求护士因人、因时而异，具体问题具体分析处理。

（3）持之以恒原则。老年病以慢性疾病为多，康复时间相对较长，所以家庭护理应做好长期护理的准备。

（4）自主性原则。在老年人的家庭护理过程中，应善于调动老年人的主观能动性，积极创设适合于老年人自护的环境，避免老年人对护理产生过分依赖，争取老年人的主动配合，进行自我康复、自我训练。

（刘　畅）

任务二　老年人家庭护理的内容

一、老年人家庭护理的内容

老年人家庭护理的内容根据患者的病情、健康需求而定。老年人常有以下健康需求：因生理功能衰退所引起的老年常见疾病的治疗和护理，生理功能衰退所带来的在居住、衣着、营养等方面的特殊需要，因活动受限、生活自理能力障碍所需要的帮助与照料，因心理状态改变和人际交往障碍所带来的一系列不良心理反应的调整和纠正。根据上述健康需求，老年人的家庭护理内容主要有以下几方面的内容。

（一）老年人健康的整体评估

护士在进行家庭护理时，应视老年人的病情及需求，对老年人的健康进行整体评估，找出老年患者存在的健康问题，制定出切实可行、确保老年人健康安全的护理计划。

（二）老年人疾病治疗中的护理工作

护士应了解老年人病情，熟悉治疗方法，能熟练进行注射、输液、给氧、换药、鼻饲、导尿、吸痰、口腔护理、压疮的预防及护理等护理技术操作，协助医生完成老年病治疗过程中的护理工作。

（三）老年人的家庭基础护理工作

1. 老年人家庭清洁护理要求

老年人家庭护理应做到"六洁""五防""三无"。

① "六洁"，即口腔、头发、手足、皮肤、会阴、床单的清洁。

② "五防"，即防压疮、防直立性低血压、防泌尿系统感染、防呼吸系统感染、防交叉感染。

③ "三无"，即无粪石、无坠床、无烫伤。

2. 老年人膳食护理的原则

满足老年人一般情况和特殊情况下的营养需要；防止食物过敏，注意用药禁忌；变换食物品种和烹调方法，增进食欲。

（四）老年人的心理护理

老年人一般比较固执，常有悲观、怕孤独等心理反应，护士在家庭护理中要关心、尊重老年人，注意维护其自尊心；同时要耐心地对家庭照料者和家庭其他成员进行心理护理指导，创建和谐的家庭关系。对老年患者的心理护理可归纳为微笑、周到、体贴、随和、热情等。

（五）老年人的康复护理

老年患者体弱多病，不宜负荷过重，因此应鼓励患者做力所能及的锻炼，如太极拳、广播操、散步等，注意劳逸结合、动静结合，以保持肢体良好的功能状态，并通过评价和不断调整，逐步恢复日常生活自理能力，提高老年人的生活质量。

（六）老年人的健康教育工作

老年人家庭护理的对象既包括患病的老年人也包括基本健康或完全健康的老年人，家庭护理工作不仅要立足于当前，而且还要着眼于今后相当长时期的老年人健康问题。因此，护士除完成对患者的基本护理工作外，还应有针对性地对老年人进行健康教育。如原发性高血压的预防、糖尿病的预防、脑血管病的预防、营养与健康促进、环境与健康、运动与老年人生活质量等，增强老年人的自我保健意识。

二、老年人家庭护理的注意事项

（一）尊重老年人

老年人在年轻时都曾为家庭和社会做出过贡献，理应受下一代的尊重和爱戴。老年人自尊心强，尊敬老年人，不仅能够满足老年人心理需要，也是护理道德风范的体现，在尊敬和体谅老年人的氛围中做好护理工作，使老年患者产生亲切感、舒适感、安全感和信任感。

（二）耐心护理老年人

老年人由于听力视力减退、记忆力差、理解和接受能力下降、说话吐字不清，常常不能确切提出主诉，不能针对性地回答问题。因此，对待老年人要有耐心。如与老年人谈话时，要正面面对老年人或倾身向前以手倚床面对老年人，表情自然，态度亲切，说话声音要适宜，速度适当放慢，用词要简单，必要时辅以手势等体态语言。进行生活护理，特别是给老年人翻身、擦背、按摩或递放便盆时，动作要轻柔，使老年人有舒适感；进行技术操作，要稳、准、快、好。

（三）善于观察病情

老年患者的病情容易发生突然变化，且常缺乏先兆征象，加之患者多不能清晰地诉说自己的症状，因而在家庭护理时，要注意观察病情，及时发现新情况。对老年人随意的谈话内容，如怕冷、疲倦、头晕、头痛、腹胀、胸部闷胀等都不应疏忽，要及时准确地做出判断，防止意外情况的发生。

（四）减轻老年患者痛苦

许多老年病不能完全治愈，给患者留下残疾和痛苦，家庭护理过程中护士的职责是尽最大努力减轻患者痛苦，将患者的自觉症状控制在最低限度。如对晚期肿瘤或其他疾病终末期的老年人，护士不仅要应用药物和护理技术手段对症处理，缓解痛苦，还应通过心理护理给予老年患者精神上的支持和宽慰。

（五）重视预防护理

对健康或基本健康的老年人，应指导和鼓励他们建立良好的生活方式和行为习惯，防止疾病的发生；对于老年患者，除了解患者病情外，还应了解其精神状态、营养状况、卫生习惯、睡眠、活动、居住环境等,发现可能危害其健康的各种问题,采取相应的护理措施,预防并发症的发生。

(刘 畅)

任务三　家庭护理中对照料者的支持与指导

一、家庭照料者与照料者压力

(一)家庭照料者

家庭护理的担负者包括护士和家庭照料者。家庭照料者是指在老年人的居所里对老年人进行护理照顾的子女、亲属、保姆等,不包括专业护士。护士经过专业的训练,具备相应的专业知识和技术,能够胜任家庭护理工作。但是,若家庭护理由家庭照料者承担,则护士必须给家庭照料者以帮助、支持和指导。

(二)照料者压力

照料者在照料期间所感受到的与照料有关的身体的、精神的、社会的和经济的压力称为照料者压力。照料者压力程度取决于客观和主观两方面的因素。

1. 客观因素

(1) 照料者的年龄和身体状况。

(2) 需照料的老年人的数量和身体状况。

(3) 照料者除照料外仍需完成的其他工作的量和性质。

(4) 已照料的时间及预计仍需照料的时间长短。

(5) 每天照料所花费的时间与可自由支配时间的长短。

(6) 照料者可获得支持系统的类型和数量。

(7) 在照料方面所需的额外经济负担的轻重。

2. 主观因素

(1) 照料者的个性心理特征(能力、气质、性格)。

(2) 照料者是否出现应激反应和负性情绪,如疲劳感、不满感、角色冲突等。

3. 照料者压力的评估

因照料者压力受多方面因素影响，故准确判断压力程度较为困难。在进行评估时，主要应予确定的是：① 照料者对老年人必须提供哪些照料措施（如喂饭、洗浴、如厕等）；② 老年人自己能够完成哪些自护活动；③ 照料者在做饭、管理家务等方面所花费的时间；④ 照料者在休息和娱乐方面有什么安排；⑤ 照料者可获得哪些支持和帮助。

同样的客观压力，不同个体的承受能力和主观感觉是有差异的，因此在确定上述客观因素后，必须结合主观因素才能判断压力程度。压力程度大致分为以下三级。

（1）轻度。照料者无明显身心应激症状，对老年人的照顾较全面周到。对此类照料者，护士的职责主要是进行预防性指导。

（2）中度。照料者间断出现某些身心应激症状，对老年人的照顾有时欠周到。对这类照料者，护士除进行预防性指导外，可采取适当减轻其压力的某些措施。

（3）重度。照料者持续出现明显的身心应激症状，同时可能出现对老年人的照料不当。对这类照料者，护士必须采取有效措施以减轻其压力，并针对性地进行生理和心理治疗。

二、帮助照料者保持身心健康

（一）支持照料者的目的

家庭照料者在照料老年人的同时往往还要完成其他的社会及家务工作，其身心压力较大，而且相当多的照料者自身也是老年人。因此，照料者如同被照料者一样，也需要得到关注和照料。支持照料者的目的在于：

（1）使照料者身心健康，避免出现对老年人的照料不当。
（2）在实现护理老年人的目标上取得照料者的协作，提高家庭护理质量。
（3）促进家庭生活优质化。
（4）为老年保健制度的建立与完善创造有利条件。

（二）帮助照料者保持身心健康的方法

1. 使照料者接受帮助

由于文化、习俗、宗教等因素的影响，照料者通常并不诉说自己需要帮助，拒绝寻求和接受帮助。护士应了解照料者拒绝帮助的原因，使其了解保持自身身心健康对提高照料质量的重要性，消除顾虑，并主动寻求和接受护士的帮助。

2. 建立照料者对护士的信任感

（1）保持和照料者的沟通联系。

（2）尊重照料者，耐心听取照料者和其他家庭成员的建议。

（3）不干涉其家庭事务。

（4）与照料者及其家庭成员共同决定对老年人的护理措施，不以专家自居。

3. 帮助照料者保持身心健康的方法

帮助照料者保持身心健康的方法因人而异，即遵循个体化原则，具体有如下几个方面：

（1）研究减少老年人依赖性的措施，减轻照料者的护理工作量。

（2）指导照料者寻求和选择社会支持机构的帮助，使照料者有一定时间、一定程度的松弛和休息。

（3）指导照料者进行有益于其身心健康的文体活动。

（4）对照料者出现的身心应激症状进行相应的躯体和心理治疗。

三、家庭护理中对照料者的指导

为提高家庭护理质量，减少或避免照料不当的发生，对照料者的指导要从两个方面入手：一是要善于发现和及时纠正其对老年人的照料不当，二是要进行有关护理专业知识和技术方面的具体指导。

（一）及时发现并纠正对老年人的照料不当

1. 照料不当的表现

对老年人的照料不当可分为两种类型：虐待与疏忽。

（1）虐待：包括身体和精神两方面。前者如将老年人长时间捆绑于椅子或床上，对老年人动作粗暴，甚至动手打老年人；后者如对老年人高声喊叫呵斥，威胁老年人，或把老年人当孩子看待等。

（2）疏忽：也包括身体和精神两方面。① 身体上的疏忽。不能满足老年人的正常生理需要（如未给予充足的营养、未提供安全的居住环境），延误医疗保健方面的需求（如未定期进行健康体检、未及时发现老年人生病，或虽已发现而未及时诊治、不适当和不按时给药等）。② 精神上的疏忽。对老年人存在的忽视（如让老年人长时间独处一室、不让老年人参与交谈、不让老年人参与可以参加的活动），剥夺老年人应有的权利与选择。

2. 纠正照料不当的发生

除少数情况另有原因外，大多是由于照料者的压力过大、过久，出现了身心应激反应,或者由于照料者缺乏相应的卫生保健知识而引起。因此,护士不要一味谴责照料者,而应以同情和关怀的态度,采取减轻其压力、消除其身心应激的有效措施,来达到纠正照料不当的目的。照料者如缺乏卫生保健知识,护士应针对性地做通俗讲解,使其掌握相应的护理知识和技术。

(二)家庭护理中对照料者的指导

护士要为照料者制定老年人的护理计划,并予以具体指导,以保证计划的顺利实施,达到预期护理目标。在指导内容上,除本书已经讨论过的有关生活起居、休息与活动、营养与排泄、安全用药、心理护理及老年期常见疾病的护理外,还应注意以下几个方面。

1. 减少老年人的依赖性

减少老年人的依赖性可以减轻照料者的工作量和压力,有助于照料者保持身心的健康,而且能增强老年人的自信心、活动能力和自护能力,延缓衰老进程。

(1)创造有利于老年人自护的环境。首先评估老年人的自理能力及影响老年人自护的环境障碍,然后根据评估结果,改进房间布局和用具摆设,添置必要设备,以保证老年人能够进行自理活动,并防止自理过程中损伤的出现。

(2)防止诱导依赖性的产生。照料者帮助做老年人能够自己做的事情,会使老年人产生更多的依赖性,即诱导依赖性的产生。照料者之所以这样做,其原因一是出于对老年人的关心体贴,二是自己动手做更为快捷。护士要告诉照料者,不要替代老年人做其能够自理的活动,以免诱导依赖性。

(3)帮助老年人进行康复训练。对因患某种疾病而留下后遗症或残疾老年人,护士应指导照料者帮助老年人进行康复训练,使他们恢复或增强部分自理能力。这既是一种护理技术与操作,也是减少依赖性的有效措施。

2. 鼓励老年人参加适度的体力和智力活动

适度的体力和智力活动可以增强老年人各器官的功能,提高其抵御外界不良刺激的能力,改善身心状态,从而达到预防疾病、延缓衰老、延年益寿的目的。

(1)参加社会活动。可根据老年人的文化水平和特长爱好,让他们选择参加某些社会活动。适宜老年人的社会活动有:担任某些组织的顾问或名誉职位,参加退休人员的活动室,参加老年大学,参加专题讨论会、学习班,参加有组织的旅游活动等。

(2)老年人的身体锻炼。老年人的身体锻炼要遵循因人而异、循序渐进、持之以恒的原则。锻炼的方式很多,如医疗体操、太极拳、五禽戏、自我保健按摩、步行、慢跑等。锻炼时,应注意:①锻炼前应进行体格检查,并征求医生意见,锻炼期间仍需定期体格检查,身体不适时应暂时停止锻炼;②运动前要做准备动作;③不要在硬马路上跑步,跑步后不要大量饮水;④冬天注意保暖,夏日防止日射;⑤不宜做引体向上等憋气运动,不宜做突然蹲下站立、低头动作；⑥不宜参加竞赛性运动。

（3）丰富的文化生活。老年人不应该仅满足平淡刻板的生活，要尽可能地使晚年生活丰富多彩，充满活力，除收听广播、观看电视、欣赏音乐等文娱活动外，有条件的老年人可以结合自身的爱好临摹字帖和画册，练习书法，学习绘画，这是一种高级的精神享受，可以陶冶性情，满足心理的自我实现需要，对老年人心理状态的改善、智力的保持具有重要的作用。

3. 防止老年人发生意外

老年人由于生理功能的减退，意外事故的发生率远高于其他成年人，护士应告诫照料者要特别注意下列意外的发生。

（1）跌倒及坠床。这是老年人最常发生的意外，可能造成严重骨折及其他损伤。因此，居室要考虑安全性，如地面平坦、干燥防滑，夜间有照明，厕所有扶手，床边有床挡等。

（2）烫伤。老年人怕冷而又感觉迟钝，在使用热水袋及电热毯时应注意温度和时间的控制。

（3）误咽。误咽可能引起吸入性肺炎或窒息。在老年人进食及服药时速度要慢，不要边吃边谈。卧床老年人进食应尽量采取半坐卧位，需喂食时，应适当抬高头部并偏向一侧。

（4）自杀。患有老年性痴呆或其他精神疾病及抑郁悲观的老年人，可能发生自杀。因此，应移去危险物品如锐利器具，随时观察老年人精神、情绪的变化，警惕老年人自杀现象的发生。

4. 警觉老年人的发病

老年人由于机体生理机能的衰退，发病具有一些特点。如老年人说话含糊，语言表达不清，所诉说的症状往往不全面、不准确；老年人反应迟钝，对症状缺乏敏感性；老年人机体反应性差，疾病症状不典型。这些情况可能会导致照料者不能及时察觉老年人的发病，因而延误治疗，使病情恶化。因此，护士应向照料者讲解有关老年人发病特点的知识，提高其警觉性。

5. 正确使用和保管药物

药物是治疗、诊断和预防老年疾病的重要手段之一。由于老年人肝、肾功能的减退，使其对很多药物的代谢速度减慢；而另一方面，老年人用药的过程中又可表现出对部分药物的敏感性增加，这些无疑加大了老年患者用药的难度。护士要熟知常用药物的性能、老年人用药的原则及特点、老年人用药容易发生不良反应的主要原因及处理方法，而且要指导照料者与老年人正确使用和保管药物，以保证药物疗效，减少和避免不良反应的发生。

（刘 畅）

项目测评

一、选择题

1. 田太太，68岁，早年失独，两年前丧偶，现因无人照顾入住养老院。目前，田太太主要的心理需求是　　　　　　　　　　　　　　　　　　　　　　　　（　　）
   A. 苦闷与自卑　　　　　　　　B. 渴望亲情
   C. 自尊心强　　　　　　　　　D. 好胜心强
   E. 无特殊需求

2. 老年家庭清洁护理"六洁"要求不包括　　　　　　　　　　　　　　　（　　）
   A. 口腔　　　　　　　　　　　B. 手足
   C. 皮肤　　　　　　　　　　　D. 会阴
   E. 衣服

3. 老年人家庭清洁护理"五防"不包括　　　　　　　　　　　　　　　　（　　）
   A. 防烫伤　　　　　　　　　　B. 防直立性低血压
   C. 防泌尿系统感染　　　　　　D. 防呼吸系统感染
   E. 防交叉感染

4. 李大妈，65岁，丧偶，儿女均在国外，现独居于家，近日因跌倒致股骨颈骨折卧床，感孤独，特别思念儿女，有自怜和无助的表述。不正确的护理方法是（　　）
   A. 主动关心老人，满足其需要　　B. 鼓励老人利用现代通信与子女沟通
   C. 左邻右舍亲朋好友多探视　　　D. 志愿者提供及时的、个性化服务
   E. 送老人至清净处疗养

5. 张大爷，80岁，最适合以下哪项运动　　　　　　　　　　　　　　　（　　）
   A. 游泳　　　　　　　　　　　B. 篮球
   C. 羽毛球　　　　　　　　　　D. 跑步
   E. 太极

6. 以下哪种表现属于对老年人的照料不当　　　　　　　　　　　　　　（　　）
   A. 将老人长时间捆绑于椅子上　　B. 高声呵斥威胁老年人
   C. 不及时送老年人就医　　　　　D. 对老年人忽视
   E. 以上都包括

二、思考题

1. 哪些老年人不适合进行家庭护理?
2. 小组间从评判性思维角度讨论家庭养老护理有哪些缺点,如何解决?

项目九 老年人的临终护理

知识目标

1. 掌握临终关怀的概念。
2. 掌握临终老人的心理特征及护理。

技能目标

1. 能对临终老人的常见症状进行护理。
2. 能对老年人进行死亡教育。
3. 能对丧偶老人进行心理疏导。

任务一 老年人的临终护理

生、老、病、死是人类生长发展的自然规律,著名诗人泰戈尔在《飞鸟集》中写道:"生如春花之灿烂,死如秋叶之静美。"我们不但要提倡优生,还要重视优死。随着我国社会的老龄化,家庭规模的缩小和功能的弱化,老年人的照护尤其是临终护理问题越来越突出。老年人对临终关怀的需求更为普遍,更为迫切。因此,了解临终老人的生理、心理和社会变化,通过具体护理措施将老人从死亡的恐惧和不安中解脱出来,并尽可能减轻其身体和心理上的创伤,提高生活质量,显得尤为重要。

2005年10月8日,一个新的世界纪念日——临终关怀和姑息治疗日诞生了。临终关怀与姑息治疗不仅涉及缓解疼痛，而且涉及对患者及其家庭给予精神和社会心理支持；无论治愈可能性如何，均可提高患者及其家庭的生活质量。2006年4月，中国生命关怀协会成立，该协会的成立标志着我国的临终关怀事业进入了一个新的发展时期。

临终护理是近代医学领域中新兴的一门边缘性交叉学科，是社会的需求和人类文明发展的标志。早在1992年，时任卫生部部长陈敏章就说过：卫健委准备将临终关怀作为我国医疗卫生第三产业的重点之一，列入事业发展规划，促使其健康发展。发展老年人临终护理事业，具有重要意义。目前，全国各地建立的临终护理机构已超过120家，主要分布于大城市。

知识拓展

临终护理发展史

临终护理在西方可以追溯到中世纪，当时西欧的修道院和济贫院作为为危重病濒死的朝圣者、旅游者提供照料的场所，使其得到最后的安宁。现代的临终关怀始创于20世纪60年代，创始人为桑得斯博士（Dr.Saunders）。1967年，桑得斯博士在英国伦敦创办了世界上第一所"圣克里斯多弗临终关怀院"，被誉为"点燃了世界临终关怀运动的灯塔"。从此以后，美国、法国、日本、加拿大、荷兰、瑞典、挪威、以色列等60多个国家相继出现临终关怀服务。1988年7月，我国天津医学院在美籍华人黄天中博士的资助下，成立了中国第一个临终关怀研究中心，同年10月上海诞生了中国第一家临终关怀医院——南汇护理院。这些都标志着我国已跻身于世界临终关怀研究与实践的行列。

一、老年人临终护理的概念

（一）临终护理的概念

临终护理（hospice care）又称安宁照顾，是临终关怀的一部分，是指对生存时间有限（6个月或更少）的患者进行适当的医院或家庭的医疗及护理，以减轻其疾病的症状，延缓疾病发展的医疗护理。在美国，临终护理的对象是预计生存期不超过2~6个月的终末期患者，而我国临终护理的对象是预计生存期不超过2~3个月的终末期患者。据统计，临终护理对象中60%是肿瘤患者。

临终护理的核心是"关心"，其目的是尽最大努力、最大限度地减轻患者痛苦，稳定情绪，缓和面对死亡恐惧与不安，维护其尊严，提高尚存的生命质量，使临终患者处于亲切、温馨环境中离开世界，达到优死的目的。同时，临终护理还能够帮助病患家人承担一些劳累与压力。

（二）临终护理的原则

对于临终患者特别是临终的老年患者，人们已经从过去以治疗为主的观点转向以照顾为主的观点，提供姑息性治疗，解除疼痛，给老年人提供心理社会方面的支持；从单纯延长生命的观点转向提高老年人生命质量的观点，强调尊重临终老年人的尊严和权利，注重对家属提供心理支持。临终护理的原则有以下四条。

（1）以照料为中心。治疗目标由治疗为主转向对症处理和护理照顾。

（2）维护人的尊严。医护人员应维护和支持老年人的个人权利，如保留个人隐私和自己的生活方式，参与医疗和护理方案的制订，选择死亡方式等。

（3）提高临终生活质量。临终也是生活，是一种特殊的生活，要正确认识和尊重老年人最后生活的价值，提高生活质量。

（4）共同面对死亡。死亡和出生一样，是客观世界的自然规律，我们要勇敢面对。

（三）临终护理的内容

临终护理不同于安乐死，既不促进也不延迟患者死亡。其主要任务包括对症治疗、家庭护理、缓解症状、控制疼痛、减轻或消除患者的心理负担和消极情绪。所以，临终护理常由医师、护士、社会工作者、家属、志愿者，以及营养学和心理学工作者等多方面人员共同参与。其主要包括以下内容。

（1）身体关怀。通过医护人员及家属的照顾减轻病痛，再配合天然健康饮食提升身体能量。

（2）心理关怀。通过理念的建立，减轻恐惧、不安、焦虑、埋怨、牵挂等心理，令其安心、宽心，并对未来世界（指死后）充满希望及信心。

（3）道业关怀（或灵性关怀）。回顾人生寻求生命意义，或多半透过宗教学说及方式建立生命价值观。

（四）临终护理的意义

1. 提高老年临终者生存质量，维护生命尊严

临终护理关怀则为临终老人及家属提供心理上的关怀与安慰，帮助临终者减少和解除躯体上的痛苦，缓解心理上的恐惧，维护尊严，提高生命质量，使逝者平静、安宁、舒适抵达人生的终点。因此，临终护理是满足老年人"老能善终"的最好举措。

2. 安抚家属子女，解决老年人家庭照料困难

临终护理将家庭成员的工作转移到社会。社会化的老年人照顾，尤其是对临终老人的照顾，不仅是老年人自身的需要，同时也是他们家属子女的需要。对于一些家庭，特别是一些低收入的家庭来说，临终关怀可以让老人走得安详，让患者家属摆脱沉重的医疗负担的同时，也安慰了他们的亲属子女，让他们更好地投身到自己的事业中去，也不至于受到社会上的指责。因此，临终关怀是解决临终老人家庭照料困难的一个重要途径。

3. 节省费用，减少医疗资源的浪费

虽然临终护理需要社会支付较多的服务费用，但对于那些身患不治之症的患者来说，接受临终关怀服务可以减少大量的甚至是巨额的医疗费用；同时，又可以综合利用医院现有的医护人员和仪器设备，为节约医疗资源、有效利用有限的资源提供了可能。

4. 转变观念，真正体现人道主义精神

一方面，教育人们要转变对死亡的传统观念，无论是临终者、家属及医护人员都要坚持唯物主义，面对现实，承认死亡；另一方面，承认医治对某些濒死患者来说是无效的客观现实，而通过临终关怀来替代卫生资源的无谓消耗，合理分配利用有限的卫生资源，以保证卫生服务的公平性和可及性。

我国老年患者临终关怀组织主要有三种形式：① 临终关怀专门机构；② 附设的临终关怀机构，即综合医院内的专科病房或病区——这是目前临终关怀的最主要形式；③ 家庭临终关怀病床，它一般是以社区为基础、以家庭为单位开展临终关怀服务的。

> **知识拓展**

> **安乐死**
>
> 安乐死（Euthanasia）是指对无法救治的患者停止治疗或使用药物，让患者无痛苦地死去。"安乐死"一词源于希腊文，意思是"幸福"的死亡。它包括两层含义：一是安乐地无痛苦死亡，二是无痛致死术。我国的定义是指患不治之症的患者在垂危状态下，由于精神和躯体的极端痛苦，在患者和其亲友的要求下，经医生认可，用人道方法使患者在无痛苦状态中结束生命的过程。

二、临终老年人的心理特征和护理

在临终阶段，患者除了生理上的痛苦之外，更重要的是对死亡的恐惧。美国的一位临终关怀专家就认为"人在临死前精神上的痛苦大于肉体上的痛苦"。因此，一定要在控制和减轻患者机体上痛苦的同时，做好临终患者的心理关怀。

患者进入濒死阶段时，开始为心理否认期。这时患者往往不承认自己病情的严重，否认自己已病入膏肓，总希望有治疗的奇迹出现以挽救死亡。当患者得知病情确无挽救希望、预感已面临死亡时，就进入了死亡恐惧期，表现为恐惧、烦躁、暴怒。当患者确信死亡已不可避免，而且瞬间即来，此时患者反而沉静地等待死亡的来临，也就进入了接受期。一般说来，濒死者的需求可分三个水平：① 保存生命；② 解除痛苦；③ 没有痛苦地死去。因此，当死亡不可避免时，患者最大的需求是安宁，避免骚扰，亲属随和地陪伴，给予精神安慰和寄托，对美（如花、音乐等）的需要；或者有某些特殊的需要，如写遗嘱，见见最想见的人；等等。患者亲属都要尽量给予患者这些精神上的安慰和照料，使他们无痛苦地度过人生最后时刻。

老年人临终前的心理反应取决于他的人格特点、信仰、教育及有关传统观念，也与其在病中所体验到的痛苦和不适程度、家属和医护人员对其的关心程度，以及既往的生活状况、生活满意度等密切相关。

（一）临终老年人的心理特征

临终患者的心理反应十分复杂。美国医学博士伊丽莎白·库勒·罗斯（Elisabeth Kubler Rose）通过观察、访问数百位临终患者后，提出了临终患者往往会经历五个心理反应阶段，即否认期、愤怒期、协议期、忧郁期和接受期。

1. 分期特点及护理

（1）否认期。特点是拒绝相信事实，四处求医，希望是误诊。这是一种防卫机制，它可减少不良信息对患者的刺激。护理上语言不要急于揭穿其否认，行为上不要强化其否认，应坦诚温和地回答患者对病情的询问。

（2）愤怒期。特点是已知病情及预后，出现怨恨、嫉妒、无助、痛苦等，因一些小事向其他人发怒，甚至出现过激行为。护理上应正确对待患者的发怒行为，善于谅解、宽容、安抚、疏导患者，注意预防意外事件的发生。

（3）协议期。特点是承认和接受疾病的事实，想尽办法请求医护人员治疗疾病，希望奇迹出现。护理上尽量满足患者的要求，使患者能更好地配合治疗，以减轻痛苦，控制症状。

（4）忧郁期。认识到治疗无望，出现消极、抑郁、沮丧的情绪，悲哀、沉默、寡言、压抑。护理上要提供机会表达悲伤，用非语言交流，鼓励家属多陪伴，用音乐或其他娱乐分散患者的注意力。

（5）接受期。特点是已准备好接纳将到来的死亡，对周围的人、事物兴趣下降，为后事做安排。护理上应尊重患者的信仰，创造安静、舒适、祥和的环境和气氛，尽可能帮助患者完成未了的心愿。

以上五个阶段不应被视为临终患者一成不变的"固定阶段",通常次序和程度上都会因每个患者情况不同而有差异,各个阶段持续时间也不一定。

2. 老年临终患者可能具有的特征

(1) 心理障碍加重。如易激惹、孤僻抑郁、意志薄弱、依赖性增强,自我调节、控制力差等。心情好时愿意和人交谈,心情不好时则沉默寡语,遇到一点不顺心的事就大发脾气。当进入终末期后,身心日益衰竭,承受着精神上和肉体上的双重折磨,这时的心理特点以抑郁、绝望为主。

(2) 思虑后事,留恋亲人。大多临终老年人倾向于独自思考死亡问题,比较关心死后的遗体处理,是否会被用于尸体解剖和器官移植;还会考虑家庭安排,财产分配;担心配偶的生活,子女、儿孙的工作、学业、生活等。

(二) 临终老年人的心理护理

心理护理是临终老年人的护理重点。要提高临终老年人的生命质量,使临终老年人处于舒适、安宁的状态,必须充分理解老年人,表达对老年人的关爱。我们可采取以下措施给予临终老年人心理和精神上的支持。

1. 触摸

触摸可以传递关怀之情,是大多临终老年人愿意接受的一种方法。护士在护理临终老年人的过程中,针对不同情况,可以轻轻抚摸临终老年人的手、胳膊、额头及胸、腹、背部,抚摸时动作要轻柔,手要温暖。通过抚摸,能获得临终老年人的信赖,减轻其孤独、恐惧感,使他们有安全和亲切温暖感。

2. 耐心倾听,诚恳交谈

认真、仔细地倾听老年人的诉说,使他们感到支持、理解和被尊重。与虚弱无力的临终老年人语言交流时,可通过面部表情、眼神、手势,表达理解和关爱,并以熟练的护理技术操作取得临终老年人的信赖和配合。通过交谈,及时了解老年人真实的想法和临终前的意愿,尽量尊重他们的权利,满足他们的各种需求,以减轻他们的焦虑、抑郁和恐惧,使其没有遗憾地离开人世。

3. 允许家属陪护,参与临终护理

家属是临终老年人的亲人,也是他们的精神支柱。临终老年人留恋亲人,难以割舍与家人的亲情,难以忍受离开亲人的孤独。因此,应允许亲人陪护,参与临终护理。亲人陪护是一种有效的心理支持和情感交流,可稳定临终老年人的情绪,使其获得安慰,减轻孤独感。它既是临终老年人的需要,也是家属的需要。

4. 帮助保持社会联系

鼓励老人的亲朋好友、单位同事等社会成员多探视老年人，不要将他们隔离开来，以体现老人的生存价值，减少孤独和悲哀。

5. 适时有度地开展死亡教育

尊重临终老年人的民族习惯和宗教信仰，根据老年人不同的职业、心理反应、性格、社会文化背景，选择适当的时机，谨言慎语地与临终老年人、家属共同探讨生与死的意义，有针对性地进行精神安慰和心理疏导，帮助临终老年人正确认识、对待生命与疾病，从对死亡的恐惧和不安中解脱出来，以平静的心情坦然面对即将到来的死亡。

6. 重视与弥留之际老年人的心灵沟通

美国学者卡顿堡顿对临终老年人精神生活的研究结果表明，接近死亡的人，其精神和智力状态并不都是混乱的，49%的老年人直到死亡前意识一直是很清醒的，22%处于清醒与混乱之间，仅3%的人一直处于混乱状态。因此，不断对临终或昏迷老年人讲话是很重要而又有意义的，护士应对临终老年人表达积极、温馨的尊重和关怀，直至其离去。

总之，临终老年人心理各个阶段的变化因人而异，其发生顺序和时间并没有绝对的规律，它们可能重合、提前或拖后，也可停留在某个阶段，但整个过程几乎均包含了"求生"的希望。他们真正需要的是脱离痛苦和恐惧，得到精神上的放松和舒适。因此，及时了解临终老年人的心理状态，满足其身心两方面的需要，使临终老年人在安静舒适的环境中以平静的心情告别人生是临终心理护理的关键。

知识链接

死亡教育

针对疾病患者及其亲朋好友，这是比较特殊的死亡教育对象，尤其是对患者的亲朋好友的教育。其目的是先通过对这些人进行死亡教育，在其掌握有关生死的基本理论、观点的情况下，再通过他们对疾病患者进行死亡教育。在对这些人教育时，不必要教授生死的高深理论，亦不必要将死亡问题逐一讲解，重点是：一方面，通过细致的沟通，了解对象已有的文化素养和宗教背景，其原先对死亡有什么看法，其在面对死亡或即将丧亲的情况下，最恐惧、担心、忧虑的究竟是什么；另一方面，根据对象的有关情况，有针对性地运用生死学知识，帮助对象解决对死亡的忧虑、恐惧和各种死亡思想负担，使患者能坦然面对可能的死亡结局，也可以使患者家属和好友有准备地接受丧亲之痛。

(三)临终老人及亲属的死亡教育

随着死亡学研究的深入,死亡标准也发生了变化。为教育人们爱惜生命,培养健康理性的死亡观,死亡教育显得越来越重要。

1. 死亡教育的概念及意义

死亡教育是有关死亡知识的社会化、大众化的过程,主要是向未成年人解释死亡的概念,教授如何正确面对死亡等的一种另类教育。美国的生命教育起初是以死亡教育的形式出现的。美国的死亡教育名为谈死,实则通过死亡教育让孩子树立正确的生死观念,以正确的态度保持生命、追求生命的价值和意义。死亡教育是教育的一种形式,也是实施临终关怀的先决条件。

临终患者的死亡教育就是帮助患者及亲属如何认识和对待死亡所进行的教育。对于患者及其家属来说,死亡教育作为预防教育,可以帮助人们正确地面对自我之死和他人之死,理解生与死是人类自然生命历程的必然组成部分,从而树立科学、合理、健康的死亡观;可以消除人们对死亡的恐惧、焦虑等心理现象,教育人们坦然面对死亡;使人们思索各种死亡问题,学习和探讨死亡的心理过程以及死亡对人们的心理影响,为处理自我之死、亲人之死做好心理上的准备;可以勇敢地正视生老病死的问题,加深人们对死亡的深刻认识,并将这种认识转化为珍惜生命、珍爱健康的强大动力,进而提高自己的生命和生活质量;使更多的人认识到人生包括优生、优活、优死三大阶段,以便使人们能客观地面对死亡,有意识地提高生命质量。

2. 死亡教育的内容

老年人与其亲属是死亡教育中比较特殊的对象,亦是最需要立见效果的对象。老年人应各尽各种生命力量来抗衰老,延缓衰老,调节好自己,与死亡做斗争。著名的健康学教育专家黄敬亨教授认为,对老年人进行死亡教育的内容主要有以下几项。

(1) 克服怯懦思想。目前,在老年人中,自杀是一个值得重视的问题,自杀的本身就是怯懦的表现,从一定意义上讲,生比死更有意义。

(2) 正确地对待疾病。疾病是人类的敌人,它危及人的健康和生存。和疾病做斗争,某种意义上是和死亡做斗争。积极的心理活动有利于提高人的免疫功能,良好的情绪、乐观的态度和充足的信心是战胜疾病的良药。

(3) 树立正确的生命观。任何人都不是为了等待死亡而来到这个世界上的,因此正确的人生观、价值观是每个人心理活动的关键,生活、学习、工作、娱乐才构成了人生的意义。唯物主义的观点认为生命有尽,可以使人们认识到个人的局限性,从而思考怎样去追求自己的理想,怎样去度过自己的岁月。从这个意义上说,对"死"的思考实际上是对"整个人生观"的思考。

(4) 心理上对死亡做好充分准备。当人们步入老年期以后，面临的是走向人生的终极——死亡。人们追求优生、优活，也希望善终、优死，即使临近死亡也不逊色。怎样尽量使自己剩余的时间过得有意义，认识和尊重临终的生命价值，这对于临终的老人是非常重要的，也是死亡教育的真谛所在。

3. 死亡教育的方法

在死亡教育过程中，医护人员要善于发现老人生活中的事业、亲情、友情、爱情及人情的闪光之点，称赞老人的善心善为，点明老人已品尝了种种人生的滋味，告诉老人能在死亡来临之际，没有遗憾，向亲朋好友告别，向人世间的烦恼告别，毫无恐惧，心安理得，并为自己即将永久地安息和为别的生命之诞生做基础而欣喜，这就达到了生死两相安的最佳境界了。如果老人是一位事业有成者，鼓励老人陈述创业的辉煌，赞扬老人的贡献；如果老人朋友众多，鼓励老人陈述友情的故事，赞扬老人的交际；如果老人的子女孝顺，儿孙满堂，鼓励老人介绍家人的好，称赞老人的福气；如果老人的老伴好，鼓励老人回忆恩爱的甜蜜故事，小结风雨人生；如果老人一生坎坷，心酸命苦，就同情老人，体贴温馨老人。

三、老年患者临终前常见症状和护理

老年患者临终的情况各不相同，有的是突然死亡，有的是逐渐衰竭至死亡。后者可能有较长时间在生与死的边缘挣扎。但是，所有临终老年人均具有一定的濒死症状，护理人员除做好环境和基础护理外，一旦出现以下症状，应及时给予处理，以使临终老年人无痛苦地度过人生的最后时刻。

（一）疼痛

疼痛是临终老年人备受折磨的最严重的症状之一，尤其是晚期肿瘤患者。其他终末期患者发生严重疼痛情况较少。在生命的最后几天，超过一半的人会有新的疼痛产生。

1. 观察评估

观察评估疼痛的性质、部位、程度及持续时间。

2. 积极控制疼痛

控制疼痛应及时、有效。采用WHO推荐的三步阶梯疗法控制疼痛：第一步，选用非麻醉性镇痛药止痛；第二步，选用弱麻醉性镇痛药止痛；第三步，选用强麻醉性镇痛药止痛。止痛药应规律、足量应用，而不是必要时才用，等到疼痛发生时再控制比预防疼痛发生更困难。对无法口服止痛药造成的不安与痛苦，可使用如皮肤贴片、舌下含服、静脉或肌内注射等各种方式给予止痛药。注意用药后的反应，把握好用药的阶段，选择恰当的剂量和给药方式，达到控制疼痛的目的。

3. 非药物镇痛

某些非药物方法也能取得一定的镇痛效果，如松弛法、音乐疗法、催眠意象疗法、外周神经阻断术、针灸疗法、生物反馈法等。此外，护士可采用同情、安慰、鼓励等方法与临终老年人交流沟通，稳定老年人情绪，并适当地引导其转移注意力减轻疼痛。

4. 满足患者基本生理需要

（1）保证营养。根据病情提供高热量、易消化的食物，应少食多餐，满足患者的口味。如果患者疼痛难以控制，没有食欲，不要勉强患者进食，以免增加患者的负担与痛苦；可以给予鼻饲或胃肠外高营养，以满足老年人的最低营养需要。

（2）排泄护理。便秘、腹泻、尿潴留或尿失禁的及时、有效处理，可改善老年人的临终生活质量，增加舒适度和维护自尊。

（3）皮肤护理。定时翻身、擦浴、更衣、按摩，并指导、教会家属一些压疮预防及护理的基本知识，以降低压疮的发生率或促进压疮的愈合。

（4）口腔护理。口腔护理可增进老年人食欲，减少口腔溃疡的发生，增加舒适感。

（5）促进休息与睡眠。环境安静、光线适宜、温湿度合适等，为患者营造一个舒适的环境，保证其休息与睡眠。

（二）呼吸困难

痰液堵塞、呼吸困难是临终老年人的常见症状，应及时处理，防止窒息，保持呼吸道通畅。

1. 清除呼吸道的分泌物，保持呼吸道通畅

（1）鼓励患者咳嗽，并协助老年人翻身、拍背，促进痰液排出。

（2）床旁备好吸引器。对痰量较多且无力咳嗽或昏迷的临终老年人，可采用吸痰管吸痰。吸痰时，动作轻柔，负压不宜过大，吸痰前后应充分给氧，每次吸痰时间 < 15 s。

（3）痰液黏稠或出现痰鸣音即所谓的"濒死喉声"时，可配合超声雾化吸入，使痰液稀化易于咳出或被吸出。

2. 给氧

当呼吸表浅、急促、呼吸困难或有潮式呼吸时，立即给予吸氧，并在给氧过程中密切观察患者的神志、皮肤颜色等变化。病情允许者，可适当取半坐卧位或抬高头肩，利于呼吸。对张口呼吸者，用湿巾或棉签湿润口唇。

3. 心理护理

患者出现呼吸困难时，护理人员应沉着冷静，有条不紊地进行各项操作。有的患者由于快速呼吸加上焦虑而引起喘息，可根据医嘱应用抗焦虑剂，必要时使用吗啡降低呼吸速

率，同时开窗或使用风扇通风。以平静的仪态，用手轻柔地抚摸患者，加上和声细语，有利于帮助患者保持平静。

4. 保持环境舒适

室内温度应控制在18～22 ℃，相对湿度宜在60%左右，经常开窗通风，保持空气清新、洁净，以充分发挥上呼吸道自然防御功能。对张口呼吸者，用湿巾或棉签湿润口腔，或用护唇膏湿润嘴唇，患者睡着时用湿纱布遮盖口部。

5. 充足的水分和营养

对痰液堵塞、呼吸困难的临终老年人，宜给予高蛋白、高维生素膳食，以增强老年人的抵抗力。在病情允许的情况下，应给予充足的水分以保持呼吸道黏膜的湿润，有利于病变黏膜的修复及痰液的咳出。

（三）谵妄

有的患者死前会出现谵妄等神志变化，需考虑癌症脑转移、代谢性脑病变、电解质失衡、营养异常或败血症等因素。此症状在下午或晚上会更严重。

（1）抢救准备。密切观察病情变化，准备好急救药品和器械，配合抢救。

（2）注意安全。可根据情况，选择使用约束带，床边安置床档，以防止坠床等意外的发生，保证临终谵妄老年人的安全。

（3）对症处理。患者躁动不安时，需密切观察，并根据谵妄发生的原因，如疼痛、脑缺氧、气喘、膀胱或直肠胀气等，予以对症处理。

（四）大出血

临终老年患者可发生急性呕血、便血、阴道大出血等。一次出血量≥800 mL时，可出现休克，是造成死亡的直接原因，应迅速予以控制。

（1）体位。呕血时，患者宜采取侧卧位或仰卧位，脸侧向于一侧，使呕吐物易于吐出，防止窒息；便血及阴道大出血时，采取仰卧位，也可调节至患者自觉最舒适的体位。

（2）抢救准备。备好急救药品（镇静、镇痛及止血剂等）和器械，配合医生进行抢救。

（3）观察病情。监测生命体征及神志、出血情况，注意有无周围循环衰竭症状等。

（4）及时帮助患者去除污物。迅速处理带血的呕吐物及被污染的衣物，防止加剧患者的不安；擦洗老年人被污染的身体部位，保持清洁。如便血频繁，可在患者肛周垫上纸垫，患者每次排便后应拭净。

（5）心理护理。此期患者均较恐惧，护理人员应尽量消除患者精神紧张和情绪波动，可陪伴患者并且握着他的手，使用深色的毛巾擦拭血迹等，必要时给予镇静药物。

（6）饮食调整。胃肠出血患者应禁食24~48 h。护理人员要密切观察病情变化，加强巡视，做好预后的估测及抢救的准备同时，让家属做好思想和物质准备，安排善后事宜。

四、对丧偶老人的关怀

丧偶是生活中最震撼心灵的负性事件，对老年人更是如此。俗话说：少年夫妻老来伴。老年人一旦遭遇配偶亡故，常会悲痛欲绝，不知所措，持久下去会引发包括抑郁症在内的各种精神疾病，加重原有的躯体疾病，甚至导致死亡。有资料报道，在近期内失去配偶的老年人因心理失衡而导致死亡的人数是一般老年人死亡的7倍。

（一）丧偶老年人的心理反应

老年人丧偶后，心理反应一般经历以下四个阶段。

1. 麻木

多数老年人在得知配偶死亡的消息时，表现得麻木不仁、呆若木鸡。这种反应并不意味情感淡漠，而是情感休克的表现。麻木不仁可以看作是对噩耗的否认、排斥，是无力驾驭强烈情感的特殊应对方式。这个阶段持续几个小时至一周。

2. 内疚

在意识到配偶死亡的事实后，很多老年人会出现内疚、自责，总觉得对不起逝者，甚至认为对方的死自己应负主要责任。内疚在所有丧偶老年人中或多或少都存在，只要不强烈，最终会度过。

3. 怀念

丧偶的老年人在强烈的悲哀之情稍稍平息后，又会陷入对死者的深深怀念之中。这时，在他们的头脑中会反复出现配偶的身影，时而感到失去配偶后自己是多么的孤独。这种状态可持续几周，甚至是几年。

4. 恢复

当丧偶的老年人逐渐认识了"人的生老病死是无法抗拒的自然规律""对配偶的最好寄托和思念是保重身体，更好地生活下去"，理智战胜了情感，身心逐渐恢复至正常。

（二）影响丧偶老年人调适的因素

1. 对死亡配偶的依赖程度

丧偶老年人对死亡配偶在经济上、生活上和情感上的依赖性越强，其心理反应程度越重，调适越困难。

2. 病程的长短

急性死亡病例，因丧偶老年人对这一突发事件毫无准备，易产生自责、内疚心理；慢性死亡病例，因丧偶老年人已有一定的预期心理准备，心理反应程度相对较轻，调适所需时间较短。

3. 其他支持系统

若丧偶老年人存在较多的其他支持系统，且能提供有效支持，满足其需要，则较易调适。

（三）对丧偶老年人的关怀

1. 安慰与精神支持

在刚刚得知老伴去世的消息后，老年人可能会出现情感休克。在安慰与关心的同时，应陪伴在老人身旁，如轻轻握住老人的手，或搂搂老人。由于承受了巨大的打击，居丧的老年人往往难以对关心和安慰做出适当的反应或表示感激，甚至拒绝他人的好意。这是因为居丧者往往把悲哀的时间和强度等同于对死者的感情。这时，千万不要放弃对老人的安慰，应该让老人明白，痛苦和悲哀不是衡量某种关系价值的指标，正常的悲哀反应会随着时间的推移逐渐淡化，悲哀的正常淡化并不意味着对死者的背叛。坚持安慰，可以使老人感到并非独自面对不幸，从而增强战胜孤独的信心。此外，及时帮助老人料理家务、处理后事，提醒老人的饮食起居，保证充分的休息。

2. 鼓励宣泄感情

允许并鼓励丧偶的老年人哭诉和回忆，或用写日记的形式寄托哀思。有些老人强忍悲伤，从不失声痛哭，只能更加压抑或消沉。告诉老年人，人在痛苦时哭泣是一种很自然的情感表现，是疏解内心忧伤情绪的好方法，鼓励老年人把悲哀宣泄出来。同时，鼓励老年人说出自己的内疚感和引起内疚感的想法、事件等，并帮助老人分析，学会原谅自己，避免自责。

3. 转移注意力

为避免老年人睹物思人，可让老年人把已故配偶的遗物暂时收藏起来，这样可以减轻其精神上的痛苦。建议老人多参与外界交往，多与子孙交谈，或到亲戚朋友家小住一段时间，或到外面走一走。转移注意力，悲哀的情绪也会随之减轻。鼓励老年人培养一些业余爱好，如书法、绘画、养花等，或做一些力所能及的有利于他人的事。心理学家认为，利他行为可有效地减轻丧偶者的悲哀，缓解紧张、焦虑的情绪，摆脱孤独和抑郁，增进健康。

4. 建立新的生活方式

配偶去世后，老年人的生活方式和规律变化较大，应帮助老年人调整生活方式，使其与子女、亲友重新建立和谐的依恋关系，使老年人感受到虽然失去了一个亲人，但家庭的温暖和成员间的相互关怀依旧，感到生活的连续性，有安全感，从而尽快从丧偶的阴影中走出来，投入新的生活。

5. 丧偶老年人的再婚

心理学的研究表明，老年人最怕的就是孤独。丧偶后，老年人需要在家庭生活中寻找一种新的依恋关系，来弥补丧偶后的心理失落感。因此，再婚是一个比较好的方法。应让丧偶老年人的子女懂得要更好地关心老年人的生活，支持老年人的正当要求和需要。大量的事实证明，做好老年人的再婚工作，对社会、对家庭、对老年人的健康长寿均是有益的，应当从法律上予以保护，从道义上给予支持。老年人是否再婚是他们自己的权利，家庭和社会只能给他们提供参考意见。

目前在国外，临终关怀机构常通过信件、电话、访视对家属进行跟踪随访。总之，了解丧偶老年人的心理状态，并进行有效的心理干预，使他们尽快摆脱丧偶带来的心理失衡，对维护丧偶老年人的身心健康十分重要。

（刘　畅）

任务二　家庭临终监护

一、家庭临终监护的特点与内容

（一）家庭临终监护的概念

家庭临终监护是临终关怀的一个组成部分，是对临终患者实施非住院护理的家庭护理。家庭临终监护是由临床医生诊断，估计患者的生命维持时间不超过6个月，患者愿意放弃所有抢救及特殊治疗，经本人或家人签订自愿书后，可进入家庭临终护理。如在6个月的时间里，患者情况平稳或好转，可转回医院或社区护理。

（二）家庭临终监护的特点

家庭临终监护是以护理人员为中心的家庭护理服务，由医生、护士及家属共同参与。护士在对患者的主观愿望及家庭环境等作必要的评估后制定护理计划，并协调、保证其他人员为患者提供有关的服务活动，和家属一道共同做好家庭护理。老年临终患者是主要护理对象。

家庭临终监护与病房临终关怀的任务和意义相同，但在工作形式和关怀质量上具有一定差异。家庭临终监护的目的是使患者及家属逐渐产生护理与被护理关系，产生融合的相互支持和感情依赖，在心理上使患者感到亲切、信任，从而提高患者的生存质量，使临终患者能无痛苦、舒适和有尊严地度过生命的最后阶段。

（三）家庭临终监护的主要工作内容

1. 为患者创造安静、舒适的休养环境

亲情是临终患者最难割舍的未了情，鼓励亲属陪护是对患者心理和生理的最大安慰和满足，使患者摆脱孤独和被遗弃的感觉，增强安全感，稳定情绪。因此，应让亲属子女围绕膝下，使患者无憾地走过人生旅程的最后一站。

2. 掌握与临终患者交流谈话的技巧

临终患者易产生绝望、愤怒、无助和失控，家属和护理人员交流中应充分了解患者的个性心理产生的原因、对自己病情了解的程度，并请患者讲出想了解、想解决的问题，以安静、耐心、积极的态度倾听、理解，并用患者能了解的语言向他解释，使患者排除疑虑和恐惧，得到心理和生理上的满足，增加舒适感和安全感。在交流过程中，善于观察患者的心理活动，注意肯定患者的感觉，善于用表情和目光交流。

3. 积极控制疾病晚期的症状

对症状控制的好坏也是家庭临终监护不可缺少的部分，因其可直接影响临终患者的生活质量，如胃癌晚期的疼痛、发热、恶心、呕吐等应积极控制，以减轻患者的身心痛苦。

4. 患者家属应解决自身心理抑制

当患者处于临终阶段时，其家属的精神痛苦胜过临终患者的躯体痛苦。家属对承受的打击苦不堪言，焦虑而盲目。因此，护理人员要用真挚的态度与家属交流，帮助家属在心理上适应，面对现实，并用平静的态度对待临终患者。

（四）家庭临终监护中护理人员的主要工作流程

（1）个体检查。个体检查内容包括体温、血压、脉搏、瞳孔、心肺、皮肤、肢体运动、体位方式，并检查各种管道（引流管、尿管、鼻饲管）等情况。

（2）询问自上次家访至今病情、饮食、睡眠、情绪等，并作详细记录。

（3）咨询服务。回答患者及其家属的问题，讲解对症处理的有关方法，如疼痛处理、便秘处理、营养的调理、家庭血糖监测方法、降糖药的应用、各种所需用具的领取方法等。

（4）评估现在所采取的护理手段、护理过程、患者的反应（包括对饮食调配方法、喂食方法及大、小便的协助方法等），对不妥的护理方式进行现场指导或提出改进意见，针对患者所需尽可能满足。

（5）记录当日病情，重新评估患者并与其家属及照护者商讨，必要时修改原护理计划。

在家庭临终监护过程中，还应强调对临终患者家属心理特征的观察与护理。临终患者家属心理特征与主要护理措施见表9-1。

表9-1　临终患者家属心理特征与主要护理措施

心理特征	主要护理措施
怀疑、否认	耐心解释，消除疑虑，正视现实，积极参与护理
震惊、冲击	稳定家属情绪，随时交流患者病情变化，使之有思想准备
悲伤、忧郁	安抚、鼓励、体贴、同情，防止出现身心疾病
愤怒、怨恨	容忍、谅解家属过激言行，尽量满足家属提出的对患者的合理要求
回避、疏远	谈心、慰藉，建立信任关系
接受、解脱	协助家属解决实际困难，鼓励重新寻找新的生活方式

知识链接

美国肯塔基州家庭临终护理中心

美国肯塔基州家庭临终护理中心为圣可丽尔医疗中心下属机构，有专门主管医生，但医生不在服务中心，在自己的诊所。中心以护士为主，由7名护士组成，都为注册护士，其中1名是开业护士。中心管理工作由护士长承担，每个护士大约管5个患者，患者多时会有增加。患者家访时间不定，一般无特殊情况每周巡诊1次，如患者有紧急情况，临时出诊，在晚上则由夜班护士通知主管护士。中心有相应的规章制度、工作职责。他们的宗旨是：为所有人创建一个舒适、安祥的去世环境，为其家人提供精神安慰。他们认为："随着生命走向死亡，采取安慰手段是第一位的。"失去所有治疗意义后，并不等于不要医生了，而是更需要特殊的关怀。

二、家庭临终监护的注意事项

家庭临终监护工作由护理人员和患者家属共同承担，应让家属直接参与护理计划的制订和护理措施的实施。护士应加强自身修养和心理品质的培养，以冷静、沉稳、大方、认真负责的态度护理临终患者，妥善处理家属在家庭临终监护中出现的不合作态度，努力提高临终患者的生活质量。护理人员除对患者进行护理外，还要对患者家属予以帮助。

（一）在患者护理中要注意

1. 控制疼痛等临床症状

临终老人以晚期肿瘤患者居多，常并发诸如疼痛、厌食、失眠疲劳、体重下降、恶心、呕吐、呼吸困难、抑郁、焦虑、意识模糊等多达30余种临床症状。因此，要关注患者的临床症状，及时处理。

2. 加强基础护理，保持患者卫生

临终老人随疾病进展，常出现尿便失禁、吞咽困难等症状，易造成身体不洁，如会阴、肛门附近皮肤受损、口腔溃烂等，严重影响患者的舒适感和生活质量。因此，要保持这些部位的清洁干燥，同时要指导家属帮助患者翻身，避免压疮。

3. 增强营养

临终老人伴有恶病质，可进食者注意食物的色香味，少量多餐，减轻恶心，增进食欲；不可进食者采用鼻饲法或完全胃肠外营养，确保营养供给。

4. 改善生活环境

与家属一起创造适宜的生活环境，帮助临终患者减少痛苦等带来的恐惧和烦恼，使他们在舒适的环境中度过余生。

5. 注重心理干预，开展死亡教育

照护人员要注意观察患者的精神心理变化，尊重和理解患者，获得患者信任，帮助其正确认识生与死的问题，使其能正视死亡，坦然接受死亡。

（二）对家属的帮助要注意

1. 指导家属与患者交流

面临亲人即将离去，多数家属由于家庭情感等因素无法真正与患者交流。系统地指导家属适时调整心态，积极交流；同时，患者也可从亲人的自信、热情、言谈等方面感受到安慰。

2. 进行心理辅导和死亡教育

在患者临终阶段，患者家属随患者病情变化容易产生很大的心理问题，同时又要陪伴亲人走完人生最后阶段，既痛苦又辛苦。通过心理辅导和死亡教育，帮助家属调整心态，正视现实，珍视亲情。

3. 居丧服务

患者逝去后，遗体的处理是对临终患者整体护理的继续，是临终护理的重要内容。患者去世后，协助进行必要的遗容整理，以及联系安排追悼及殡葬事宜。

4. 通过具体工作安慰和帮助家属

为家属解决具体问题，提供合理的参考方案，如合作医疗、保险等，尽量减轻患者家属负担，减轻其身心的损伤。

（三）家庭尸体照护

尸体照护，不仅是一种必要的医学护理操作手段，也涉及死者、家属、家庭、医院，以及心理学、社会学、宗教学、民俗学等多方面问题。老年患者若在家中死亡，应根据现有条件进行尸体照护。

（1）擦洗清洁尸体。尸体的清洁擦洗方法根据情况而定。一般先撤去治疗用物，然后擦净尸体，胶布的痕迹可以用汽油拭去。让死者平卧，两手放在身旁，双目应紧闭。清理死者的面部和头发，对腔隙如鼻、耳、口腔、肛门、阴道等可用棉球、凡士林纱布等堵塞，但忌讳毁容。必要时，请化妆师给死者美容，以尽量保持生前的容貌，给生者留下好的记忆。

（2）给死者穿寿衣。应尽快按照当地风俗习惯给死者穿上寿衣，避免发生尸体僵硬，影响后续工作。

（3）做好死者的善后服务工作。其包括尸体的火化、安排丧葬仪式等一系列工作。当死者送去火化场后，房间应做好清洁消毒工作。如果是传染病患者，更需要按照消毒隔离技术进行操作，以防止传染。

在尸体照护中要注意严肃认真、一丝不苟。在具体细节上，要尊重家属的意见，并注意死者的宗教信仰和民族习惯。同时，要避免减少对邻里的打扰，妥善料理好遗嘱和遗物。这不仅避免矛盾纠纷，而且也是对死者的纪念。

（刘　畅）

项目测评

一、选择题

1. 我国界定临终患者的条件是指患者仅能存活的时间为　　　　　　　　（　　）
   A. 不足1个月　　　　B. 2~3个月　　　　C. 6个月以内
   D. 1年以内　　　　　E. 以上都是

2. 临终护理的理念是　　　　　　　　　　　　　　　　　　　　　　　（　　）
   A. 提高患者有限生命的质量　　　　B. 维护患者的生命

C. 减轻对死亡的恐惧 D. 以延长生存时间为主

E. 以治疗为主

3. 临终老年人心理护理措施有 （　　）

A. 社会支持　　B. 开展死亡教育　　C. 触摸

D. 沟通　　　　E. 以上都是

4. 王某，因患肺癌广泛转移，病情日趋恶化，患者心情不好，对医务人员不满，常对其陪伴亲属发脾气。根据美国精神病学家库勒·罗斯提出的临终患者五个心理阶段，该患者心理反应处于 （　　）

A. 接受期　　　B. 协议期　　　　C. 抑郁期

D. 愤怒期　　　E. 否认期

5. 下列不属于临终患者循环衰竭的表现是 （　　）

A. 皮肤苍白湿冷　　B. 四肢发绀　　C. 血压下降

D. 心音低而无力　　E. 脉搏呈洪脉

二、思考题

1. 简述临终老年人的常见症状和护理要点。
2. 简述死亡教育的主要内容。

附　录　老年人常用评估量表

量表1　日常生活能力量表(ADLS)

请圈上最适合的情况				
1. 定时上厕所	①	②	③	④
2. 行走	①	②	③	④
3. 洗澡	①	②	③	④
4. 穿衣	①	②	③	④
5. 梳头、刷牙等	①	②	③	④
6. 进食	①	②	③	④
7. 做家务	①	②	③	④
8. 服药	①	②	③	④
9. 洗衣	①	②	③	④
10. 做饭菜	①	②	③	④
11. 购物	①	②	③	④
12. 使用公共车辆	①	②	③	④
13. 打电话	①	②	③	④
14. 处理自己的钱财	①	②	③	④

注：

1. 表中① 表示自己完全可以做；② 有些困难；③ 需要帮助；④ 自己完全不能做。

2. 总分低于16分为完全正常，大于16分有不同程度的功能下降，最高56分。

量表2　Katz日常生活功能指数评价表

1. 洗澡——擦浴、盆浴或淋浴独立完成（洗盆浴时进出浴缸自如）□	仅需要部分帮助（如背部或一条腿）□	需要帮助（不能自行洗浴）□
2. 更衣——从衣橱或抽屉内取衣穿衣（内衣、外套）以及系扣、系带均能完全独立完成□	只需要帮助系鞋带□	取衣、穿衣要协助□
3. 如厕——进厕所排尿、排便自如，排泄后自洁及整理衣裤无须帮助，或能借助辅助器具进出厕所□	进出厕所需要帮助，需帮助便后清洁或整理衣裤□	不能自行进出厕所完成排泄过程□
4. 移动——起床、卧床，从椅子上站立或坐下自如（包括使用手杖等辅助器具）□	需要帮助□	不能起床□

续表

5. 控制大、小便——完全能控制□	偶尔有失禁□	排尿、排便需要别人观察控制，需使用导尿管或失禁□
6. 进食——进食自理无须帮助□	需帮助备餐，能自己吃食物□	需帮助进食，部分或全部通过胃管进食，或需静脉输液□

注：

1. 每个功能项目中，帮助是指监护、指导、亲自协助。评估各项功能，在相应的□内打"√"。

2. Katz认为功能活动的丧失按特定顺序进行，复杂的功能首先丧失，简单的动作丧失较迟。

3. Katz功能量表分级如下：A. 能完全独立完成以上六项；B. 能独立完成上面六项中的五项；C. 除洗澡和另一项活动外，能独立完成其余四项；D. 不能洗澡、更衣和另外一项活动；E. 不能完成洗澡、更衣、如厕、移动和另外一项活动；F. 只能独立完成控制大小便或进食；G. 六项都不能独立完成；其他，至少两项不能完成，但不能用C、D、E、F的分类法来区分。

量表3　功能活动调查表（FAQ）

请圈上最适合的情况				
1. 使用各种票证（正确使用，不过期）	0	1	2	9
2. 按时支付各种票据（如房租、水电费等）	0	1	2	9
3. 自行购物（如购买衣服、食物及家庭用品）	0	1	2	9
4. 参加需技巧性的游戏或活动（下棋、打麻将、绘画、摄影）	0	1	2	9
5. 使用炉子（包括生炉子、熄灭炉子）	0	1	2	9
6. 准备和做一顿饭（包括饭、菜、汤）	0	1	2	9
7. 关心和了解新鲜事物（国家大事或邻居中发生的重要事情）	0	1	2	9
8. 持续1小时以上注意力集中地看电视或小说，或听收音机并能理解、评论或讨论其内容	0	1	2	9
9. 记得重要的约定（如领退休金、朋友约会、接送幼儿等）	0	1	2	9
10. 独自外出活动或走亲访友（指较远距离，如相当于三站公共汽车的距离）	0	1	2	9

注：

1. 表中"0"表示没有任何困难，能独立完成；"1"表示有些困难，需要他人指导或帮助；"2"表示本人无法完成，完全由他人代替完成；"9"表示该项目不适用，老人一向不从事这项活动。

2. FAQ只有两项指标：总分0~20分和单项0~2分。FAQ≥5分，说明社会功能有问题，需进一步确诊。

量表4　中文版简易智力状态检查（MMSE）

	正确	错误		
1. 今年的年份？	1	5		
2. 现在是什么季节？	1	5		
3. 今天是几号？	1	5		
4. 今天是星期几？	1	5		
5. 现在是几月份？	1	5		
6. 我们现在在哪里？	1	5		
7. 你住在什么区（县）？	1	5		
8. 你住在什么街道？	1	5		
9. 我们现在在第几楼？	1	5		
10. 这里是什么地方？	1	5		
11. 现在我要说三样东西的名称，在我讲完之后，请你复述一遍（请仔细说清楚，每一样东西一秒钟）。				
	皮球	国旗	树木	
	对	错	拒绝回答	
皮球——	1	5	9	
国旗——	1	5	9	
树木——	1	5	9	
12. 现在请你从100减去7，然后将听到的数目再减去7，如此一直计算，把每个答案告诉我，直到我说"停"为止（若错了，但下一个答案是对的，只记一次错误）。				
	对	错	说不会做	其他原因不做
93——	1	5	7	9
86——	1	5	7	9
79——	1	5	7	9
72——	1	5	7	9
65——	1	5	7	9
停止				
13. 现在请你告诉我，刚才我要你记住的三样东西是什么？				
	对	错	说不会做	拒绝回答
皮球——	1	5	7	9
国旗——	1	5	7	9
树木——	1	5	7	9
14. 请问这是什么？（评估者手指手表）				
	对	错	拒绝回答	

续表

	正确	错误			
手表——	1	5	9		
请问这是什么？（评估者手指铅笔）					
	对	错	拒绝回答		
铅笔——	1	5	9		
15．现在我说句话，请你清楚地复述一遍，"四十四只石狮子"（只能说一遍，咬字清楚的计1分）。					
	正确	不清楚	拒绝		
四十四只石狮子——	1	5	9		
16．请照卡片上的要求做（评估者把写有"闭上你的眼睛"大字的卡片交给被评估者）。					
	有	没有	说不会做	拒绝	文盲
闭眼睛	1	5	7	9	8
17．请用右手拿这张纸，再用双手把纸对折，然后将纸放在你的大腿上。					
	有	没有	说不会做	拒绝	
用右手拿纸——	1	5	7	9	
把纸对折——	1	5	7	9	
放在大腿上——	1	5	7	9	
18．请你说一句完整的有意义的句子（句子必须有主语、动词）。					
记录所述句子的全文——					
	句子合乎标准	句子不合乎标准	不会做	拒绝回答	
	1	5	/	9	
19．照这张图把它画出来 两个五边形的图案，交叉处形成个小四边形					
	对	不对	说不会做	拒绝	
	1	5	7	9	

注：

1. MMSE总分范围为0～30分。全部答对总分为30分。

2. 回答或操作正确得1分，错误得5分，拒绝或说不会得9分和7分。

3. 根据MMSE总分评判被测者的认知功能应结合其受教育情况划分为：未受教育者17分，教育年限≤6年20分，教育年限＞6年24分，低于分界值的为有认知功能缺损。

量表5　改订的长谷川改良痴呆量表(HDS-R)

提问内容	评分
1. 你几岁了或你多大年龄?（2年内误差为正确，回答正确得1分）	
2. 今年是何年、何月、何日、星期几?（能正确回答年、月、日及星期各记1分）	
3. 你现在在什么地方?（自发地回答记2分；间隔5秒，能从备选项中选择正确答案的记1分）	
4. 说出3个词，让其记住，以后再提问。（采用下列之一，采用系列前打"O"记号，共3分）	
（1）a. 樱花　b. 猫　c. 电车	
（2）a. 梅花　b. 狗　c. 汽车	
5. 从100顺次减7。(100-7=?　93-7=?　答案正确各得1分，共2分。第一次回答不正确时，停止提问)	
6. 倒数数字682、3 529。（答案正确各得1分，共2分；不能倒数三位数时，停止提问）	
7. 请复述刚才记的词汇。（自发地回答各计2分，若不回答时，在暗示下回答正确记1分，共6分） a. 植物　b. 动物　c. 交通工具	
8. 出示5件物品，藏起来后让其复述这5件东西。（答案正确各得1分，共5分；钟表、钥匙、香烟、钢笔、硬币等，必须是不相关的东西）	
9. 尽可能地说出你所知道的蔬菜名。（若中间停顿10秒，停止提问；5个以内0分，6个记1分，7个记2分，8个记3分，9个记4分，10个记5分）	

注：满分30分，临界分值20/21，20分以下可疑有痴呆。

量表6　汉密顿焦虑量表(HAMA)

项目	主要表现
1. 焦虑心境	担心、担忧，感到有最坏的事将要发生，容易激惹
2. 紧张	紧张感、易疲劳、不能放松、易哭、颤抖、感到不安
3. 害怕	害怕黑暗、陌生人、一人独处、动物、乘车或旅行、公共场合
4. 失眠	难以入睡、易醒、睡眠浅、多梦、夜惊、醒后感觉疲倦
5. 认知功能	注意力不能集中、注意障碍、记忆力差
6. 抑郁心境	丧失兴趣、抑郁、对以往爱好缺乏快感
7. 躯体性焦虑（肌肉系统）	肌肉酸痛、活动不灵活、肌肉和肢体抽动、牙齿打战、声音发抖
8. 躯体性焦虑（感觉系统）	视物模糊、发冷发热、软弱无力感、浑身刺痛
9. 心血管系统症状	心动过速、心悸、胸痛、血管跳动感、昏倒感、心搏脱漏
10. 呼吸系统症状	胸闷、窒息感、叹息、呼吸困难
11. 胃肠道症状	吞咽困难、嗳气、消化不良（进食后腹痛、腹胀、恶心、胃部饱感）、肠动感、肠鸣、腹泻、体重减轻、便秘
12. 泌尿生殖系统症状	尿频、尿急、停经、性冷淡、早泄、阳痿

续表

项目	主要表现
13. 自主神经系统症状	口干、潮红、苍白、易出汗、紧张性头痛、毛发竖起
14. 会谈时行为表现	①一般表现：紧张、不能松弛、忐忑不安、咬手指、紧握拳、面肌抽动、手发抖、皱眉、表情僵硬、肌张力高、叹息样呼吸、面色苍白。②生理表现：吞咽、打嗝、安静时心率快、呼吸快、腱反射亢进、震颤、瞳孔放大、眼睑跳动、易出汗、眼球突出

注：

1. 评定方法：由经过训练的两名专业人员对患者进行联合检查，然后分别进行评定。用0~4分的5级评分法评分。各级评分标准：0分为无症状；1分为轻度；2分为中度，有肯定的症状，但不影响生活与劳动；3分为重度，症状重，需进行处理或已影响生活和劳动；4分为极重，症状极重，严重影响生活。

2. 本量表除第14项需结合观察外，所有项目都根据患者的口头叙述进行评分；同时，特别强调受检者的主观体验，这也是HAMA编制者的医疗观点。因为患者仅仅在有疾病的主观感觉时，才会就诊并接受治疗。另外，评定员需由经过训练的医护人员担任，做一次评定需10~15 min。

3. 分界值：总分超过29分，提示严重焦虑；超过21分，提示有明显焦虑；超过14分，提示有肯定的焦虑；超过7分，提示可能有焦虑；小于7分，则提示无焦虑。

4. 因子分析：将第1~6项以及第14项分数相加，除以7，得到精神性焦虑因子分；将第7~13项分数相加，除以7，得到躯体性焦虑因子分。因子分提示患者焦虑症状的特点。

量表7 汉密顿抑郁量表（HRSD）

圈出最适合患者情况的分数											
1. 抑郁情绪	0	1	2	3	4	2. 有罪感		0	1	2	3	4
3. 自杀	0	1	2	3	4	4. 入睡困难		0	1	2	3	4
5. 睡眠不深	0	1	2	3	4	6. 早醒		0	1	2	3	4
7. 工作和兴趣	0	1	2	3	4	8. 阻滞		0	1	2	3	4
9. 激越	0	1	2	3	4	10. 精神性焦虑		0	1	2	3	4
11. 躯体性焦虑	0	1	2	3	4	12. 胃肠道症状		0	1	2	3	4
13. 全身症状	0	1	2	3	4	14. 性症状		0	1	2	3	4
15. 疑病	0	1	2	3	4	16. 体重减轻		0	1	2	3	4
17. 自知力	0	1	2	3	4	18. 日夜变化	A. 早	0	1	2	3	4
	0	1	2	3	4		B. 晚	0	1	2	3	4
19. 人格或现实解体	0	1	2	3	4	20. 偏执症状		0	1	2	3	4

续表

圈出最适合患者情况的分数										
21. 强迫症状	0	1	2	3	4	22. 能力减退感	0	1	2	3	4
23. 绝望感	0	1	2	3	4	24. 自卑感	0	1	2	3	4

总分□□

注：

1. HRSD大部分项目采用0~4分的5级评分法。各级的标准为：0分，无；1分，轻度；2分，中度；3分，重度；4分，极重度。少数项目采用0~2分的3级评分法，其分级的标准为：0分，无；1分，轻~中度；2分，重度。

2. 总分：能较好地反映病情严重程度的指标，即症状越重，总分越高；病情越轻，总分越低。按照Davis JM的划界分，总分超过35分，可能为严重抑郁；超过20分，可能是轻或中等度的抑郁；如小于8分，患者没有抑郁症状。

3. 因子分：HRSD可归纳为7类因子结构。①焦虑/躯体化：由精神性焦虑、躯体性焦虑、胃肠道症状、疑病和自知力等5项组成。②体重：即体重减轻一项。③认知障碍：由自罪感、自杀、激越、人格解体和现实解体、偏执症状和强迫症状等6项组成。④日夜变化：仅日夜变化一项。⑤阻滞：由抑郁情绪工作和兴趣、阻滞和性症状等4项组成。⑥睡眠障碍：由入睡困难、睡眠不深和早醒等3项组成。⑦绝望感：由能力减退感、绝望感和自卑感等3项组成。

量表8 APGAR家庭功能评估表

	经常	有时	很少
1. 当我遇到困难时，可以从家人处得到满意的帮助。	□	□	□
补充说明			
2. 我很满意家人与我讨论各种事情以及分担问题的方式。	□	□	□
补充说明			
3. 希望从事新的活动或发展时，家人能接受并给予支持。	□	□	□
补充说明			
4. 我很满意家人对我表达情感时的方式以及对我愤怒、悲伤等情绪的反应。	□	□	□
补充说明			
5. 我很满意家人与我共度美好时光的方式。	□	□	□
补充说明			

注：

1. 评分标准"经常"记2分，"有时"记1分，"很少"记0分。

2. 总分在7~10分为家庭功能无障碍，4~6分为家庭功能中度障碍，0~3分为重度家庭功能不足。

量表9　生活满意指数A(LSIA)

指导语：下面的一些陈述涉及人们对生活的不同感受。请阅读下列每一个问题的陈述，请在"同意"下面画√；如果你不同意该观点，请在"不同意"下面画√；如果无法肯定是否同意，请在"?"下面画√。请务必回答所有问题。

	同意	不同意	?
1. 老了以后发现事情似乎要比原来想象的好。			
2. 与我所认识的多数人相比，我更好地把握了生活的机遇。			
*3. 现在是我一生中最沉闷的时期。			
4. 我现在和年轻时一样幸福。			
*5. 我的生活原本应该更好些。			
6. 现在是我一生中最美好的时光。			
*7. 我所做的事多半是令人厌烦和单调乏味的。			
8. 我估计最近能遇到一些有趣的和令人愉快的事。			
9. 我现在做的事和以前做的事一样有趣。			
*10. 我感到老了，有些累。			
11. 我感到自己确实上了年纪，但并不为此烦恼。			
12. 回首往事，我相当满足。			
13. 即使能改变自己的过去，我也不愿有所改变。			
*14. 与其他同龄人相比，我曾做出较多愚蠢的决定。			
15. 与其他同龄人相比，我的外表较年轻。			
16. 我已经为一个月甚至一年后该做的事制定了计划。			
*17. 回首往事，我有许多想得到的东西未得到。			
*18. 与其他人相比，我惨遭失败的次数太多了。			
19. 我在生活中得到了相当多我所期望的东西。			
*20. 不管人们怎样说，许多普通人是越过越糟。			

注：同意得2分，不能确定得1分，不同意得0分。有"*"号为反序计分项目。

量表10　老年人生活质量评定表

身体健康：	
1. 疾病症状	(3分)
(1) 无明显病痛	(2分)
(2) 间或有病痛	(1分)
(3) 经常有病痛	
2. 慢性疾病	

续表

(1) 无重要慢性病	(3分)
(2) 有，但不影响生活	(2分)
(3) 有，影响生活功能	(1分)
3. 畸形残疾	
(1) 无	(3分)
(2) 有（轻、中度驼背）不影响生活	(2分)
(3) 畸形或因病致残，部分丧失生活能力	(1分)
4. 日常生活功能	
(1) 能适当劳动、爬山、参加体育活动，生活完全自理	(3分)
(2) 做饭、管理钱财、料理家务、上楼、外出坐车等有时需人帮助	(2分)
(3) 丧失独立生活能力	(1分)
	本项共计得分（　　）
心理健康：	
5. 情绪、性格	
(1) 情绪稳定，性格开朗，生活满足	(3分)
(2) 有时易激动、紧张、忧郁	(2分)
(3) 经常忧郁、焦虑、压抑、情绪消沉	(1分)
6. 智力	
(1) 思维能力、注意力、记忆力都较好	(3分)
(2) 智力有些下降，注意力不集中，遇事易忘，但不影响生活	(2分)
(3) 智力明显下降，说话无重点，思路不清晰，健忘、呆板	(1分)
7. 生活满意度	
(1) 夫妻、子女、生活条件、医疗保健、人际关系等都基本满意	(3分)
(2) 某些方面不够满意	(2分)
(3) 生活满意度差，到处看不惯，自感孤独苦闷	(1分)
	本项共计得分（　　）
社会适应：	
8. 人际关系	
(1) 夫妻、子女、亲戚朋友之间关系融洽	
(2) 某些方面虽有矛盾，仍相互往来，相处尚可	
(3) 家庭矛盾多，亲朋来往少，孤独	
9. 社会活动	本项共计得分（　　）
(1) 积极参与社会活动，在社团中任职，关心国家集体大事	

续表

(2) 经常参与社会活动，有社会交往	
(3) 不参与社会活动，生活孤独	
	本项共计得分（　　）
环境适应：	
10. 生活方式	
(1) 生活方式合理，无烟、酒嗜好	(3分)
(2) 生活方式基本合理，已戒烟，酒不过量	(2分)
(3) 生活无规律，嗜烟、酗酒	(1分)
11. 环境条件	
(1) 居住环境、经济收入、医疗保障较好，社会服务日臻完善	(3分)
(2) 居住环境不尽如人意，有基本生活保障	(2分)
(3) 住房、经济收徒、医疗费用等造成生活困难	(1分)
	本项共计得分（　　）

共计得分：□□

注：

1. 总分在30~33分者，说明生活质量良好。
2. 总分在20~29分者，说明生活质量为中等水平。
3. 总分在11~19分者，说明生活质量差。

量表11　压疮危险因素评估表

项目/分数	4分	3分	2分	1分
精神状态	清醒	淡漠	模糊	昏迷
营养状况	好	一般	差	极差
运动情况	运动自如	轻度首先	重度受限	运动障碍
活动情况	活动自如	扶助行走	依赖轮椅	卧床不起
排泄控制	能控制	尿失禁	大便失禁	两便失禁
循环	毛细血管再灌注迅速	毛细血管再灌注缓慢	轻度水肿	中度至重度水肿
体温	36.6~37.2 ℃	37.2~37.7 ℃	37.7~38.3 ℃	>38.3 ℃
使用药物	未使用镇静剂和类固醇	使用镇静剂	使用类固醇	使用镇静剂和类固醇

备注：评分≤16分时，易发生压疮；分数越低，发生压疮的危险性越高。

量表12 Norton危险因素评分表

项目/分数	4分	3分	2分	1分
一般状况	好	一般	差	很差
精神状况	警觉	冷淡	迷惑	昏迷
活动能力	自由活动	帮助下活动	依赖轮椅	卧床
运动能力	不受限	轻度受限	很大受限	不能运动
排泄控制	无大小便失禁	偶尔大小便失禁	尿失禁	大小便失禁

备注：满分为20分；15~19分，有可能发生压疮；≤14分，易发生压疮；分数越低，发生压疮的危险性越高。

（刘　畅）

住院患者营养风险筛查NRS—2002评估表

一、患者资料

病区		床号		住院号	
姓名		性别		年龄	
身高（cm）		体重（kg）		体重指数（BMI）	
人血白蛋白（g/L）		临床诊断			

二、疾病的严重程度评分

疾病的严重程度		分数	若"是"请打钩
正常营养需要量	没有	0	
需要量轻度提高：髋关节骨折、慢性疾病有急性并发症者（肝硬化、慢性阻塞性肺病、血液透析、糖尿病、一般肿瘤患者）	轻度	1	
需要量中度增加：腹部大手术、脑卒中、重症肺炎、血液恶性肿瘤	中度	2	
需要量明显增加：颅脑损伤、骨髓移植、APACHE＞10的ICU患者	重度	3	
	合计		

三、营养状态受损评分

营养状况指标（单选）		分数	若"是"请打钩
正常营养状态	没有	0	
3个月内体重丢失>5%或食物摄入比正常需要量低25%～50%	轻度	1	
一般情况差或2个月内体重丢失>5%，或食物摄入比正常需要量低50%～75%	中度	2	
BMI<18.5且一般情况差，或1个月内体重丢失>5%（或3个月体重下降15%），或者前1周食物摄入比正常需要量低75%～100%	重度	3	
	合计		

四、年龄

年龄超过70岁者总分加1分，及年龄调整后总分值	1	

五、营养风险筛查评估结果

营养风险筛查总分	处理
□总分≥3.0	患者有营养不良的风险，需营养支持治疗
□总分<3.0	若患者将接受重大手术，则每周重新评估其营养状况
执行者：　　　　时间：	

（刘　畅）

国际尿失禁咨询委员会尿失禁问卷表（ICI—Q—LF）

许多患者时常漏尿，该表将用于调查尿失禁的发生率和尿失禁对患者的影响程度。仔细回想你近四周来的症状，尽可能回答以下的问题。

患者姓名　　　　性别　　　　填表日期　　　　病例号

1. 请填写您的出生年月＿＿＿＿＿＿年＿＿＿＿月＿＿＿＿日＿＿＿＿
当回答以下问题时，请回想近四周来的相关症状的平均感受

2a. 您经常漏尿吗？（请用√标注所有符合情况的答案）	
	从来没有（　）
	大约每周1次或更少（　）
	每周2～3次（　）
	大约每天1次（　）
	大约每天数次（　）
	总是（　）
2b. 对您来说这个问题有多严重？	
请圈出其中一个数字（0表示无任何问题而10表示问题极为严重）	
0　1　2　3　4　5　6　7　8　9　10	
无任何问题　　　　　　　问题极为严重	
3. 何时出现漏尿？（请用√标注所有符合情况的答案）	
	从不（尿液无逸出）（　）
	在能达到厕所之前（　）
	当咳嗽或打喷嚏时（　）
	当睡觉之时（　）
	当进行体力活动或锻炼之时（　）
	当你完成如厕而穿戴之时（　）
	无原因（　）
	总是在漏尿（　）
有时尿失禁患者不得不垫用一些卫生巾、布片和卫生纸用以保护，如您有这类情况，请回答以下问题。	
4a. 在过去的四周内您是否用过任何保护措施？（请用√标注最符合情况的答案）	
	从来没有（直接回答问题5）（　）
	有些时间（　）
	多数时间（　）
	总是（　）
4b. 过去4周内如您曾采取保护措施，请问用哪一种？（请用√标注所有符合情况的答案）	
	卫生纸或布片（　）
	小卫生巾或内裤衬垫（　）
	专用尿失禁裤/专用卫生巾/其他尿垫（　）
	其他物品——请表述所用物品（　）
	所用物品为：＿＿＿＿
4c. 每天需要更换保护护垫多少次？（请用√标注所有符合情况的答案）	
	从来没有（　）
	1～2次（　）
	3～5次（　）
	6次或以上（　）
我们需要了解您自己估计的漏尿量	
5a. 您通常漏尿量有多少？（无论是否带有护垫）（请用√标注所有符合情况的答案）	
	无（　）
	少量（　）
	中等量（　）
	大量（　）
5b. 近四周内漏尿量最严重的一次有多少？（请用√标注所有符合情况的答案）	
	无（　）
	中等量（　）
	大量（　）

（刘　畅）